## Zu diesem Buch

Geneen Roth ist in den USA durch ihren Bestseller *Feeding the Hungry Heart* als Autorin zum Thema gestörtes Eßverhalten, insbesondere bei Frauen, sehr bekannt geworden.

Ihr zweites, hiermit in deutsch vorliegendes Buch ist ein sehr praktischer, einfühlsamer, auch humorvoller Ratgeber für alle, die Essen in mehr oder weniger ausgeprägtem Maße als «Ersatz» benutzen – als Ersatz für andere, vermeintlich nicht zu befriedigende Bedürfnisse und Wünsche.

Geneen Roth, die als Therapeutin mit Selbsthilfegruppen Eßgestörter viel Erfahrung hat, hilft mit ihrem Buch, sinnvolle (Selbst-)Therapie einzuüben, Eßverhalten positiv zu beeinflussen, den Teufelskreis des «Essens als Ersatz» zu durchbrechen und ein entspanntes, an den wirklichen Bedürfnissen des Körpers orientiertes Verhältnis zur Nahrungsmittelaufnahme zu entwickeln.

Geneen Roth

# Essen als Ersatz

## Wie man den Teufelskreis durchbricht

Deutsch von
Gabriele Flessenkemper

Rowohlt

Die amerikanische Originalausgabe erschien 1984 unter dem Titel
«Breaking free from compulsive eating» bei The Bobbs-Merrill Co., Inc.,
Indianapolis / New York

44.–46. Tausend Juni 1998

Deutsche Erstausgabe
Veröffentlicht im Rowohlt Taschenbuch Verlag GmbH,
Reinbek bei Hamburg, Februar 1989
Copyright © 1989 by Rowohlt Taschenbuch Verlag GmbH,
Reinbek bei Hamburg
«Breaking free from compulsive eating» Copyright © 1984 by Geneen Roth
Redaktion B. Buchholz / H. Wilhelmi
Umschlaggestaltung Bernhard Kunkler
Satz Garamond (Linotron 202)
Gesamtherstellung Clausen & Bosse, Leck
Printed in Germany
ISBN 3 499 18493 1

# Inhalt

# Einführung

In meinem letzten Buch – ‹Feeding the Hungry Heart› – beschrieb ich, wie demütigend es war, wenn mich die Jungen in der High School «F.S.K.» nannten. Als die Druckfahnen des Buches kamen, strich ich diese Geschichte weg, fügte sie wieder ein, strich sie noch einmal und fügte sie dann wieder ein. Obwohl ich glaubte, daß sie zu erzählen hilfreich sei, schreckte mich der Gedanke, ein Geheimnis zu enthüllen, von dem ich nie jemandem erzählt hatte. Ich befürchtete, daß mich die Leute ebenso verhöhnen würden wie die Jungen in der Schule. Ich befürchtete, daß sie mich nun auch «fette schwangere Kuh» nennen würden. Ich hatte die gleiche Furcht, die ich bei den Teilnehmern meiner Workshops sehe: Wenn ich jemandem vom Abgrund meiner Hölle erzählen würde, würden sie es gegen mich verwenden, mich für verrückt erklären.

Statt dessen riefen mich Leserinnen und Leser an oder teilten mir in Briefen ihre Geschichten, ihre Geheimnisse mit. Ich war erfreut und bewegt von der Resonanz auf ‹Feeding the Hungry Heart›; sie lehrte mich, daß das Aussprechen dessen, was empfindlich, verletzbar macht, die Empfindlichkeit und Verletzbarkeit anderer heilen kann. Dennoch, die Begriffe und Telefonate baten um mehr. Jemand schrieb: «Ich habe Ihr Buch in einer Nacht gelesen. Ich habe das Gefühl, Sie verstehen mich. Aber ich weiß nicht, was ich jetzt tun soll. Können Sie mir helfen?» Eine andere Zuschrift: «Bitte, Ms. Roth... ‹Feeding the Hungry Heart› ist nur der Anfang. Ihre Leser fühlen sich verstanden und akzeptiert. Sie machen uns Hoffnung, aber Sie lassen uns ohne die Möglichkeit, den Weg zu Ende zu gehen. Wir brauchen ein weiteres Buch.»

Ich hatte nicht beabsichtigt, ein weiteres Buch über zwanghaftes Essen zu schreiben; ich war mir nicht sicher, ob ich überhaupt noch ein Buch über Essen schreiben wollte. Ich wußte nicht, ob ich noch mehr zu sagen hatte. Aber als der Bedarf klarwurde, wollte das Buch geschrieben werden.

‹Essen als Ersatz› (‹Breaking free from Compulsive Eating›) vereinigt alles, was ich in den vergangenen zehn Jahren gelernt habe – in der Therapie, in Beziehungen, in den Workshops, die ich besucht oder geleitet habe, bei Meditationen, an denen ich teilgenommen habe, bei Lesungen, in Briefen und Telefongesprächen. Dies Buch ist die Zusammenfassung der Jahre, in denen ich gelernt und gekämpft und geliebt habe, konzentriert und ausgerichtet auf das Ziel, die Konflikte des zwanghaften Essens in ihrem Ursprung zu lösen. Weil der Prozeß der Befreiung sehr persönlich ist – wir alle ringen mit unterschiedlichen inneren Dämonen, auch wenn sie sich in ähnlichem Eßverhalten zeigen –, ist auch dieses Buch sehr persönlich. Es ist ein Reisebericht über die Ansichten, Gefühle und Situationen, die meine Klientinnen und ich durchlebt haben bei dem Versuch, Frieden zu schließen mit der angstbeladenen Beziehung zwischen uns und unserem Körper, uns und der Nahrung. ‹Essen als Ersatz› ist ein Ratgeber für den täglichen Gebrauch, ein Wegweiser, eine Ermutigung. Indem es mit dem Werkzeug ausstattet, mit dem du arbeiten und entscheiden kannst, übersetzt es die freundliche Philosophie der Breaking Free-Workshops – vertraue dir, nähre dich, akzeptiere dich – in alltäglichen Handlungen und Richtlinien.

Obwohl ich durch das ganze Buch hindurch gefolgert habe, daß ein wesentlicher Aspekt des Dickseins im zwanghaften Essen liegt, möchte ich betonen, daß ich nicht glaube, daß alle Übergewichtigen zwanghafte Esser sind. Trotz des gewaltigen Umfangs von Untersuchungen über Diäten und Dicksein wissen wir immer noch nicht, warum Menschen, die sich in der gleichen Weise und im gleichen Umfang ernähren, unterschiedlich an Gewicht zunehmen. Das deutet auf Erbanlagen, Stoffwechsel und Energieumsatz hin, die, in Kombination, bewirken, daß nicht alle Schwergewichtigen mehr essen als ihr leichteres Gegenüber.

Nicht jeder, der dick ist, ist ein zwanghafter Esser. Nicht jeder, der dick ist, braucht sein Gewicht, um seine verworrenen Gefühle auszudrücken. Nicht jeder, der dick ist, profitiert psychisch davon. Nicht jeder, der dick ist, möchte dünner werden.

Ich habe dieses Buch nicht geschrieben, weil ich denke, es sei besser, schlank zu sein, sondern weil ich die Qual erfahren mußte, wie mein Leben um Nahrung kreiste. Ich spreche nicht die Menschen an, die dick sind und ein reiches Leben führen, sondern wende mich an die, für die, egal wieviel sie wiegen, Essen zum Ersatz für gelebtes Leben geworden ist.

Ich hoffe, daß dieses Buch dich anregt, dich selbst und dein Eßverhalten mit Einsicht und Mitgefühl zu behandeln und daß sich Einsicht und Mitgefühl auf all die Menschen ausdehnen, mit denen du in Berührung kommst.

Vor allem wünsche ich dir, daß du dich für dich selbst befreist.

*Geneen Roth*
*Santa Cruz, California*

# 1. Hungrig sein ist wie verliebt sein – wenn du es nicht spürst, bist du es auch nicht

«Während meines ganzen Erwachsenenlebens kann ich mich nur an zwei Male erinnern, wo ich wirklich hungrig war.»

*Teilnehmerin eines Breaking-Free-Workshops*

Vor ein paar Jahren, beim dritten oder vierten Treffen eines Breaking Free Workshops, erschien eine Teilnehmerin fast verzweifelt über sich, über die Arbeitsgruppe und über mich. Sie sagte: «Essen, wenn man hungrig ist – das ist wieder nur so eine Marotte, so eine Mode, wieder eine neue Diät, die irgendein Doktor erfunden hat. Es ist lächerlich.» Zustimmung und nervöses Gelächter im Raum, dann Stille. Sie fuhr fort: «Die erste Diät fordert, du sollst nur betimmte Kombinationen von Früchten essen. Die nächste verordnet Proteine, die übernächste dann jede Menge Kohlenhydrate. Nun erzählen Sie mir wieder etwas anderes. Ich sehe keinen Unterschied zu all den anderen Diäten, die ich in den letzten fünfzehn Jahren gemacht habe.» Und sie funkelte mich an, wütend und irritiert.

Ich konte ihr nicht verübeln, daß sie wütend war. Auch nicht, daß sie nach all den unterschiedlichen Informationen über Ernährung, die sie über so viele Jahre erhalten hatte, nicht mehr unterscheiden konnte, was sinnvoll war und was nicht. Sie war wütend, weil ich ihr geraten hatte zu essen, wann immer sie hungrig sei. Jahrelanges Diäthalten hatte sie gelehrt, nur ja nicht den Botschaften ihres Körpers zu trauen. Nach fünfzehn Jahren Diät hatte sie vergessen, daß Essen etwas mit Hungrigsein zu tun hat.

Sie und die übrigen 20 Millionen in den USA, die gerade wieder einmal eine Diät machen. Von dem Augenblick an, wo wir als Babies schreien und unsere Mütter, die nicht wissen, was uns fehlt, uns einen Keks geben, wird der Zusammenhang zwischen Essen und Hunger immer undeutlicher, so daß die natürlichste Art zu essen, nämlich dann, wenn wir hungrig sind, als eine neue Mode erscheint.

Die Diäten, die ich befolgte, waren überfrachtet mit Vorschriften: Iß niemals nach 10 Uhr abends, nasche nicht, iß zwei Scheiben Brot am Tag, iß kein Brot, Frühstück sollte die größte Mahlzeit sein, Frühstück sollte die kleinste Mahlzeit sein usw. Nicht eine der rund 25 ausprobierten Diäten erwähnte, daß ich essen sollte, wenn ich hungrig war.

Mit 28 Jahren kannte ich den Kaloriengehalt jedes einzelnen Nahrungsmittels, das mir vorgesetzt wurde. Ich wußte, wie man abnahm und wie man zunahm. Ich wußte, wie man sein Gewicht hielt. Ich kannte mich aus mit Diäten und Freßanfällen. Aber ich wußte nicht, wann ich hungrig war. Noch schlimmer: Ich wußte nicht einmal, daß es völlig normal ist, hungrig zu sein. Niemand hatte mir das je gesagt und wenn, dann hatte ich vergessen, daß Hungrigsein eine natürliche Sache war.

Mein Körper war mein Feind. Er war rund statt rank. Ich hatte kurze Beine, breite Hüften, meine Fesseln waren nicht der Rede wert. Dünn und lang an mir waren nur meine Haare, und die wünschte ich mir dick und lockig. Ich hatte ein rundes Mondgesicht; Augen, die zu eng beieinanderstanden; Augenbrauen, die keine Akzente setzten. Mein Körper hatte mich im Stich gelassen, und ich konnte seinen Botschaften nicht trauen.

Eine Frau aus einem Workshop erzählte:

«Ich war mit einem Freund zum Essen in einem mexikanischen Restaurant. Nach dem Abendessen – Enchiladas mit grüner Sauce, Avocadocreme, Tortillas und Bier – entschuldigte ich mich. Auf dem Weg zur Toilette lief wieder meine zwanzig Jahre alte Litanei ab: ‹Ich kann gar nicht fassen, daß du so viel gegessen hast. Und so viel, was dick macht. Wie viele Kalorien hat eine Enchilada? Und dann diese gebratenen Tortillas, warum mußtest du davon so viel essen? Du weißt doch, Gebratenes ist nicht gut für die Leber. Und als Krönung des ganzen trinkst du auch noch Bier! Wenigstens diese Extrakalorien hättest du dir sparen können! Deine Oberschenkel reiben sich schon aneinander.› Als ich zum Tisch zurückkam, schaute ich auf meinen vorgewölbten Magen und überlegte, wie voll ich war. Nicht, wie fett ich mich fühlte – in meiner Weight Watcher-Mentalität hatte ich jeden Bissen mitgezählt und mit dem verglichen, was ich hätte essen dürfen –, nein, nun sprach ich direkt zu meinem Körper und befragte ihn, wie er sich fühlte, wie er sich jetzt fühlte mit dieser Unmenge von Nahrung, die ich in ihn hineingestopft hatte. Ich blieb stehen, wo ich war – im Gang, neben zwei

Leuten, die aussahen, als hätten sie ihrer Margarita schon reichlich zugesprochen – und stellte fest, daß mein Körper sich absolut wohl fühlte mit dem, was ich gegessen hatte. Er war nicht zu voll und nicht zu leer. Ich hatte nicht das Gefühl, als würde das Fett der Tortillas durch meine Adern schwappen. Ich hatte mich in der letzten halben Stunde auch nicht in einem Koloß verwandelt. Mein Körper quoll und waberte auch nicht durch die Nähte meiner Hose. Tatsächlich sang mein Körper nach diesem Mahl, mit dem ich ihn gefüttert hatte. Er war hungrig gewesen, ich hatte ihn satt gemacht, und er war sehr zufrieden.

Plötzlich erkannte ich, welche Erleichterung es bedeutete, mich beim Essen auf etwas Physisches, etwas Reales beziehen zu können, anstatt auf diese abstrakten Vorstellungen, wie mein Körper aussehen könnte, wenn ich nur mehr oder weniger von diesem oder jenem äße. Abstrakte Berechnungen beruhen auf dem Bild eines Körpers, den ich nie haben werde, egal, ob ich nun irgend etwas anderes gegessen hätte an diesem Tag, in dieser Woche, in einem Monat oder einem Jahr. Nicht das, was ich esse, bestimmt mehr oder weniger die Form meines Körpers. Ich hatte gelernt, daß mein Körper sich nicht entsprechend meinem geistigen Bild verändert.»

Meistens richtet sich unser Eßverhalten nach unseren Vorstellungen. Wir füttern unseren Körper, ohne ihn zu befragen. Essen hat in der Regel nichts mehr mit dem zu tun, worum es uns gehen sollte: uns physisch zu nähren, zu befriedigen, gesund zu bleiben. Essen aus Hunger schließt ein, daß wir der Weisheit unseres Körpers trauen. Letztlich erfordert es den Glauben daran, daß unser Körper sein angemessenes Gewicht besser kennt als wir.

Diejenigen von uns, die Monate, Jahre oder Jahrzehnte Diät gehalten haben, lernen, daß andere immer besser wissen, was wir essen sollen. Wenn wir auf ihre Ratschläge hören, dann bekommen wir auch den Körper, den sie uns versprechen. Selbst unappetitliche, unattraktive und langweilige Kombinationen von Nahrungsmitteln erscheinen uns schmackhaft, falls sie uns schlanke Arme und Beine versprechen.

Wenn wir dann zwangsläufig aus der einengenden Diät ausbrechen, sind wir dem Essen aus Hunger auch nicht näher, als wenn wir Diät halten. Nun essen wir etwas, weil wir es vorher nicht essen durften, weil wir es jemanden essen sahen, während wir Diät hielten, weil wir es als Kind nicht bekamen, weil es im Schaufenster so lecker aussieht. Wir essen auf Grund äußerer Hinweise, die wenig zu tun haben mit dem körperlichen Bedürfnis nach einem bestimmten Nahrungsmittel zu einer bestimmten Zeit. Wenn wir Diät halten, lernen wir, Hunger zu ignorieren. Wenn wir keine Diät halten, fühlen wir uns benachteiligt dadurch, daß wir unseren Hunger leugnen. Diese Benachteiligung versuchen wir auszugleichen, indem wir so viel essen, daß Hungergefühle gar nicht erst aufkommen können.

Der erste Schritt, sich vom zwanghaften Essen zu befreien, besteht darin zu essen, wenn man hungrig ist.

Denke an das letzte Mal, als du gegessen hast. Hast du auf die Uhr geschaut, um zu sehen, ob Essenszeit ist? Hattest du eine Verabredung zum Mittag- oder Abendessen? Kamst du zufällig an einem Schaufenster vorbei, in dem etwas besonders Leckeres ausgestellt war und konntest nicht daran vorbeigehen? Warst du hungrig? Woher wußtest du das?

Anfangs, als ich mich entschied, keine Diät mehr zu halten, führte ich Buch darüber, wann ich aß, was ich aß und ob ich hungrig war. Nach ein paar Tagen entdeckte ich voller Schrecken, daß ich nie aß, weil ich hungrig war. Es gab zu viele andere gute Gründe, um zu essen: weil ich aufgeregt war und etwas dagegen tun mußte, weil ich glücklich war und das feiern wollte; weil ich traurig war und Trost brauchte, weil ich wütend war und das nicht ausdrücken konnte, weil ich verliebt war und teilen wollte. Und wenn das alles nicht zutraf, dann aß ich, weil ich frustriert oder gelangweilt war und mir nichts Besseres einfiel. Essen, weil ich hungrig war, das klang ja ganz gut, aber am besten schmeckte es mir doch, wenn ich nicht hungrig war. Nahrung war der Klebstoff, der mein Leben zwischen dem Hunger zusammenhielt.

Ich wollte das Essen nicht aufgeben, ich war zu sehr darauf angewiesen. Andererseits war ich unzufrieden mit meinem Körper und mit der übermäßigen Bedeutung, die die Aufnahme von Nahrung in meinem Leben hatte. Ich wußte, daß ich auf keinen Fall eine neue Diät anfangen wollte, und so entschied ich mich für den Versuch, immer dann zu essen, wenn ich hungrig war. Ich sagte mir, daß ich ja jederzeit aufhören könnte, wenn es zu schwierig würde und ich mich noch unglücklicher fühlte.

Zunächst versuchte ich, so lange nichts zu essen, bis ich hungrig wurde. Das war nicht einfach. Nach so vielen Jahren des Diäthaltens (ohne zu essen, wenn ich hungrig war) und des Überessens (ohne zu essen, wenn ich hungrig war) war ich mir nicht sicher, ob mein Körper überhaupt noch wußte, was Hunger war.

Eine Diät aufzugeben und aus den Regeln, Ratschlägen und Richtlinien anderer auszubrechen, kann beängstigend sein. Ich erinnere mich, wie fröhlich ich meine Waagen, Tabellen und Listen von «erlaubten» Nahrungsmitteln wegwarf. Und an den Schrecken, der folgte. Es war, als hätte ich mich jahrelang in einem kleinen Kreis bewegt, und plötzlich sagt jemand: «Jetzt kannst du hingehen, wohin du willst. Du kannst ans Meer gehen, in die Berge, in den Wald.» Ich war verunsichert. Ich war es müde, mich im Kreis zu drehen, aber ich wußte nicht, was ich sonst tun sollte. Ich wußte nicht, ob ich es schaffen würde.

Wenn wir aufhören, Diät zu leben, erhalten wir etwas zurück, das wir oft jung und unwissend weggegeben haben: unsere eigene Stimme. Unsere Fähigkeit, darüber Entscheidungen zu treffen, was wir essen und wann. Den Glauben an uns selbst. Unser Recht zu entscheiden, was wir uns in den Mund stecken. Anders als die Diäten, die monatlich in den Zeitschriften erscheinen, oder die Saunawäsche, die Pfunde schmelzen läßt, anders als ein Liebhaber, ein Freund oder ein Auto, ist unser Körper zuverlässig. Er geht nicht weg, geht nicht verloren, wird nicht gestohlen. Wenn du hinhörst, wird er sprechen.

Ein Teil der Befreiung führt vom Nichthören zum Hinhören. Oder vom Hören auf alle anderen zum Hören auf dich selbst. Und zum Vertrauen auf das, was du hörst.

Wir haben so viele Ängste vor dem Hunger. Falls wir abwarten, werden wir vielleicht gar nicht hungrig; essen wir nur, wenn wir hungrig sind, können wir nicht alles essen, was wir wollen, oder wir werden alles essen, was nicht niet- und nagelfest ist. Du kannst dich aus diesen Ängsten nicht befreien. Aber du kannst mit ihnen experimentieren und herausfinden, ob sie begründet sind.

Ich erinnere mich an ein Gespräch mit meiner Freundin Sara, als ich gerade eine Liebesbeziehung beendet hatte und ihr erzählte, wie mich das Alleinsein wieder ängstigte, das mir wie eine endlose Kette von Nächten erschien. Sie sagte: «Hier, heute nacht, kannst du mit der Einsamkeit umgehen. Du kannst ein Bad nehmen, ein Buch lesen, weinen, mich anrufen. Du kannst immer nur für eine Nacht mit der Einsamkeit umgehen. Aber du kannst nicht mit der Vorstellung von Einsamkeit umgehen, der Angst davor.»

Die Angst vor dem Hunger, wie die Angst vor Einsamkeit, scheint verbunden mit Leere, Widerhall, endlosem Warten.

Diese Erfahrung des Hungers ist unmittelbar, ist Klang und Empfindung.

Du fängst an, aus Hunger zu essen, indem du zuläßt, daß du hungrig wirst. Wenn du daran gewöhnt bist, schon zu essen, bevor du hungrig bist, dauert der Übergang zum Essen aus Hunger einige Zeit.

Ein paar Vorschläge, die den Wechsel erleichtern: Mache dir in diesem und den folgenden Kapiteln immer wieder klar, daß – wenn du Nahrung so benutzt hast, wie ich es tat und zuweilen noch tue, nämlich um Leere zu füllen, um mit Situationen oder Gefühlen umzugehen, die schwer zu erleben oder auszuleben sind – schon der Gedanke an die vorgeschlagenen Übungen Ärger, Furcht oder Widerstand in dir hervorrufen kann. Vielleicht weißt du nicht, was du statt zu essen tun sollst; es mag aussehen, als ob es nichts gibt außer essen oder zusammenbrechen. Die Intensität solcher Reaktionen ist verständlich. Wenn die Gefühle und/oder Situationen, für die du Nahrung brauchtest, nicht so schrecklich, unangenehm oder schmerzhaft gewesen wären, dann hättest du auch nicht gegessen, um sie zu lindern. Sobald du nur noch ißt, wenn du hungrig bist, dir das auch nur vorstellst, dann entfernst du deinen Schutz vor diesen Gefühlen. Sei geduldig mit dir. Du mußt eine Balance finden dazwischen, diesen Gefühlen zu erlauben, an die Oberfläche zu kommen, und dich an die Grenze dessen zu begeben, was erträglich ist. Bevor du nicht an diese Grenze gelangst, kannst du nicht sehen, was dahinterliegt. Aber das bedeutet nicht, daß du dich die ganze Zeit gut fühlst oder daß es leicht ist.

Schau dir die Übungen an. Mache erst die, die dich direkt ansprechen. Dann geh zurück zu den anderen. Weshalb magst du sie nicht? Gibt es da etwas in dir, von dem du nichts wissen willst? Erinnern dich die Übungen an etwas, was du früher zu tun versucht hast und womit du gescheitert bist?

• Führe Buch darüber, was du ißt und ob du vor dem Essen hungrig warst oder nicht. Die Bedeutung einer solchen Aufstellung besteht darin, daß sie deine Ernährungsgewohnheiten aufdeckt, genauso wie sie sind und nicht, wie du sie dir vorstellst. Es ist sehr leicht, sich selbst zu belügen: ein Häppchen hier, ein Löffelchen da; es zählt nicht, wenn's von einem fremden Teller kommt. Ich sage den Teilnehmerinnen meiner Workshops oft, daß sie sich die Aufzeichnungen wie eine Straßenkarte denken sollen: Du findest nicht zu deinem Bestimmungsort, wenn du nicht weißt, wo du dich aufhältst.

Achte zunächst darauf, wie du dich fühlst, wenn du Buch führst. Erinnert es dich an deine Diättage? Fühlst du dich gefangen oder ermahnt durch eine äußere Autorität? Hast du das Gefühl, du müßtest die Aufzeichnungen verstecken, damit niemand sie finden kann? Achte auf das ganze Spektrum deiner Gefühle – Widerstand, Zorn, Rebellion. Überwinde sie und führe die Liste weiter.

Nachdem du ein paar Tage Buch geführt hast – wie fühlst du dich in bezug auf Essen? Willst du «gut sein», damit du nicht das aufschreiben mußt, was du ißt, wenn du «schlecht» bist? Hast du vergessen aufzuschreiben, wenn du gegessen hast, ohne hungrig zu sein? Wessen Stimme rügt dich, wenn du ißt, ohne hungrig zu sein?

Und was ist mit deiner augenblicklichen Nahrungsaufnahme? Ißt du zu festgelegten Zeiten? Stimmst du dann mit dem Bedürfnis deines Körpers nach Nahrung überein?

Wie oft ißt du, wenn du hungrig bist?

Weißt du, wie sich Hunger anfühlt?


• Iß ein oder zwei Tage nicht zu deinen normalen Essenszeiten. Stellst du dabei fest, daß dir das hilft, deinen Hunger zu spüren, versuche eine Woche oder länger nicht zu den regulären Mahlzeiten zu essen.

Wenn du zum Beispiel gleich nach dem Aufstehen frühstückst, ohne die Möglichkeit, hungrig zu werden, warte eine Weile. Beobachte, was passiert.

Willst du den Hunger vorwegnehmen?

Möchtest du hungrig sein, bevor du tatsächlich hungrig wirst?

Falls du von neun bis fünf arbeitest und keine Essenspause machen kannst, wenn du hungrig bist (zum Beispiel um halb elf), aber auch am Morgen nicht hungrig bist, bevor du gehst, nimm etwas zu essen mit. Dann fühlst du dich nicht so auf dem trockenen oder erschreckt. Wenn du mittags nicht hungrig bist, gehe spazieren, lese, mache ein paar Besorgungen; aber habe immer etwas Eßbares in deinem Schreibtisch, falls du hungrig bist.

Wenn du allein lebst oder in einer Situation, die flexible Mahlzeiten erlaubt, achte darauf, was mit dir zur Zeit des Abendessens passiert. Hast du das Gefühl, essen zu müssen? Hast du das Gefühl, daß du etwas Wichtiges verpaßt, wenn du nicht zu Abend ißt? Gibt es bestimmte Emotionen, die zur Zeit des Abendessens hochkommen? Was bedeutet es für dich, allein zu essen?

Für die, die nicht allein leben, kann es aus Gründen der Geselligkeit schwierig werden, die Hauptmahlzeit zu verlegen. Wenn es zu schwer für dich ist, die Planung für das Abendessen zu ändern, laß es. Versuche es mit dem Frühstück und dem Mittagessen, aber prüfe dich zum Abendessen, ob du hungrig bist.

Du mußt nichts tun oder entscheiden im Hinblick auf dich und deinen Hunger. Nur beobachten und herausfinden, wo du dich auf der Landkarte befindest.

● Achte sorgfältig auf die körperlichen Empfindungen, die du als Hunger erkennst. Wenn du das Gefühl hast, du fängst an, hungrig zu werden, setz dich für ein paar Minuten (falls du nicht sitzen kannst, steh still). Wo in deinem Körper erfährst du den Hunger? Im Hals? In der Brust? In den Beinen? Wie unterscheidet sich diese Empfindung von anderen, zum Beispiel von Aufregung? Oder Alleinsein?

Was passiert, wenn du fühlst, daß du hungrig wirst?

Hast du das Gefühl, sofort essen zu müssen?

● Wenn du festgestellt hast, daß du hungrig bist, werte deinen Hunger auf einer Skala von eins bis zehn. Den Hunger zahlenmäßig einzuordnen schafft objektive Kriterien, um vergangenen Hunger mit gegenwärtigem zu vergleichen. Es ermöglicht einen direkten Zugang zu einer sehr subjektiven und emotionsgeladenen Erfahrung. Das untere Ende der Skala bezeichnet: «heißhungrig», «sehr hungrig» bis «mittel» und «nur ein wenig hungrig». Fünf ist angenehm, ab sechs wirst du allmählich satt, wenn du an die Zehn kommst, bist du randvoll.

Wenn du hungrig bist, frage dich, an welcher Stelle der Skala sich dein Hunger befindet. Bei fünf oder darüber möchtest du sicher eher hungrig sein, als du es tatsächlich bist.

Achte auf die Zahl, bei der du dich am wohlsten fühlst, und auf den Punkt, an dem der Hunger unangenehm wird.

● Wenn du nicht hungrig bist und beschließt zu essen, wähle ein Nahrungsmittel, das du an einem Tag gegessen hast, als du hungrig warst. Vergegenwärtige dir:

1. Wie das Nahrungsmittel schmeckt.
2. Ob es anders schmeckte, als du hungrig warst.
3. Oder ob du es genauso genießt?
4. Was fühlst du, da es ja kein Hunger ist?
5. Woher weißt du, wann du mit dem Essen aufhören sollst?

Bei meiner Arbeit am Thema «Hunger» – meinem eigenen und dem der Teilnehmerinnen in Breaking Free-Workshops – habe ich herausgefunden, daß folgende Probleme, Befürchtungen und Fragen über Hunger immer wieder auftauchen:

Wenn ich esse, weil ich hungrig bin, dann esse ich die ganze Zeit. (Oder ich nehme 50 Pfund zu; ich werde fettleibig; niemand wird mich lieben.)

Dieses Gefühl ist die logische Folge jahrelanger Abhängigkeit von dem Glauben, daß unser Körper lügt, man ihm nicht trauen kann, daß er uns verraten wird. Auf Grund der Diätmentalität, die die meisten von uns als die einzige Wahrheit verinnerlicht haben, besteht die Annahme: Ißt du nicht zu regulären Zeiten, bist du nicht fähig, dich selbst zu regulieren.

Versuche, aus dir herauszutreten und beobachte, wie beängstigend der Glaube sein muß, daß dieser Körper, mit dem du umhergehst, dieser Organismus, auf den du dich verläßt, wenn du dich bewegst, redest, komplizierte Aufgaben löst, Liebe machst – daß dieser Körper in dem Moment, wo deine Wachsamkeit nachläßt, bereit ist, dich zu verraten. Warum solltest du auf irgend etwas vertrauen, wenn du nicht dem trauen kannst, das dir am nächsten ist.

Und dann, kennst du eine einzige Frau, die darauf vertraut, daß ihr Körper ihr die Botschaften vermittelt, die – wenn sie befolgt werden – dazu dienen, sie zu nähren, statt zu zerstören? Dieser Mangel an Vertrauen reicht tief und ist offensichtlich komplex. Einerseits sind wir so lange beeinflußt worden, bis wir den Körper akzeptieren, den Zeitungen, Fernsehen, Magazine und Filme idealisieren, andererseits glauben wir, daß wir letztlich die Kontrolle über unsere Figur haben. So wird unser Körper zu einem Schlachtfeld für einen oft lebenslangen und sehr intensiven Wettkampf der Willen: ihrer gegen unseren. Wenn wir unglücklicherweise in diese Kultur hineingeboren sind, ohne ihrem Körperideal zu entsprechen, wenn wir als Frauen spüren, daß unsere Figur über Annahme und Zurückweisung sowohl im beruflichen als auch im privaten Leben entscheidet und wenn wir (schließlich) glauben, unsere Figur durch Willensanstrengung und Überhören körperlicher Botschaften formen zu können – dann ist der Kampf endlos. Der Körper wird nach immer mehr Nahrung schreien und der Geist nach mehr Gewichtsabnahme. Wir lernen, unseren Körper wie ein ungezogenes Kind zu behandeln, dessen Wünsche überhaupt nicht zur Debatte stehen. Wir verurteilen unseren Körper, ignorieren ihn, machen ihn lächerlich, quälen ihn.

Wir essen, was uns die jeweiligen Autoritäten vorschreiben. Und da die jeweilige Autorität monatlich durch eine noch größere Autorität ersetzt wird, ändert sich auch ständig, wie und wann wir uns ernähren.

Unser Körper wird hungrig. Wenn du ihm Nahrung gibst, ist er befriedigt. Das hat nichts mit Magie zu tun. Es braucht eine Weile, die verschiedenen Empfindungen zu durchleuchten, Hunger von Trauer oder Einsamkeit zu unterscheiden. Aber das liegt daran, daß du es nicht gewohnt bist, Hunger zu erkennen – und nicht daran, daß dein Körper ihn nicht spürt oder daß dein Hunger, falls du ihn spürst, unstillbar ist. Niemand muß dir sagen, wann du essen solltest; dein Körper wird es dir sagen. Niemand kann es dir sagen, denn niemand hat Verbindung zu deinem Magen. Und wenn du auf deinen Körper hörst, sobald er dir Hunger signalisiert, dann kannst du ihn auch «genug» sagen hören.

Woher weiß ich, wann ich hungrig bin? Nicht durch die Uhr, nicht durch den Anblick oder Geruch einer Speise, nicht durch eine im voraus getroffene Verabredung zum Mittag- oder Abendessen. Du weißt, du bist hungrig, wenn dein Körper – zuerst zaghaft, dann unmißverständlich – anfängt, dir mitzuteilen, daß er Nahrung braucht, und zwar jetzt. Du weißt, du bist hungrig, weil du das Gefühl bekommst, daß du jemanden in den Arm beißen könntest, wenn du nicht bald Nahrung erhältst. Du weißt, du bist hungrig, genauso wie du weißt, daß du pinkeln mußt. Die Signale sind unmißverständlich.

Es gibt verschiedene Stadien des Hungers, und Hunger fühlt sich individuell verschieden an. Ich merke, ich werde hungrig, wenn ich ein flaues Gefühl habe. Gewöhnlich warte ich, bis ich noch hungriger werde. Hungriger werden heißt, daß dieses flaue Gefühl noch stärker wird, verbunden mit Magenknurren und -kneifen. Wenn ich an diesem Punkt nicht esse, werde ich reizbar, benommen. Ich spüre, daß ich alles tun würde, um an Nahrung zu kommen, und alles essen würde, was mir in die Finger gerät.

Aber das ist mein individuelles Hungermuster. Du mußt dein eigenes entdecken.

Wenn ich nur esse, wenn ich hungrig bin, kann ich nicht so viel essen, wie oder wann ich möchte. Das ist wahr. Aber die Menge, die du willst, hat oft nicht viel mit deinen körperlichen Bedürfnissen zu tun. Frage dich, was du fühlst und warum du mehr essen willst als dein Körper. Was willst du mehr von Nahrung, als daß sie deinen Körper nährt?

Weil es wahr ist, daß Essen dich nährt – sichtbar, greifbar, riechbar –, tut es am besten, wenn du hungrig bist. Wenn du nicht hungrig bist, gebrauchst du die Nahrung, «um dein Leben zwischen dem Hunger zusammenzukleben». Es ist in Ordnung, das zu tun, falls du dir darüber im klaren bist, was du tust; es ist auch in Ordnung, das weiterhin zu tun, wenn du akzeptieren kannst (und ich meine wirklich akzeptieren), daß du dicker bist, als es der «Idealfigur» entspricht.

Willst du lieber so viel essen, wie du willst, oder lieber ändern, wie du mit Nahrung umgehst und deinen Körper empfindest?

Weder ein Ja noch ein Nein ist falsch, aber auf einer bestimmten Ebene mußt du immer wieder die Wahl treffen. Wenn du nach einem anstrengenden Arbeitstag nach Hause kommst, gibt es eine Zwischenzeit, einige Augenblicke, in denen du nicht weißt, was du mit dir anfangen sollst, und so gehst du an den Kühlschrank. Du willst essen, es wird gut schmecken, aber du bist nicht hungrig. Und du kannst dir nichts Verlockenderes vorstellen als Essen. Das ist der Augenblick, in dem du eine Wahl treffen mußt. Wieder einmal.

Eines Abends, ich war zu Hause und las ein Buch, bekam ich plötzlich Heißhunger auf Schokolade. In weniger als zwei Minuten hatte ich meinen Mantel angezogen, meine Schlüssel ergriffen und öffnete die Tür, nur darauf bedacht, so schnell wie möglich einen Süßwarenladen zu finden.

Beim Hinausgehen fragte ich mich, ob ich eigentlich hungrig war. «Nein», war die Antwort. Ich beschloß, wieder ins Haus zu gehen, mich hinzusetzen und für ein paar Minuten zu überprüfen, warum ich Schokolade wollte und was sie mir bringen sollte. Falls ich danach immer noch Schokolade wollte, würde ich mir zugestehen, sie zu kaufen. In solchen Situationen finde ich es hilfreich, einen Dialog mit mir selbst zu führen, mit einer fragenden und einer antwortenden Stimme und dabei entweder laut zu sprechen (falls ich allein bin) oder den Dialog in meinem Kopf ablaufen zu lassen. In jener Nacht lief das ungefähr so ab:

| | |
|---|---|
| Ich: | Was ist eigentlich los? |
| Mein Selbst: | Ich fühle mich allein. Ich möchte gehalten werden. Ich will Schokolade. |
| Ich: | Was, denkst du, bringt dir die Schokolade? |

| Mein Selbst: | Nun, es ist niemand da, und Schokolade ist besser als nichts. Sie schmeckt gut. |
| Ich: | Hat Schokolade Arme und Beine? |
| Mein Selbst: | Sehr witzig. |
| Ich: | Hat sie? |
| Mein Selbst: | Nein. |
| Ich: | Kann sie dich halten? |
| Mein Selbst: | Nein. |

Ich erkannte, daß ich mich nach der Schokolade genauso einsam fühlen würde wie zuvor; was ich eigentlich wollte, war, mich an jemanden anschmiegen zu können und umarmt zu werden. Sobald ich mit Sicherheit wußte, was ich von der Nahrung erwartete, war auch klar, daß Schokolade nicht die Antwort war. So nahm ich ein Bad und ging zu Bett.

Überraschend an diesem Vorgang war, daß ich nicht wußte, daß ich mich allein fühlte, bis ich mich entschied, Schokolade zu kaufen.

Wenn du Nahrung willst und nicht hungrig bist, ist das meist ein Indikator dafür, daß du etwas weniger Greifbares willst; aber du weißt nicht genau, was es ist, oder du befürchtest, daß du es nicht bekommen wirst. Es stimmt: Wenn du ißt, weil du hungrig bist, wirst du nicht immer essen, wenn du es willst. Aber es stimmt auch, daß du den Wunsch zu essen, obwohl du nicht hungrig bist, als Indikator dafür sehen kannst, daß du etwas weniger Materielles als Nahrung brauchst und daß du das nicht herausfinden kannst, bevor du nicht mit dem Essen aufhörst.

Wenn ich nicht hungrig bin und habe Nahrung vor mir, fühle ich, daß mir etwas ganz Besonderes entgeht, wenn ich nicht esse. Dieses Gefühl – die Angst, etwas zu verpassen, das wunderbar und unwiederholbar scheint – taucht bei Parties, Restaurants, Familienfeiern und in den Ferien auf: An all den Plätzen und zu all den Zeiten, wenn eine Menge Leute um eine Menge Nahrung versammelt sind. Ich spüre das oft, wenn ich mich entscheide, irgendwo nicht hinzugehen (zu einer Party, einem Konzert, in eine fremde Stadt) oder an einem Ereignis nicht teilzunehmen (einer Lesung, einem Workshop), die mir Aufregung, neue Leute, Wachstum versprechen. Wenn ich mir Gedanken darüber mache, was ich verpassen könnte oder verpasse, vergesse ich die Gründe für meine Entscheidung, nicht zu gehen. Gründe, die die Aufmerksamkeit auf das richten, was ich jetzt brauche: Ruhe, Alleinsein, Schlaf. Es ist schwer, nein zu sagen; warum gebe ich mir keinen Ruck? Wenn sich nun aber herausstellt, daß dieser Workshop mein Leben verändert oder ich dort den Mann fürs Leben getroffen hätte? Wenn nun dieses Mousse au Chocolat die Ekstase aller Ekstasen war?

Während eines Essens in einem Breaking Free Workshop saß ich einer Frau gegenüber, auf deren Gesicht stand: «Ich bin pappsatt.» Halb aufgeknöpft, saß sie seitwärts gelehnt, so daß sie ihren Bauch zur anderen Seite lagern konnte. Ich bemerkte, wie sie auf den Tisch voller Speisen blickte, wie sie einen Entschluß faßte, ihren Teller nahm und zum Käsekuchen marschierte. Als sie sich mit ihrem neuen Schatz niederließ, fing sie meinen Blick auf, und wir lachten beide. Ich fragte sie, ob sie satt sei. «Sehr», sagte sie.

«Warum ißt du den Käsekuchen?»

«Als ich reinkam und den Käsekuchen sah, dachte ich: Davon muß ich was haben.»

Ich muß was davon haben, aber jetzt bin ich voll, und ich kann schon gar nichts mehr schmecken, aber er sieht so gut aus, daß ich diesen Genuß nicht verpassen will. Was macht es schon aus, wenn ich so voll bin, daß ich nicht schlafen kann und mir morgen nach dem Aufwachen wünschen werde, diese Nacht hätte es nie gegeben? Was macht es schon, daß ich mich hinterher hassen werde?

Wenn du ohne Hunger vor gutem Essen sitzt, versäumst du dadurch, daß du nicht ißt, höchstens etwas, das niemals so gut schmeckt, als wenn du hungrig bist. Du verpaßt zwar diesen besonderen Käsekuchen *aber*, du kannst a) fragen, ob du ein Stück mitnehmen kannst, b) um das Rezept bitten; c) morgen, wenn du hungrig bist, dir den besten Käsekuchen der Stadt holen; d) die Frau, die den Käsekuchen gebacken hat, zum Essen einladen und sie bitten, etwas beizusteuern, «warum nicht den Nachtisch – wie wär's mit Käsekuchen?»

Wenn du nicht hungrig bist und gutes Essen steht vor dir, dann verpaßt du – indem du ißt, höchstens die Chance, auf dich zu achten, zu sehen, daß die Welt nicht untergeht, wenn du den Käsekuchen nicht ißt. Du verpaßt die Chance, nicht krank zu werden, so voll zu sein, daß du nicht schlafen kannst und dir am nächsten Morgen zu wünschen, daß es diese Nacht nie gegeben hätte.

Wenn du nicht hungrig genug bist, um mit dem Essen anzufangen, oder zu satt, um weiterzuessen – entgeht dir auf jeden Fall der Geschmack der Nahrung. Das ist genauso, als wenn du ins Kino gehst, obwohl du schlafen möchtest, auf eine Party, wenn du allein sein willst, in einen Workshop, wenn du am Strand spazierengehen möchtest. Wenn, aus irgendwelchen Gründen, deine Aufmerksamkeit nicht da ist (wegen der gesättigten Empfindungen in deinem Körper oder dem starken Wunsch, woanders zu sein), entgeht dir die Erfahrung.

Falls der Mann meines Lebens bei einer Lesung säße, die zu besuchen ich mich gezwungen hätte, würde ich ein falsches Bild von ihm gewinnen. Bei dieser Begegnung fände ich sicherlich etwas an ihm, das mich auf die falsche Fährte brächte. Ich sähe den Schmutz unter dem Nagel seines dritten Fingers an der linken Hand (wäscht er sich nie die Hände?). Ich fände seine Ohren zu groß. Ich könnte den Mann meines Lebens bei einer Lesung treffen und so müde sein, daß ich wegschaue und gehe, ohne je zu erfahren, daß ich meinen Traummann verpaßt habe.

Ich habe Angst, mich hungrig werden zu lassen; ich fühle mich dann so leer. Die Empfindung des Hungers ist oft begleitet von entsprechenden physischen Empfindungen wie Leere und Hohlheit. Die Geräusche des Hungers sind hohle Geräusche, grollend und rumpelnd. Wenn wir es nicht wagen, uns selbst unsere Bedürfnisse einzugestehen, wenn wir fürchten, daß diese Bedürfnisse einmal ausgedrückt, nie erfüllt werden, dann kann die physische Wahrnehmung von Hunger das psychische Gefühl des Hungers wecken. Weil es ein verdrängtes Gefühl ist, schieben wir es weg; wir wollen nicht daran erinnert werden. Wenn der physische Hunger unser Verlangen, unser Wünschen oder unseren Schmerz aktiviert, bekommen wir Angst.

Manche Gefühle sind beängstigend. Und wir machen sie noch schlimmer dadurch, daß wir Angst vor der Angst haben. Die Gefühle der Leere werden kommen und gehen. Verlangen wird kommen und vorübergehen. Wenn du dir diese Gefühle nicht erlaubst, wenn du sie wegschiebst, werden sie größer und noch erschreckender. Gefühle verschwinden nicht, weil du Angst vor ihnen hast.

Physischer Hunger ist körperlicher Hunger. Physischer Hunger verlangt nach Nahrung. Nichtphysischer Hunger kommt aus der Seele, dem Herzen. Wenn du siehst, daß dein physischer Hunger gestillt werden kann, dann kannst du anfangen, dir vorzustellen, daß es diese Möglichkeit auch für deinen emotionalen Hunger gibt. Wenn du den Hunger nicht zuläßt, dann läßt du auch die Befriedigung nicht zu.

## 2. Entscheide, was du essen willst und dann iß – auch den Kuchen

«Ich aß ein Stück Kuchen vor den Augen Gottes und der ganzen Welt.»

*Teilnehmerin eines Breaking Free-Workshops*

Als ich mich vor fünf Jahren entschied, ohne Schuldgefühle alles zu essen, was ich wollte, und nie mehr eine Diät zu machen, suchten mich Visionen von Schokoplätzchen heim: selbstgemacht, ofenwarm, mit schmelzenden Schokoladenstückchen. Ich ging in ein Geschäft und kaufte einen Beutel zartbittere Schokosplitter, Mehl, Zucker, Eier und Butter. Mein Herz hämmerte, als ich den Einkaufswagen durch die Gänge schob. Ich schaute mich um, ob mich jemand beobachtete, über mich tuschelte, bereit, mich bei meiner Mutter oder dem Leiter meiner Weight Watcher-Gruppe zu verpetzen. Ich überlegte, ob ich einen Salatkopf in meinen Wagen legen sollte, damit es so aussah, als kaufte ich für ein Salatessen ein und hätte gerade beschlossen, als Überraschung für die Kinder Plätzchen zu backen. Aber dann hätte ich auch Tomaten und Radieschen kaufen müssen (ich mag keine Radieschen), und das ging mir zu weit; also bezahlte ich meinen Einkauf und ging. Ich konnte mich an keine Zeit erinnern, in der ich mit gutem Gewissen Schokoplätzchen gegessen hätte. Wenn ich mich daran überaß, hatte ich immer das Gefühl, als naschte ich hinter meinem eigenen Rücken und bald, morgen, würde ich erwischt werden und hätte die Konsequenzen zu tragen. Wenn ich mich überaß, dann hastig, oft vor dem Kühlschrank, und wenn ich jemanden kommen hörte, versteckte ich das Essen sofort.

Das war jetzt anders. Ich wohnte zu dieser Zeit mit meiner Freundin Lucy und deren Tochter zusammen, und direkt vor ihren Augen fing ich an, Plätzchen zu backen.

Genau das tat ich. Lucy bereitete einen Schmorbraten mit Kartoffelpüree für ihr Abendessen zu. Wir setzten uns gemeinsam zu Tisch, zündeten die Kerzen an, legten uns die Servietten auf den Schoß. Lucy begann mit Salat, aß dann die Möhren und schließlich das Fleisch mit Püree. Ich verspeiste erst das eine Plätzchen, dann das zweite und hörte beim vierten auf. Beide aßen wir Eis zum Nachtisch.

Als ich mich am nächsten Tag fragte, was ich essen wollte, lockte mich die Vorstellung von einer Rolle Schokoplätzchenteig, in dicke Scheiben geschnitten, so gegessen. Rohen Schokoplätzchenteig! Gut, dachte ich, wenn es das denn sein soll. Ich ging wieder ins Geschäft, kaufte wieder einen Beutel Schokosplitter, warf kurz einen verächtlichen Blick auf die Gemüseabteilung und ging.

Zum Mittagessen aß ich ein paar Scheiben Teig. Zum Abendessen absolvierten Lucy und ich unser Ritual: Wir zündeten die Kerzen an, falteten die Servietten auseinander, lächelten uns an, und dann aßen wir – auf ihrem Teller Auberginen und Salat, auf meinem fünf Schokoplätzchen, zwei gebacken, drei roh. Beide waren wir zu satt, um noch Nachtisch zu essen.

Am nächsten Tag der gleiche Speiseplan. Und am über- und überübernächsten. Zwei Wochen lang aß ich Schokoplätzchen in jeglicher Form und Beschaffenheit. Zum Frühstück, Mittag- und Abendessen. Und zwischendurch. Am vierten Tag der zweiten Woche aß ich mittags ein Ei. Am Abend des vierzehnten Tages aß ich ein wenig von der Lasagne, die Lucy zubereitet hatte. Und zur Abwechslung noch einmal ein Teigröllchen. Am fünfzehnten Tag wollte ich nie wieder auch nur ein einziges Schokoplätzchen sehen.

Ich erzähle diese Geschichte zu Beginn eines jeden Workshops, weil sie absurd ist und wahr. Ich erzähle sie, weil dort jede Frau schon einmal davon geträumt hat, von irgend etwas so viel zu essen, wie sie will, ohne sich schuldig zu fühlen, und nur wenige sich diese Freiheit oder Verrücktheit erlauben. Nicht daß zwei Wochen ununterbrochener Konsum von Schokoplätzchen das reine Vergnügen waren oder mir besonderen Spaß gemacht hätten. Ich fragte mich, ob schon einmal jemand Krebs bekommen hätte durch den Verzehr von fünfzehn Dutzend Schokoplätzchen oder ob meine Gehirnzellen durch mangelhafte Ernährung absterben würden. Ich fragte mich, wie ich auf die verrückte Idee kommen konnte, daß ich für mich entscheiden könnte, was ich essen will. Meine Hosen wurden enger. Ich hatte zugenommen und fürchtete, weiter zuzunehmen. Aber ich hatte mir vorgenommen, genau das zu essen, was ich wollte, in dem Glauben, daß sich eventuell die natürliche Weisheit meines Körpers offenbaren würde. Ich wußte nicht, wie lange es dauern würde, aber ich wollte es herausfinden. Nach siebzehn Jahren Diäthalten und Überessen, nach siebzehn Jahren Ab- und Zunehmen, dachte ich, daß es sich lohnen würde zu warten, auch wenn es weitere sechs Monate und weitere 15 Pfund kostete. Und wenn es nicht wahr sein sollte, wenn ich nicht für mich selbst über meine Ernährung entscheiden konnte, ohne mich zu zerstören, wäre ich auch nicht schlechter dran. Für -zig weitere Male in meinem Leben hätte ich 20 Pfund abzunehmen. Es lohnte sich zu warten.

Erst konnte ich mir nichts vorstellen, was mein Verlangen nach Schokoplätzchen hätte bremsen können. Und dann konnte ich mir nicht vorstellen, je wieder eins zu wollen.

Nach den Plätzchen verlangte es mich nach Gemüse. Nicht oft, aber ausreichend. Jetzt mußte ich mir um meine Gehirnzellen keine Sorgen mehr machen. Immer wenn ich hungrig war und oft, wenn ich es nicht war, fragte ich mich, was ich essen wollte, und dann, so oft wie möglich, aß ich es. Ich ging durch Phasen mit Eiskrem, Pizza, Hot dogs, Popcorn, Schokolade. Obwohl es mir damals nicht bewußt war, hatte ich Verlangen nach einer Menge Nahrungsmitteln, die ich mir jahrelang versagt hatte.

Die Schokoplätzchen-«Reduktionskost» fand im November statt. Im Mai hatte ich 15 Pfund zugenommen. Von Mai bis September hielt ich mein Gewicht. Im Oktober, ich aß immer noch, was ich wollte, fing ich an, Gewicht zu verlieren. In den nächsten zwei Jahren verlor ich 30 Pfund. Das war vor fünf Jahren. Je nach Jahreszeit schwankt mein Gewicht um 12 Pfund.

Zu essen, was man will, ohne dick zu werden, ist für zwanghafte Esser deshalb so erschreckend, weil wir glauben, wir wollen so viel. Wir denken, wir wollen all das, was uns als Kind, als Teenager, als Erwachsene verboten war. Wir denken, wir wollen all das, was wir letztes Jahr nicht essen durften oder letzten Monat oder gestern. Wir fühlen uns so beraubt all der Dinge, die wir einst wollten und nicht hatten. Wenn dann die Möglichkeit da ist, scheint der Brunnen unserer Verluste abgrundtief. Wir fühlen uns bodenlos, als könnten wir nie genug bekommen. Wir versuchen, uns für Jahre des Diäthaltens mit zwei Wochen Schokoplätzchen oder einem monatelangen Freßanfall zu entschädigen, bis wir erkennen, daß wir Erwachsene sind. Als ich mir die Packung «Hostess-Snow-Balls» ansah und mir sagte, du kannst sie wirklich haben, wenn du willst, da stellte ich fest, daß ich sie wirklich wollte... als ich zehn Jahre alt war. Nun wußte ich, daß sie nichts anderes waren als rosa glasierte Schokoladenkuchen mit unechter Marshmellow-Creme. Jetzt konnte ich mir größere Genüsse vorstellen, und jetzt konnte ich mir, wenn ich nicht hungrig war, etwas gönnen, das genauso wohltuend war, aber nicht unbedingt Nahrung sein mußte.

Zwei Wochen Schokoplätzchen entschädigen nicht für all die Male, die ich sagte: «Nein, danke, ich will keins mehr.» Obwohl ein Plätzchen alles war, woran ich in dem Augenblick denken konnte. Drei Schlemmereisbecher jeden Tag einen Monat lang können die Zeit nicht wiedergutmachen, in der ich an den Eisdielen vorbeischlich und wünschte, ich wäre ein normaler Mensch, der an die Theke geht und ein Hörnchen bestellt, ohne fürchten zu müssen, daß der Zorn Gottes ihn trifft. Ich konnte die nächsten sechs Monate oder sechs Jahre von morgens bis abends essen und dennoch hätte ich siebzehn Jahre meines Lebens mit Diäten und Überessen verbracht.

Es gibt nicht genug Nahrungsmittel auf dieser Welt, um die Einsamkeit dieser Jahre zu lindern, nicht genug, um die Leere, die durch diesen Verlust entstanden ist, zu füllen und die daraus folgenden verrückten Gefühle.

Wir können das Rad nicht zurückdrehen. Wir können nicht für all die Zeiten essen, in denen wir nicht gegessen haben. Wir müssen uns nicht länger selber berauben. Fangen wir heute an.

Es gibt jedoch ein Gleichgewicht zwischen den Extremen, dir nicht die Nahrung zu nehmen, die du möchtest, wenn du hungrig bist, und Nahrung als Ersatz zu benutzen für all das, das du dir versagt hast. Du kannst nicht immer haben, was du willst. Du fühlst zwar auf der einen Seite, daß du Hüttenkäse und Möhren essen solltest, weil Kartoffelbrei und Quiche dich dick machen würden. Trotzdem ißt du Kartoffelbrei und Quiche, sooft du Verlangen danach spürst, denn es gibt so viel in deinem Leben, das du dir wünscht und nicht bekommen kannst, daß du verdammt sein willst, wenn du dir auch das noch vorenthältst. Essen, was du willst, bedeutet dann, unabhängig von deinem Hunger, immerfort zu essen, und das ist die Vorstufe dazu, daß du die Kontrolle über das Essen verlierst und sich deine eigene Prophezeiung erfüllt: Du kannst nicht essen, was du willst, denn wenn du es tust, wirst du zunehmen.

Wünschen hat kein Ende. Du kommst an einer Bäckerei vorbei, riechst frisches Brot. Du willst es. Deine Freundin ißt einen Krabbencocktail, du bestellst ein halbes Hähnchen. Ihr Essen sieht besser aus, du willst es auch. Zeitschriften, Werbespots sind voll von endlosen Variationen von Kleidern, Autos, Ferienorten, Wohnungseinrichtungen, die versprechen, uns glücklicher und schöner zu machen. Wir wollen sie haben. Wenn wir genug Geld haben, können wir sie kaufen. Aber immer wird es etwas geben, was wir uns wünschen und nie bekommen werden. Die perfekte Liebesbeziehung, Beruf, Kinder, Eltern, Freunde. Wir haben keine Kontrolle darüber, alles so zu bekommen, wie wir es wünschen, aber wir haben die Kontrolle über das, was wir essen. Folgerichtig wenden wir uns der Nahrung zu und machen sie zu dem Bereich in unserem Leben, in dem wir genau das haben können, was wir wollen und wann wir es wollen. Und wenn wir dann zunehmen, schwindet der Glaube an uns selbst. Die Diät-Autoritäten müssen recht haben, sagen wir uns; wir können nicht abnehmen, wenn wir auf uns selbst hören. Man kann uns nicht trauen.

Es ist zwar wahr, daß du nicht dem Gefühl trauen kannst, zu bekommen, was du willst, es ist aber nicht wahr, daß du dir selbst nicht trauen kannst – oder nicht abnehmen kannst, wenn du auf dich hörst.

Ich möchte eine Käse-Enchilada mit Avocadocreme. Sofort. Seit Stunden sitze ich am Schreibtisch und arbeite; ich bin ein bißchen müde und brauche eine Pause. Ich bin nicht hungrig, aber das ändert nichts an dem Wunsch zu essen. Gerade jetzt nicht. Wenn ich jetzt aufstehe, zu einem mexikanischen Restaurant fahre und eine Enchilada esse – das wäre schon ein Vergnügen. Auf jeden Fall eine willkommene Ablenkung vom Schreiben. Ich kann es genießen – weg vom Schreibtisch, losfahren, Leute sehen, reden. Daß ich essen möchte, wenn ich nicht hungrig bin, heißt nicht: «Ich kann nicht dem trauen, was ich will.»

Vertrauen entwickelt und verstärkt sich, wenn ich eine Wahl habe (und sie nicht, wie bei Diäten, ausschließe).

Vertrauen entwickelt sich, wenn ich dafür sorge, daß ich mich wohl fühle und nicht unglücklich, wenn ich auf mich aufpasse, statt mir zu schaden.

Vertrauen entwickelt sich, wenn du aus eigenen Erfahrungen lernst, daß du entscheiden kannst, welchen Wünschen du nachgeben willst und welche du deiner Phantasie beläßt.

Wünschen hat kein Ende. Nach der Enchilada könnte ich die Straße entlanggehen, an einem Eissalon vorbeikommen und einen Eisbecher wollen. Dann sehe ich vielleicht jemanden Schokolade essen und möchte auch welche. Es werden immer wieder neue Wünsche geweckt.

Es liegt in unserer Natur, das zu wollen, was Befriedigung verspricht. Daran ist nichts Ungewöhnliches oder Falsches. Ungewöhnlich ist, daß uns niemand gelehrt hat, daß Wünschen endlos ist; statt dessen lehrte man uns, daß daran etwas falsch sei und wir uns wachsam beobachten müßten. Das einzig Verrückte, wenn wir essen wollen, ohne hungrig zu sein, ist, daß wir gar nicht erwarten, ohne Hungergefühle essen zu wollen.

Wenn du dich entscheidest zu essen und dann entscheidest, was du essen willst, frage dich zuerst: Wo kommt das Verlangen nach Essen her? Die zweite Frage ist: Wo kommt das Verlangen nach diesem speziellen Nahrungsmittel her? Wenn die Antwort auf die erste Frage lautet: Ich bin hungrig, dann kannst du die Schritte überprüfen, die du zur Wahl eines besonderen Nahrungsmittels zu einer bestimmten Zeit benötigst.

Vergiß die Kalorien. Dieser Vorschlag und alle folgenden, genauso wie die Übungen in diesem Buch, beruhen auf der Prämisse, daß du dir erlaubst, alles zu essen, was du dir gesundheitlich und finanziell leisten kannst – Kuchen, Delikatessen, Backwaren, Nudeln, Kartoffeln, Reis, Brot, alles, was du dir seit deiner Kindheit versagt hast, letztes Jahr, letzten Monat, gestern und was du jetzt möchtest. Es gibt nichts Verbotenes. (Es sei denn, du mußt eine medizinisch notwendige Diät einhalten. Dann solltest du diese Vorschläge deiner besonderen Situation anpassen.) Nichts macht zu dick. Es ist egal, ob ein hartgekochtes Ei 78 oder 88 Kalorien hat. Die Frage ist: Möchtest du ein hartgekochtes Ei? Du wirst unbefriedigt sein, wenn du es ißt, ohne es wirklich zu wollen. Es kann sein, daß du weiter nach Essen suchst. Es kann sein, daß du mehr findest, daß du mit mageren Häppchen beginnst und über mittelkalorische bei hochkalorischen Nahrungsmitteln landest. Wenn du Lasagne willst und ein hartgekochtes Ei ißt, kann es sein, daß du am Ende zwei- oder dreimal so viele Kalorien zu dir genommen hast, als wenn du gleich die Lasagne gegessen hättest.

Wir essen, damit wir uns bewegen, atmen, sprechen können. Wir essen, damit wir am Leben bleiben. Aber wir bevorzugen bestimmte Nahrungsmittel aus vielerlei Gründen. Manchmal brauchen wir es, daß wir uns satter, schwerer, wärmer fühlen; wir essen eiweißhaltige, warme, kräftige Mahlzeiten. Manchmal möchten wir uns leichter fühlen. Manchmal merken wir, daß wir etwas Kaltes brauchen, etwas, das leicht heruntergeht; dann wählen wir Obst oder ein kaltes Getränk. Wir essen, auch wenn wir hungrig sind, um emotionale und physische

Bedürfnisse zu befriedigen. Bestimmte Nahrungsmittel passen zu bestimmten Stimmungen oder Situationen. Wenn ich mich allein fühle, möchte ich oft eine gebackene Kartoffel. Da ist etwas an ihrem Weiß und ihrer Weichheit, das mich wärmt und tröstet. Bei anderen Gelegenheiten mag ich Vanille-Eiskrem, weil sie so cremig und fließend ist und mich füllt. In solchen Situationen brauche ich etwas, das meinem Magen schmeichelt, ein Gefülltsein, das die Vanille-Eiskrem erzeugt. Meine Freundin Sue bevorzugt Rinderbraten, Erbsen und Kartoffelbrei, wenn sie traurig ist. Ihre Mutter hat das oft für die Familie gekocht; wenn sie jetzt hungrig ist und ein tröstendes Essen braucht, hilft ihr dieses besondere Mahl. «Aber es müssen tiefgefrorene Erbsen sein», sagt sie, «wie meine Mutter sie verwendete. Sonst funktioniert es nicht.»

Diäten lassen dir nicht die Freiheit, Tiefkühlerbsen und Kartoffelbrei zu essen, wenn du dich einsam fühlst. Diäten geht es um Kalorienverbrauch, und sie lassen dir keinen Raum, dich allein zu fühlen oder traurig, wütend oder fröhlich. Diäten übergehen unsere psychischen und emotionalen Bedürfnisse in der Annahme, wir fühlten uns immer gleich: in unseren Beziehungen, in unserem Leben, am ersten wie am sechsten Tag. Diäten schließen alle Gefühle aus, außer dem Verlangen, schlank zu werden. Diäten nehmen uns eine der wenigen Eigenschaften, die uns von anderen Lebewesen unterscheiden – die Freiheit der Wahl.

Der Hauptgrund dafür, daß wir uns fürchten, wenn uns gesagt wird, wir könnten essen, was wir wollten, ist der, daß wir es nicht glauben. Nicht richtig glauben können. Da ist immer noch die Stimme, die flüstert: «Gut, einen Keks, aber kein Eis. Kein Brot. Denk an die Kalorien. Denk an die Pfunde, die du zunehmen wirst. Iß bloß so was nicht! Das kannst du nicht.» Nach jahrelangem Kalorienzählen und Essen nach Vorschrift hat sich bei uns eine starre Abgrenzung entwickelt zwischen Dingen, die erlaubt sind und solchen, die nicht erlaubt sind. Niedrigkalorische Nahrungsmittel sind die einzig erlaubten.

Eine Frau in meiner Gruppe sagte: «Soweit ich zurückdenken kann, wurde erwartet, daß ich Diät hielt.» Wenn sie keine Diät machte, fühlte sie sich schuldig. Wenn sie Diät hielt, wünschte sie, sie täte es nicht.

In meinen ständigen Gruppen mit Mitgliedern, die wenigsten einmal, manchmal auch zwei- oder dreimal einen Breaking Free-Workshop mitgemacht haben, lautet eine immer wiederkehrende Bemerkung: «Ich habe immer das Gefühl, als wäre es mir nicht erlaubt, dickmachende Sachen zu essen.» Nicht erlaubt. Wenn sie es dann doch tun, haben sie das Gefühl, ein Gesetz gebrochen zu haben, etwas Verbotenes zu tun. Essen, was sie wollen, bedeutet, sich gehenzulassen. Mit anderen Worten: «Wenn ich mir das gebe, was ich brauche oder wünsche, tue ich etwas Falsches.»

Solange diese Stimme flüstert: «Nicht erlaubt», solange es verbotene Nahrung gibt, so lange bist du in Konflikte und Kämpfe verwickelt. Und solange es Kämpfe gibt, gibt es Eßanfälle. Und solange es Eßanfälle gibt, hast du Angst zu essen, was du willst.

Du kannst nicht essen, was du willst und dennoch abnehmen, weil du nicht wirklich ißt, was du möchtest. Du ißt in Übereinstimmung mit dieser Stimme oder rebellierst gegen sie. Aber diese Stimme ist nicht deine Stimme. Es ist die Stimme von wem auch immer (x-beliebig vieler Diäten, Artikel, Bücher), die du verinnerlicht hast. Mit der Zeit bist du überzeugt, daß dies nicht nur deine eigene innere Stimme ist, sondern auch die richtige.

Wenn du dem Kampf ausweichst, indem du dir erlaubst zu wählen, was du essen willst, dann läßt du das Ende des Seils los, mit dem an dir gezogen und gezerrt wurde. Wenn du an deinem Ende losläßt, fällt das Seil sofort zu Boden. Jeder Kampf braucht schließlich zwei Seiten. Wenn du dich entscheidest, auf dich zu hören und nicht auf die Kalorientabellen oder deine Ängste, dann gibt es nichts mehr, wogegen du rebellieren mußt. Es gibt nichts, was du nicht auch morgen haben kannst und damit auch keinen Grund, alles heute zu essen.

Während der Jahre, die ich damit zubrachte, mich wegen meines Gewichts zu martern, war jeder Tag eine Kraftprobe. Wenn ich morgens oder nachmittags etwas «Falsches» oder Fettes aß, war für mich der Tag vertan. Warum also nicht auch den Rest des Tages vertun und erst morgen mit der Diät beginnen? Ich könnte den Tag damit verbringen, soviel wie möglich zu essen, für den nächsten Tag zu horten, wenn ich mich einschränken würde. Ich könnte alles essen, was ich im Hause hätte; dann ginge ich einkaufen, riesige Mengen von allem, was ich wollte. Um 23 Uhr 59 würde ich auf Mitternacht warten; dann wäre Morgen. Der nächste Morgen. Ich würde aufwachen, Bauchschmerzen haben und mich vor mir selbst ekeln.

An einem solchen Morgen schrieb ich:
«Die Morgendämmerung ist schön, aber sie interessiert mich nicht. Mich interessiert nichts, nur wie fett ich bin. Ich erwache mit einem

dicken Bauch. Mein Gesicht sieht aus, als hätte jemand Luft in meine Backen geblasen; mein Körper fühlt sich an, als hätte jemand eine Flasche Leim hineingeschüttet und mich bis in meinen Kopf hinein damit verklebt. Ich habe Angst, richtige Angst. Ich kann mir nicht vorstellen, wie ich je aufhören kann, so viel zu essen. Ich möchte immer weiter essen, weil ich mich so schlecht fühle.

Die Erdnußbutter steht in der Speisekammer. Eine Stimme sagt: ‹Dann fängst du eben morgen mit deiner Diät an. Was bedeutet schon ein Tag mehr? Du mußt so oder so 25 Pfund abnehmen, du kannst genausogut essen. Es ist Mittwoch. Du kannst nicht bis zum Wochenende Diät halten. Du wirst zu schwach zum Studieren.› Und ich denke: ‹Ja, du hast recht. Was bedeutet schon ein Tag mehr.› Ich stehe auf und hole die Erdnußbutter. Dann denke ich daran, wie schlecht ich mich fühlen werde. Wie schlecht ich mich schon fühle. Und halte mich zurück. Für einen Moment. Es ist sieben Uhr morgens, und der Kampf geht weiter...»

Hin und her. Ich zwang mich zu einer Diät, aus Angst, mein Hunger wäre so groß, daß ich die Welt verschlingen könnte. Wenn ich mich dann, unvermeidlich, überaß, glaubte ich, den Beweis für meine Befürchtung geliefert zu haben. Zu keinem Zeitpunkt hatte ich ein Gefühl dafür, was ich essen wollte; ich wußte nur, was erlaubt war und was nicht. Und ganz gleich, was ich sonst gegessen hatte oder wie krank ich mich fühlte, ich wollte Süßigkeiten. Ich war noch mit 28 Jahren das Kind, das seine Mutter herausforderte: «Und die Schokolade esse ich doch! Und wenn du nein sagst, werde ich sie in meinem Schlafanzug verstecken.»

Eine Frau in meiner Gruppe sagte: «Mit Erstaunen habe ich festgestellt – nach vierzig Jahren Heißhunger auf Süßigkeiten –, daß ich nicht einmal mehr den Geschmack von Süßem mag, seit ich mir erlaube zu essen, was ich will.»

Die meisten von uns wissen, wie viele Kalorien in Äpfeln, Brot, Fleisch und Käse stecken. Wenn es das kalorienbewußte Essen wäre, was schlank macht, dann wären wir alle schlank.

In einem Augenblick voller Verzweiflung, Trauer oder Ärger wird all das, was du über Kalorien weißt (und alle Gründe, warum du schlank sein willst) hinweggeschwemmt, es sei denn, du gibst dir die Erlaubnis zu essen. Du willst einem Gefühl entkommen, und deshalb brichst du erst die Beschränkungen, die du dir selbst auferlegt hast. Wenn du leidest und von deinem Leid erlöst sein möchtest, ist dir jede Art von

Erlösung recht, auch wenn diese Befreiung (deine Diät abbrechen) und das Gefühl, das du loswerden willst (Frustration oder Trauer), in keinem Zusammenhang stehen. Der emotionale Druck ist viel stärker als die rationale Entscheidung für 1200 Kalorien pro Tag.

Wenn du ißt, was du willst, wenn du das Seil losläßt und damit den Kampf zwischen richtigen und falschen Nahrungsmitteln aufgibst, wirst du (nach der ersten Tendenz, mehr zu essen, als du tatsächlich willst) möglicherweise weniger Kalorien zu dir nehmen, als wenn du dich von Kalorienangaben leiten läßt.

Dein Körper möchte überleben und sich wohl fühlen. Er möchte sich bewegen, laufen, leicht die Treppen hinaufsteigen. Wenn du den Kampf läßt, kannst du auf ihn hören und essen, was du willst. Denn du willst ja nicht nur die Freiheit der Wahl deiner Ernährung, sondern auch die Freiheit, einen Körper zu besitzen, der sich fließend bewegt, und die Freiheit, deinen Körper zu mögen, und dein Ich, das ihn bewohnt.

Wenn du hungrig bist, setze dich für eine oder zwei Minuten hin und frage dich, was du wirklich essen willst. Wenn keine Antwort kommt, weder bildlich noch sprachlich, bietet dir die folgende Liste eine Auswahl von Vorschlägen zu Geschmack, Beschaffenheit und Temperatur an, die du in deine Überlegungen mit einbeziehen kannst.

Geschmack:     Möchtest du etwas
  • Süßes?
  • Saures?
  • Salziges?
  • Würziges / Pikantes?
  • Mildes?

Beschaffenheit:     Möchtest du etwas
  • Geschmeidiges, das dir die Kehle herunterrinnt?
  • Knuspriges, das du richtig kauen mußt?
  • Cremiges, mit Substanz, womit du deinen Mund füllen kannst?
  • Knackiges, das kracht und knackt, wenn du es kaust?

| Temperatur: | Möchtest du etwas |
| --- | --- |

- Heißes und Festes oder Heißes und Flüssiges wie Tee oder Brühe?
- mit Raumtemperatur (ein Stück Obst, Kekse, Nüsse)?
- Kaltes, und wenn, willst du es essen oder trinken?

Wenn du dir Zeit für diese Fragen und deine Antworten nimmst, erhältst du eine genauere Vorstellung davon, was dich befriedigt, als wenn du den Kühlschrank öffnest und schaust, was drin ist. Dann wirst du auch in der Lage sein, mitentscheiden zu können, in welches Restaurant du mit Freunden oder deiner Familie zum Essen gehen willst.

Entscheide dich immer erst in der jeweiligen Situation. Es ist verführerisch, vor dem Einschlafen zu überlegen, was du morgen zum Frühstück, zum Mittag- und Abendessen verspeisen wirst. Diese Entscheidungen beruhen dann aber nicht auf der Erlaubnis zu essen, was du willst, sondern auf vorgefaßten Vorstellungen davon, was das beste für dich wäre oder was köstlich schmecken könnte. Das kann vor allem dann passieren, wenn du merkst, daß du abnimmst, ohne Diät zu halten. Die Argumentation sieht dann so aus: Wenn ich abnehme, obwohl ich Eis und Plätzchen esse, wieviel mehr könnte ich abnehmen, wenn ich die Plätzchen wegließe. Diese Art des Denkens ist kontraproduktiv. Wenn du merkst, daß du deine Mahlzeiten danach planst, was du essen oder nicht essen solltest oder was du vielleicht essen möchtest, schafft das ein Bündel von Erwartungen, die, wenn sie sich nicht erfüllen, das altvertraute Gefühl von gewichtsbezogenem Versagen hervorrufen. Dieses Gefühl ist der Vorläufer eines Eßanfalls. Du hast das Gefühl, versagt zu haben... Du kannst nichts richtig machen... Du hättest wissen müssen, daß das nicht funktioniert... Was hat das für einen Sinn... Du kannst genausogut essen. Letztlich kannst du heute gar nicht entscheiden, was dir morgen köstlich schmecken wird, weil du auf diese Art nicht auf deine täglich wechselnden Stimmungen eingehen kannst. Wenn du heute das ißt, was du gestern wolltest, und es befriedigt dich heute nicht, hältst du Ausschau nach mehr Essen.

Was tun, wenn du eine Mahlzeit begonnen hast und feststellst, daß es nicht das ist, was du willst? Letzte Woche, nach meinem Tanzkurs, malte ich mir mein Abendessen aus: eine kalte Mahlzeit, Salat mit Croutons und Artischockenherzen. Zu Hause schnibbelte ich Möhren, Paprika, Gurke und Kopfsalat, fügte die Croutons und Artischockenherzen hinzu. Als ich mich hinsetzte und zu essen anfing, merkte ich, daß ich es nicht mochte. Mir war kalt, und ich wollte etwas Heißes, Sättigendes. Und da hatte ich soviel Zeit damit zugebracht, zu schnibbeln und zu schneiden, alles vorzubereiten – und was ist mit den hungernden Kindern in Indien?

Ich schaute auf meinen Salat, pickte ein paar Karottenscheibchen heraus. Ich erinnerte mich an das letzte Mal, als ich etwas vorbereitet hatte, das ich hinterher nicht mochte und dennoch gegessen hatte. Vor ein paar Wochen hatte ich mir einen Auflauf zum Abendessen zubereitet, einen sehr gesunden, mit Gemüse, Käse und Reis. Nach ein oder zwei Bissen stellte ich fest: Ich wollte Eis, hatte es schon den ganzen Tag gewollt. Vanilleeis mit Sprenkeln von Vanilleschote und einem knusprigen Zuckerhörnchen. Nein, dachte ich, ich sollte diesen Auflauf essen. Seit Wochen hatte ich kein Gemüse gegessen. Von Eis konnte ich mich erkälten, auf jeden Fall macht es dick. So aß ich den Auflauf, einen Salat, etwas Brot. Dann aß ich zwei Plätzchen und etwas Lakritze. Immer noch unbefriedigt, verputzte ich eine Schüssel Popcorn. Traumbilder von Vanilleeis erschienen vor meinem inneren Auge und verschwanden wieder, meistens erschienen sie allerdings.

Manchmal, wenn so etwas passiert, halte ich folgendes Zwiegespräch mit mir selbst: «Es gab Zeiten, da konntest du nicht alles essen, was du wolltest. Wenn dein Einfühlungsvermögen besser wäre, hättest du dir das Eis geholt, aber weil du auch nur ein Mensch bist und Fehler machst, hast du es nicht getan. Also, wenn du morgen immer noch Eis willst, kannst du es haben, aber jetzt – jetzt gehe ich schlafen.» In dieser Nacht des gesunden Auflaufs wollte ich Eis. Um zehn Uhr am Abend – ich hatte um sieben zu Abend gegessen – fuhr ich zum Eissalon und, physisch satt, aber emotional unbefriedigt, bestellte ich mir das, was ich dreieinhalb Stunden früher gewollt hatte.

Angesichts meines Salats erinnerte ich mich daran, daß ich so voll war an jenem Abend, daß ich kaum einschlafen konnte. Ich wollte es mir nicht noch einmal so schlecht gehen lassen. So packte ich den Salat in einen Behälter und bereitete mir ein warmes Süppchen und einen Käsetoast.

Wir essen, um emotionale und physische Bedürfnisse zu befriedigen, und bevor wir uns nicht beides eingestehen und damit umgehen, setzen wir uns immer wieder dem Gefühl der Entbehrung aus und jagen nach mehr Nahrung.

Wenn du vor einem Essen sitzt, das du nicht magst:

• Schäme dich nicht, das zuzugeben. Auch wenn du dem Wunsch, etwas anderes zu essen, nicht nachgibst, verstehst du dann besser, warum du unzufrieden bist, und manchmal wird diese Einsicht dich daran hindern, in den nächsten vier Stunden herumzugrasen. Wenn du beschließt, daß du dir weder etwas anderes zubereiten kannst oder willst, dann sage dir, daß du dir morgen, wenn du hungrig bist, erlaubst zu essen, was du willst. (Das muß die Wahrheit sein, sonst funktioniert es nicht.)

• Wenn du allein bist, kannst du dein Essen einpacken und wegstellen. Wenn du nicht genau weißt, was du willst, überlege ein paar Minuten. Dann tu, was du kannst. Koche dir etwas oder gehe aus. Du kannst die Überreste morgen essen oder Freunden geben, deinem Hund oder den Vögeln.

• Wenn du bei Leuten bist, bei denen du dich entspannt fühlst, kannst du sagen: «Ich merke gerade, daß ich das nicht mag» oder: «Aus irgendeinem Grund schmeckt es mir nicht oder bekommt mir nicht.» Wenn du nichts erklären mußt, nimm dir einen anderen Teller und iß etwas anderes. Wenn dich jemand fragt, was du da tust, erkläre es. Es gibt keinen Grund, sich zu schämen. Andere können genauso fühlen, und in diesem Fall entlastet sie deine Ehrlichkeit und erlaubt ihnen, das gleiche zu tun.

• Wenn du in einem Restaurant bist, kannst du
1. deine Begleiter fragen, ob jemand dein Essen möchte. Oder, wenn dir ihres mehr zusagt, fragen, ob sie tauschen mögen. 2. die Bedienung fragen, ob sie dein Essen zum Mitnehmen einpacken kann und etwas anderes bestellen. 3. dir vornehmen, das nächste Mal länger zu überlegen, was du essen willst. Aber heute ißt du, was du bestellt hast und genießt es, so gut du kannst. Wenn du restlos unzufrieden bleibst, iß nur wenig und iß dann zu Hause das, was du möchtest.

Wenn du dir die Erlaubnis gibst zu essen, was du willst, ist es ganz normal, daß sich diese Erlaubnis zunächst in extremen, hartnäckigen Wünschen nach einem bestimmten Essen äußert, das du um jeden Preis haben möchtest. Nach meiner Anfangsphase mit dem Schokoplätzchenversuch wechselte ich die Restaurants zwei- oder dreimal, manchmal viermal, wenn es nicht genau das gab, was ich wollte – ziemlich nervig für meine Freunde, die sich fragten, auf welche abstruse Diät ich mich diesmal gestürzt hatte. Heute versuche ich, die bestmögliche Wahl zu treffen, gehe nicht dahin, wo ich überhaupt nicht hin will, und mache das beste aus einem Restaurant, das nicht völlig meinen Vorstellungen entspricht. In Situationen, in denen ich nicht genau das bekommen kann, was ich mir wünsche, gibt es meist genug andere Nahrung (Gespräche, Vertrautheit, schönes Ambiente), um den emotionalen Aspekt des Essens zu befriedigen. Ich stelle dann das Essen in der Priorität hintenan und erlaube mir, mich an dem zu sättigen, was um mich herum passiert.

In den vorgestellten vier Fällen ist es entscheidend, daß du dir erlaubst, flexibel zu sein, daß du zuläßt zu fühlen, was du fühlst und daß du diese Gefühle zur Kenntnis nimmst. Du brauchst nicht deinen Gefühlen entsprechend zu handeln. Das ist in Ordnung. Es ist nicht immer möglich, das zu essen, was du willst, aber es ist immer möglich, die Diskrepanz zwischen dem zu erkennen, was du tust und was du tun möchtest. Wenn du deinen Gefühlen genug Raum und Akzeptanz gibst, wirst du nicht länger von dem drängenden, unbewußten Bedürfnis getrieben, die Welt zu verschlingen.

Wenn es nicht summt, dann iß es nicht.

Alyssa, die einen Breaking Free-Workshop besuchte mit dem Ziel, fünfzig Pfund abzunehmen, erzählte eines Abends diese Geschichte: «Als ich Mittwoch abend hungrig wurde, stellte ich fest, daß ich Apetit auf die spezielle Sorte Schokoladentrüffel hatte. Ich erzähle das meinem Mann, der Steak und Kartoffeln zum Abend aß. Er war überrascht, kritisierte mich aber nicht wegen meines Wunsches nach Schokolade, die es fünfzehn Meilen weit entfernt zu kaufen gab, im Regen, eine lange, windige Straße entlang. Und obwohl ich doch fünfzig Pfund abnehmen mußte. Wir fuhren zu dem Lokal. Ich bestellte meine Trüffel, aß ein paar Bissen und ließ das meiste auf dem Teller. Ich war zufrieden. Mein Mann, der immer noch mit mir kooperierte, aß den Rest. Dann fuhren wir im Regen durch die Berge zurück. Lachend.»

Die Trüffel summten für Alyssa. Weil sie summten, befriedigten sie sie. Und deshalb mußte sie nicht alles aufessen.

Die Autoren Lillian und Leonard Pearson verwenden in ihrer ‹Psychodiät›* die Ausdrücke «Summer» und «Zunicker» für unsere Lebensmittel. «Summer» sind die Lebensmittel, von denen du weißt, daß du sie willst, bevor du sie siehst. Du kannst dir ihre Beschaffenheit, ihren Geschmack, ihre Temperatur vorstellen, auch wenn du sie nicht vor dir hast. Summende Nahrungsmittel sind genau bestimmt: Wenn du Käse willst, ist ein Eclair kein Ersatz. Sie wechseln je nach Tageszeit, je nachdem, mit wem du zusammen bist, wie du dich fühlst. Summende Lebensmittel befriedigen dich emotional und physisch, weil sie den gesamten Hunger dieses einen Augenblicks stillen. Weil sie so speziell sind, sind sie keine alltäglichen Lebensmittel, die jederzeit verfügbar sind. Aber sie befriedigen. Wenn du etwas Summendes ißt, suchst du nicht nach einer viertel oder halben Stunde nach weiterem Essen. Nachdem du etwas Summendes gegessen hast, vergißt du das Essen. Kennst du Menschen, die tatsächlich tagsüber an etwas anderes als Essen denken können? Du wirst einer von ihnen.

Nickende Lebensmittel locken dich, wie der Name schon sagt, nikken dir zu, ziehen dich heran, aber weil ihre Attraktion äußerlich ist und nicht einem spezifischen Bedürfnis oder Verlangen entspricht, sind sie nicht befriedigend. Wenn du einen «Zunicker» ißt, fällt es dir schwer zu wissen, wann du aufhören mußt, weil nur das Aussehen, der Geschmack dich zum Essen verlockt haben. Wenn es keinen Hunger gibt, gibt es auch kein Signal zum Aufhören. Zunickende Lebensmittel sind meist alltäglich, verfügbar und bedürfen geringer oder keiner Wartezeit oder Vorbereitung. Wenn du am Toaster stehst und das halbfertige Brot alle paar Sekunden hochdrückst, ein Stück abbeißt und es wieder herunterdrückst, dann ist das ein «Zunicker».

Die meisten von uns essen überwiegend zunickende Lebensmittel. Fernsehen, Radio, Magazine, Schaufenster von Bäckereien, verführerische Beschreibungen oder Ansichten von Nahrungsmitteln, unsere eigenen Vorstellungen davon, was wir essen oder nicht essen sollten: Selten nehmen wir uns die Zeit oder geben uns die Erlaubnis, «summende» Nahrungsmittel zu essen. Die Angst zuzunehmen wächst, wenn wir essen, was wir wollen; die Kalorienberechnungen kommen hoch, das Gefühl, daß du nicht verdienst, was du dir offensichtlich

* Reinbek bei Hamburg 1977 (rororo sachbuch 7068)

wünscht. Manchmal weißt du nicht, was du willst; du hast so lange aus Gewohnheit bestimmte Nahrungsmittel gegessen, daß es eine ganze Weile dauern kann, bis sich deine wahren Vorlieben offenbaren.

Unterteile die Nahrungsmittel, die du ißt, nach ihren summenden und zunickenden Eigenschaften. Teile ein Blatt Papier in drei Spalten: Lebensmittel, Summer, Zunicker. Schreibe auf, was du ißt, und dann prüfe, ob das ein Summer oder ein Zunicker ist. Anschließend werte den Grad des Summens von eins bis zehn. Zehn ist ein lautes Summen, eins ein Murmeln. Nach einer Woche wechsle zur «Zunicker»-Skala. Verwende die gleichen Werte, aber diesmal ist zehn fast ein Summer. Du hast an dieses Nahrungsmittel gedacht, hättest es aber nicht gegessen, wenn du nicht davon gehört, es gesehen hättest usw. Eins ist der niedrigste Wert: Du hast dem Nahrungsmittel keine Aufmerksamkeit geschenkt, bevor du daran vorbeikamst, es gerochen hast.

Die meisten von uns nehmen sich nicht die Zeit herauszufinden, was ihnen gefällt. Diese Übung schickt uns vorsichtig auf Entdeckungsreise und in die Verwirklichung: Wir können uns und anderen etwas geben, wenn wir uns selbst etwas geben.

Wie oft ißt du etwas, was du wirklich willst?

Stelle eine Liste der «verbotenen» Nahrungsmittel auf, die du dir wünschst, von denen du träumst, an die du denkst, die du dir seit Jahren nicht erlaubt hast. Vorlieben aus deiner Kindheit, die dir heute albern vorkommen oder dick machen. Was ist mit Familienvorlieben oder ethnischen Speisen, die bei dir bestimmte Assoziationen auslösen? Hast du die aus deiner Diät gestrichen? Vervollständige die Liste, bis du alle Möglichkeiten ausgeschöpft hast.

Dann bring an Hand der Liste jede Woche ein verbotenes Nahrungsmittel mit nach Hause. Kauf mehr, als du auf einmal essen kannst. Wenn du hungrig bist, iß davon und beobachte aufmerksam, wie es heute schmeckt. Ist es wirklich so gut? Schmeckt es anders, als du dir vorgestellt hast oder als du dich erinnert hast? Möchtest du mehr?

Eine Freundin von mir lechzte geradezu nach Zuckerplätzchen, die sie sich seit ihrer Kindheit nicht erlaubt hatte. Im Supermarkt warf sie jedesmal begehrliche Blicke auf die Süßwarenregale und die Zuckerplätzchen; nein, entschied sie, sie konnte, wollte nicht und ging weiter. Auf meine Anregung hin kaufte sie drei Packungen Zuckerplätzchen. Eine halbe Stunde später rief sie mich an: «Du wirst es nicht glauben», sagte sie, «ich mag sie nicht einmal. Dreißig Jahre habe ich mich nach diesem Augenblick gesehnt, und nun sind sie nicht einmal gut. Ich backe bessere.» Wir lachten, und sie verfütterte die Plätzchen an ihren Hund.

Wenn der Gedanke zu essen, was du willst, dich zu sehr schreckt, geh langsam vor, mit einer Mahlzeit pro Tag. Gib dir morgens nach dem Aufwachen die Erlaubnis zu wählen, was du zum Frühstück essen willst. Nimm dir ein paar Minuten Zeit, es dir bildlich vorzustellen; dann bereite es zu, kaufe es oder gehe in ein Café und bestelle es. Beobachte, wie du dich fühlst, wenn es etwas ist, das du dir normalerweise nicht erlaubst. Möchtest du aufhören? Was kann schlimmstenfalls passieren? Wenn du Angst hast zuzunehmen, gib nicht vor, keine Angst zu haben. Hör gleichzeitig auf deinen Körper. Wenn er dir sagt, er hat genug (siehe Kapitel 4), lege deine Gabel, den Löffel, deine Hände hin. Nun, wie fühlst du dich? Vergiß nicht, du wirst nicht durch eine Mahlzeit gleich zehn Pfund zunehmen. Nutze die Gelegenheit herauszufinden, wie sich dein Körper fühlt, wenn du ihm gibst, was er will. Ist es ein angenehmes Gefühl? Ein befriedigendes? Vergleiche dieses Gefühl mit dem, was du hast, wenn du nicht ißt, was du willst und dich damit selbst beraubst. Wenn du dir eines der beiden Gefühle aussuchen könntest, welches würde es sein?

Wir vergessen oft, daß unser Leben und unsere Gefühle aus Augenblicken bestehen. Als zwanghafte Esser verbringen wir unser Leben damit, alle Augenblicke der Befriedigung aufzugeben für den zukünftigen Augenblick, wenn wir schlank sein werden und sich der Verzicht auszahlen wird. Und falls und wenn dieser Augenblick kommt, sind wir so besorgt, wieder zuzunehmen, daß wir unsere Aufmerksamkeit erneut auf die Zukunft richten und in der Gegenwart kein Vergnügen empfinden.

Die meisten von uns verpassen ihr eigenes Leben. Wir verbringen unsere Zeit damit, uns auf einen Augenblick vorzubereiten, der nie kommen wird, weil die Jahre dahinschwinden, unbemerkt, ungenutzt.

Der ständige Gedanke an das Ende ist das Ende. Wenn du versuchst, schlank zu werden, indem du dich selbst zügelst, dich verurteilst, nicht an dich glaubst, wirst du am Ende ein versagendes, selbstverdammendes und angstvolles menschliches Wesen. Und vielleicht wirst du einen schlanken Körper haben – für eine Weile.

Sich von zwanghaftem Essen zu befreien heißt auch, sich freizumachen von dieser Vorwegnahme der Zukunft. Es fordert, daß du aufmerksam wirst auf das, was du jetzt tust: Es zwingt dich zu prüfen, dir die Fragen nach der Art und Weise, wie du durch deine Mahlzeiten rast und durch deine Tage – in ständiger Verfolgung der Momente, die du nie haben wirst – wirklich zu stellen. Das bringt dir Befriedigung und Vergnügen und veranlaßt dich, deren Bedeutung in deinem Leben wieder zu entdecken.

Wenn du herausfindest, daß es befriedigend für dich ist zu essen, was du willst, mache dir im Geiste eine Notiz. Schaffe keine neuen Regeln wie: «Ich soll immer essen, was ich will.» Gib dir lieber die Erlaubnis, zunächst einmal am Tag zu essen, was du willst; und wenn das zu beängstigend ist, alle paar Tage. Laß dich davon leiten, was dir intuitiv für dich richtig erscheint (und das wirst du durch Erfahrung entdecken), und nicht davon, was du meinst, tun oder lassen zu müssen. Möglicherweise wirst du zunehmend entdecken, was richtig für dich ist.

Wenn du nicht weißt, was du essen willst, bist du entweder zu hungrig oder nicht hungrig genug. Es ist kein falsches Gefühl, heißhungrig zu sein, begierig nach Essen. Versuche nicht, so hungrig zu werden, denn dann wird es schwierig herauszufinden, was du willst und wann du genug hast. Es braucht seine Zeit, rasenden, wahnsinnigen Hunger zu bändigen, und dann hast du gewöhnlich über das «Genug» hinaus gegessen und bist immer noch nicht befriedigt, weil du in solcher Hast nicht essen kannst, was du willst.

Wenn du nicht hungrig bist (aber wünscht, du wärst es), kannst du dir zwar verschiedene Nahrungsmittel vorstellen, aber da diese Bilder nicht mit physischem Hunger verbunden sind, ist die Wahl schwierig. Ohne Hunger gibt es nichts zu befriedigen. Warte, bis die Vorstellung deutlich wird; es wird dir dann besser schmecken.

Ich möchte ein Croissant aus einer Bäckerei in Greenwich Village, aber ich lebe in Little Rock, Arkansas. Gestern abend sagte jemand in meiner Gruppe: «Ich kann mich einfach nicht entscheiden, was ich essen will.» Nach ein paar Fragen entdeckte sie, daß sie sich selber sabotierte: Sie wollte ständig Sachen aus anderen Städten. Wenn sie hungrig war, wünschte sie sich eine Pastete, die sie einmal in Paris gekostet hatte; da sie ja schwerlich am Abend kurz dort hinfliegen konnte, aß sie entmutigt alles, was sie finden konnte. «Was hat das alles für einen Sinn», fragte sie, «wenn ich doch nicht haben kann, was ich will?»

Etwas zu essen, das summt, ist eine Sache; achttausend Meilen fliegen zu müssen, um es zu bekommen, eine andere. Wenn du merkst, daß du das Unmögliche willst, ist es Zeit zu fragen, was los ist. Kim sagte: «Ich fürchte, wenn ich mir erlaube zu essen, was ich will, werde ich nur noch Süßigkeiten futtern.» Hinter ihren Zukunftsvisionen lauerte die Angst, daß sie, wenn sie sich realistisch das wünschte, was in Reichweite war, nicht nur zunehmen würde, sondern auch sehr ungesund essen würde. «War es nicht schrecklich für dich, eine ganze Zeit Süßes zu essen?» fragte sie mich.

Ja und nein. Salat und Gemüse essen zu müssen und sich bei Süßem dann zu überessen, wann immer die Möglichkeit sich bietet, ist auch nicht besonders gesund. Sich beraubt zu fühlen ist nicht gesund. Zu naschen, sich zu verstecken, im Hinblick auf Essen zu lügen ist nicht gesund. Dich selbst zu bestrafen ist nicht gesund.

Es ist wahr: Von morgens bis abends Süßigkeiten zu futtern ist nicht gerade eine ausgeglichene Diät. Früher oder später wird dein Körper nach Gemüse und Proteinen verlangen und dann wirst du diese Nahrungsmittel essen, weil du es willst. Du wirst sie essen und vom Tisch aufstehen ohne Angst davor, was du in einer Stunde oder morgen tun wirst.

Das nenne ich gesund.

In jeder Gruppe höre ich: «Aber wie kann ich essen, was ich will, wenn ich nicht weiß, was ich will. Und wenn ich nicht einmal weiß, was ich essen will, woher weiß ich, ob die anderen Entscheidungen in meinem Leben richtig sind? Wie kann ich je herausfinden, was ich will?»

Um am Anfang zu beginnen, da, wo du jetzt stehst: Wenn du nicht weißt, was du essen willst, dann deshalb, weil du dir nie die Zeit genommen hast, das zu erforschen, und nicht, weil dir jedes Gefühl für dich selber fehlt. Weil dir keiner gesagt hat, daß das, was du willst, gut für dich ist, weil du kein Vertrauen in deine eigenen Entscheidungen entwickelt hast, weil du nicht das Wohlgefühl erfahren hast, das entsteht, wenn du dir gibst, was du willst, und beobachten konntest, wie dein Selbstvertrauen durch diese Offenheit wächst. Wenn du nicht weißt, was du essen willst, dann auch deshalb, weil Fett ein Milliardengeschäft bei uns ist und eine Menge Leute eine Menge weniger verdienen, wenn du anfängst, darauf zu vertrauen, daß die Stimme deines Ich dir sagt, was du willst, ein Ich, das wachsen wird, das gut für sich sorgen möchte, befriedigt und genährt sein will.

Wenn du nicht weißt, was du essen willst, wird es Zeit, das herauszufinden.

# 3. Achtloses Essen:
## Wenn ich nicht sitze, zählt es nicht...

«In meiner Vorstellung schmeckt mir das Essen besser als auf dem Teller, denn in Gedanken kann ich mir ausmalen, wie köstlich es schmecken wird, aber wenn ich es dann esse, überlege ich, wer mir mein Auto reparieren kann oder sehe die Tagesschau.»
*Teilnehmerin an einem Breaking Free-Workshop*

Am Ende der ersten Sitzung eines Acht-Wochen-Workshops gebe ich den Teilnehmerinnen eine Liste mit Eßleitlinien, darunter: «Iß, wenn du sitzt.» Wenn ich hinzufüge: «Und das schließt nicht das Auto ein», folgt eine Welle von spöttischem Gemurmel und allgemeinem Gelächter. Ich lache auch. Ich weiß, was das heißt, im Auto zu essen – zu essen und zu essen.

Mein Auto war mein Lieblingsrestaurant, mein vielbenutzter Küchentisch, mein bevorzugter Eßkumpan in den Tagen meiner Magersucht und den späteren Tagen meiner 55 Pfund Übergewicht. Ich ging in den Supermarkt, kaufte alles, was ich essen wollte, und dann lud ich meinen Beifahrersitz voll mit all den Gaben in den bunten Plastiktüten. Wenn ich irgendwo hinfahren mußte, eine Verabredung hatte, aß ich erst einmal auf dem Weg dorthin, so viel ich konnte; wenn ich angekommen war, war ich schon in Gedanken bei dem, was ich alles auf der Rückfahrt essen würde. Dann eilte ich zu meinem Auto zurück, wie eine Verliebte heim eilt in eine zärtliche Umarmung. Nahrungsmittel waren meine Liebkosungen, meine Küsse, meine zärtliche Umarmung. Oft hatte ich kein Fahrziel. Ich fuhr im Auto herum, nur um zu essen.

Im Auto essen, das war sicher: Keiner, den ich kannte, konnte mich sehen, mich fragen, mich verurteilen. Im Auto essen zählte nicht wirklich. Solange ich nicht an einem Tisch saß, solange ich nicht vom Teller aß, solange ich mich bewegte, mich aufs Schalten, Bremsen, Lenken konzentrieren mußte, zählte es nicht. Alles, was ich aß, wenn ich mich nicht hinsetzte, ob in meiner Küche oder im Restaurant, zählte nicht.

Du würdest nicht glauben, wieviel ich aß, ohne zu essen.

Wo du ißt und wie du ißt, ist genauso wichtig wie das, was du ißt, weil deine Wahrnehmung, daß du ißt, darauf aufgebaut ist.

Es zählt nicht – du ißt nicht wirklich:

- am Herd, beim Kochen, Abschmecken;
- die Häppchen vom Teller eines anderen;
- vor der Spüle, vor dem Kühlschrank stehend;
- sonstwo stehend;
- während du fernsiehst, im Kino bist;
- während du ein Buch, eine Zeitung oder eine Illustrierte liest;
- wenn du an einer emotionalen oder fesselnden Unterhaltung beteiligt bist;
- im Auto;
- in einem fremden Haus, wenn keiner da ist;
- von fremden Tellern, wenn du abspülst;
- nach dem Essen, wenn du nicht gegessen hast, was du wolltest und du wieder (oder noch) in der Küche bist und das ißt, was du wirklich wolltest;
- überall und jederzeit, wenn es nach deinem Gefühl nicht erlaubt ist oder nicht vermutet wird, daß du ißt.

Nicht daß du dich nicht verurteilst für diese ausgenutzten Gelegenheiten oder daß du nicht satt wirst. Es ist ja nicht wirklich so, daß du ißt, ohne zu essen; aber weil du ißt, während du dich auf etwas ganz anderes konzentrierst, befriedigt dich das Essen nicht. Oder du fühlst dich schuldig, du überißt dich, und dann ißt du immer weiter.

Wir kennen das Gefühl nur zu gut, irgendwo zu sein, ohne präsent zu sein, dieses «Entschuldige-wie-war-das-noch-Gefühl», die Notwendigkeit, etwas zu wiederholen oder wiederholen zu lassen, weil wir nicht konzentriert waren. Das Gespräch oder Ereignis findet statt, aber weil unsere Aufmerksamkeit abgelenkt war, fand es nicht für uns, in uns statt.

Wenn du ißt und im Geiste woanders bist, ißt du zwar, aber du scheinst nicht wirklich zu essen. Dein «Ich» jedoch, das zulangt, kaut, sich bewegt und sich Nahrung in den Mund schiebt, das ißt. Dein «Ich», das in den Spiegel schaut, nicht in die Kleider paßt, verzweifelt über seinen Körper ist – dieses «Ich» ißt. Dieses «Ich» nimmt zu, und keiner versteht das, weil du doch zu den Mahlzeiten so wenig ißt.

Hier ist eine Liste von Dingen, auf die du achten solltest, damit du deine Aufmerksamkeit dem Essen zuwenden kannst:

1. Iß im Angesicht deiner Freunde, Partner, Eltern, Kinder, Kollegen.
2. Iß nur, wenn du sitzt.
3. Iß ohne Ablenkung durch Radio, Fernsehen, Zeitungen, Bücher oder laute Musik.
4. Sorge beim Essen für eine möglichst schöne und wohltuende Umgebung.
5. Vermeide beim Essen gefühlsbetonte Gespräche.

Wieviel ißt du, ohne zu essen? Schreibe dir diese Richtlinien auf ein Blatt Papier. Kreuze die an, die du befolgt hast. Wenn du alle befolgt hast, kreuze alle an. Am Ende der Woche wird es offensichtlich, wie du dich selbst daran hinderst, genußvolles Schmecken und Kauen, Befriedigung zu erleben.

*Leitsatz 1:*
*Iß im Angesicht deiner Freunde, Partner, Eltern, Kinder, Kollegen.*

Als ich auf der High-School war, deckte die Mutter meines Freundes John jeden Abend den Tisch für mich mit. «Ich habe immer genug Essen da», sagte sie, «auch wenn du in letzter Minute kommst – du ißt ja wie ein Spätzchen.» Ich wußte, ich konnte eine Pizza verputzen, eine Familienpackung Eiskrem und eine Dose Kekse, wenn ich allein war oder zusammen mit meiner Freundin Marilyn. Ich wußte, ich war verrückt nach Essen, plante meine Tage im Hinblick darauf, was ich essen oder nicht essen konnte. Ich wußte, ich konnte mehr essen als jeder andere an diesem Tisch, würde das aber nicht tun, nicht nur, weil es vor den Augen der anderen geschah, sondern auch, weil es eine Mahlzeit war, an einem Tisch serviert, mit Tellern, Silberbesteck und Servietten.

Und ich war zu fett, um eine richtige Mahlzeit einzunehmen.

Ich ging davon aus, daß Leute mit Übergewicht nicht essen durften. Und wenn, dann sowenig wie möglich und nur kalorienarme Nahrungsmittel. Leute mit Übergewicht, die richtige Mahlzeiten aßen, waren unanständig. Leute mit Übergewicht sollten ihre Zeit damit zubringen abzunehmen, anstatt zu essen; und sich zu einer Mahlzeit hinzusetzen war gleichbedeutend mit an Gewicht zuzunehmen. Und schließlich die letzte Annahme: Leute mit Übergewicht, die richtige Mahlzeiten aßen, schämten sich nicht ihres Aussehens, sie stellten sogar ihr Fett zur Schau, wenn sie so aßen wie jemand, der nicht abnehmen muß.

Wenn Leute mit Übergewicht eigentlich nicht essen sollten – und wir müssen essen, um zu leben –, müssen wir immer vorgeben, nicht zu essen, wenn wir essen. Wenn wir uns nichts vormachen können, wenn wir vor den Augen anderer essen oder unsere Aufmerksamkeit einzig auf das Essen gerichtet ist – müssen wir uns selbst verleugnen und «wie ein Spätzchen essen».

Wenn du ißt und dein Hauptaugenmerk auf etwas anderes gerichtet ist als auf den Akt des Essens, Schmeckens, Kauens, Befriedigens, gibst du genauso vor, nicht zu essen.

Vielleicht weißt du nicht, daß du essen darfst.

Du darfst es wirklich.

Du darfst essen, genauso wie du atmen, gehen, lachen, sprechen und schlafen darfst. Du darfst das alles, weil du lebst. Das reicht als Berechtigung. Wenn du nicht ißt, kannst du nicht leben. Dir das Recht abzustreiten zu essen, streitet dir auf einer anderen Ebene die Bedeutung und den Wert deines Lebens ab. «Weil ich dicker bin oder mich dicker fühle, als ich sein sollte oder zu sein wünsche, verdiene ich es nicht, zuzugreifen und mich zu freuen.» Essen erfolgt anfallartig, heimlich. Du lebst mit einer Lüge, ißt auf die eine Art öffentlich und auf völlig andere Art, wenn du allein bist. «Wenn sie die Wahrheit über mich wüßten, wenn sie wüßten, wieviel ich essen kann, wenn sie wüßten, wie unersättlich ich bin, wären sie erschrocken.» Von da ist es nicht weit zu denken: «Wenn sie mich wirklich kennen würden, würden sie mich nicht lieben. Mein wirkliches Ich ist nicht liebenswert und muß versteckt werden.» Unehrlichkeit wird ein Teil deines emotionalen Überlebens. Du mußt lügen, du mußt dich verstecken, um geliebt zu werden. An Umfang zuzunehmen ist sicher nicht der Weg, weniger sichtbar zu werden, und je mehr du verbirgst, daß du ißt, um so weniger verbirgst du dich selbst.

Das ist eine schmerzliche Art zu leben. Wenn du nicht die Wahrheit sagen kannst, zerschneidest du die Verbindung zu anderen Menschen, Bindungen, die durch geteilte Gefühle wie Schmerz, Leid und Freude, Frucht und Glück entstehen. Du baust Mauern um dich, statt Brücken zwischen dir und den anderen zu errichten. Du verbringst mehr und mehr Zeit mit Essen; in deinem Auto, deinem Schlafzimmer, überall da, wo dich keiner sieht. Dann bist du selbst überzeugt, daß mit dir wirklich etwas nicht stimmt – schau nur, was du tust; das kannst du keinem erzählen, keiner wird das verstehen. So kehrst du immer wieder zum Essen zurück. Als Trost, als zärtliche Umarmung. Und die Mauern um dich herum werden zu Mauern aus Fleisch.

Schmerzhafter als die Lügen gegenüber anderen sind die Lügen dir selbst gegenüber: Wieviel du ißt, das du nicht wirklich ißt. Die Verrenkungen, die du anstellst, das Ausmaß, das das Ganze annimmt, die Orte, an denen du dich essend wiederfindest, die Erniedrigung, die du erträgst, um zu essen.

Marian, eine Frau aus meinem Workshop, erzählt:

«Auf dem Weg zur Arbeit entschied ich, mich zu überessen. Ich hielt an, um einen Beutel Kekse zu kaufen, aß die meisten im Auto und warf den Rest aus dem Fenster. Ich wollte sie nicht mit nach Hause nehmen; mein Mann sollte sie nicht sehen. Am nächsten Tag wachte ich auf mit dem Wunsch nach Keksen, diesen Keksen. So fuhr ich zurück zu der Stelle, wo ich sie weggeworfen hatte. Es hatte nachts geregnet, und der Beutel war naß. – Aber ich hob ihn auf und saß in meinem Auto und aß die restlichen aufgeweichten Kekse.»

Nasse Kekse schmecken nicht gut. Nasse Kekse sind matschig und schwer, und wenn sie über Nacht auf der Erde gelegen haben, dann schmecken und riechen sie nach Schmutz. Nasse Kekse haben etwas Ekelerregendes. Niemand, der die Wahl hat zwischen aufgeweichten und frischen Keksen, wird die ersteren wählen. Niemand, nur eine Person, die glaubt, daß sie keine Wahl hat. Marian hat sich so lange versteckt, sich etwas vorgemacht und gelogen, daß sie nicht mehr unterscheiden kann, was sie vor sich selbst oder vor anderen verbergen will. Sie konnte die Vorstellung, die sie von sich selbst hatte, auch durch Lügen nicht länger verdrängen: daß sie es nicht wert ist, sich zu freuen, mit Anmut und Würde zu essen, wie es jeder Mensch verdient.

In Big Sur lebte ich mit einem Mann zusammen, den ich liebte und der mich liebte. Dennoch verbrachte ich eine Menge Zeit damit, mir auszumalen, wie und wo und wann ich ohne sein Wissen essen könnte. Es hatte etwas von «Ungestraft entkommen», das prickelnd und herausfordernd war. Gleichzeitig wertete es mich ab und gab mir das Gefühl, ich würde verrückt. Wenn er ins Bad ging, stopfte ich mir eine Handvoll Frühstücksflocken in den Mund. Wenn er die Wohnung für eine oder zwei Stunden verließ, witterte ich «meine Chance». Ich aß wie in Panik, und es schmeckte nicht einmal. Es war ein ausgeklügeltes Spiel, ein Spiel, in das ich immer mehr hineingeriet; ein Spiel, daß uns distanzierte, weil ein großer Teil meines emotionalen Lebens im geheimen stattfand. Unbeabsichtigt wies ich ihm den Teil meines Selbst zu, der mich wegen meines Essens verurteilte, der Regeln darüber aufstellte, was ich essen sollte und was nicht. Wenn ich rebellierte, indem ich naschte und ihn belog, rebellierte ich im Endeffekt gegen mich selbst. Ich war nur für die Nahrung verantwortlich, die ich vor den Augen der anderen aß. Wenn ich zunahm, war ich überrascht; ich hatte uns beide belogen.

Wenn du lügst, naschst, anderen etwas vormachst, belügst du dich selbst, machst dir selber etwas vor, naschst hinter deinem eigenen Rücken. Wenn du dir sagst, daß du es nicht wert bist, vor den Augen der anderen zu essen, sagst du, daß du es nicht wert bist, offen gesehen und gekannt zu werden. Du versteckst Teile deines Selbst, die verletzlichen, schwachen, sehr menschlichen Teile, die die Hand ausstrecken und Verbindung zu anderen suchen. Du schneidest dich ab von dem, was du am meisten willst und brauchst: Einfühlungsvermögen, Intimität, Freundschaft, Beziehungen. Du schneidest dir die Möglichkeit ab, deine zärtliche Umarmung zu bekommen. Außer von einem matschigen Keks.

Für viele von uns ist das Essen zu einer Art Diebstahl geworden. Vor ein paar Monaten aß ich mit ein paar Leuten zusammen zu Mittag. Plötzlich hatte ich das Gefühl, diese Mahlzeit schnell hinter mich bringen zu müssen, das Gefühl, wenn ich esse, mache ich etwas falsch.

Ich war sechs oder sieben Jahre alt, als ich die Schallplatte «Bambi» aus unserem lokalen Warenhaus stahl. Unglücklicherweise waren meine kriminellen Fertigkeiten nicht sehr weit entwickelt: Ich versteckte die Schallplatte unter meiner Jacke; ihre Ecken standen von meiner Brust ab. Die Sache wurde noch schlimmer dadurch, daß ich mit der Freundin meiner Mutter zusammen war und daß diese, wie ich später erfuhr, nicht umhin konnte zu merken, was vor sich ging. Nach dem Abendessen placierte mich meine Mutter auf unser braunes besticktes Sofa und sagte mir, sie wüßte, daß ich die Schallplatte gestohlen hätte und bestand darauf, daß ich in das Geschäft zurückginge und mich beim alten glatzköpfigen Harold (dem Besitzer) für mein Vergehen entschuldigte. Ich war tief gekränkt. Entschuldigen? Bei Harold? Zugeben, daß ich «Bambi» gestohlen hatte? Sie mußte verrückt sein.

Am nächsten Tag fuhr sie mich zum Warenhaus, wartete im Auto, während ich hineinging, die Schallplatte zurückgab, zur Kasse ging und sagte: «Meine Mutter sagt, daß ich mich entschuldigen muß, weil ich Ihre Schallplatte gestohlen habe. Entschuldigung. Danke schön. Auf Wiedersehen.» Ich rannte hinaus, erleichtert darüber, daß es überstanden war. Für mein kindliches Gemüt war es nicht so schlimm, daß ich etwas moralisch Verwerfliches getan hatte (ich liebte Bambi, ich hatte

Mitleid mit ihm – seine Mutter war tot), sondern daß ich erwischt worden war.

Manchmal, wenn ich esse, fühle ich mich so, als ob die Ecken der Plattenhülle hervorlugten, und sage mir, daß ich etwas Verbotenes tue und daß ich mich entschuldigen müsse. Manchmal, wenn ich esse, fürchte ich, erwischt zu werden. Ich weiß nicht, warum es verboten ist – nur daß es das ist –, und weil ich mich nicht der Demütigung aussetzen will, den glatzköpfigen Harold um Entschuldigung bitten zu müssen, nasche und lüge ich lieber, jetzt aber mit verfeinerten und hochentwickelten Fertigkeiten (so verstecke ich z. B. Nahrungsmittel an bestimmten Stellen in meinem Auto oder meiner Wohnung, um schnell nach ihnen greifen zu können; ich habe gelernt, beim Gehen zu essen, habe Methoden entwickelt, Essen mehr einzusaugen als zu kauen, so daß ich vor anderen essen kann, ohne daß sie es merken.).

All diese ausgeklügelten Spiele und Rituale entwickeln wir, um zu verhindern, daß wir die Wahrheit über uns selbst entdecken – als ob die Wahrheit so fürchterlich wäre. Die Wahrheit über unsere Bedürfnisse, unsere Ängste, unser Leid.

Eines Nachmittags erzählte ich unter Tränen meinem Freund Lew etwas, was ich getan hatte und schrecklich fand. Er sagte: «Weißt du, das, was du an dir am meisten haßt, finde ich am interessantesten an dir, die Seiten, die dich dahin führen zu forschen, tiefer zu gehen und dich weiterzuentwickeln. Was du versuchst zu verbergen, sind vielleicht gerade die Eigenschaften, die dir Flügel geben…»

All diese Wahrheiten, die wir nie entdecken werden, wenn wir naschen, uns etwas vormachen und uns durch Essen ablenken.

Nimm ein Blatt Papier und schreibe:

1. Wenn …….. wirklich wüßte, was ich gegessen habe oder essen möchte, dann ……….
Vervollständige den Satz mit möglichst vielen Namen und Ergänzungen, die auf dich zutreffen. Was würde passieren, wenn deine Freundin, dein Liebhaber oder deine Mutter wüßten, wieviel du gegessen hast und essen willst… Fürchteten sie, mit dir zu essen? Fänden sie dich weniger attraktiv als vorher? Würden sie dich noch mögen / lieben?
2. Ich nasche, weil …………………
Warum? Was würde passieren, wenn du es nicht tätest? Könntest du dann alles essen, was du wolltest? Würdest du Leute dadurch abstoßen,

daß du so viel ißt? Würden sie dich auffordern, mit dem Essen aufzuhören, wenn du nicht nascht?

Nimm dir wieder ein paar Minuten (nicht nur Sekunden) Zeit, um die Liste zu vervollständigen. Schreibe alle Antworten auf, die dir einfallen. Denk nicht zuviel über sie nach. Zensiere nicht. Schreibe weiter, bis du keine Antworten mehr findest.

Wenn du diese Listen schnell und ehrlich ausfüllst, können sie dir außerordentlich helfen, die Motive, Entscheidungen, Voraussetzungen und Urteile aufzudecken, die deinen Handlungen und Überzeugungen zugrunde liegen. Der Wert solcher Listen liegt darin, diese Motive zu entdecken; du wirst dann nicht länger nach Entscheidungen handeln, die du getroffen hast, bevor du wußtest, was du jetzt weißt. Du kannst selbst frei entscheiden, ob du einer bestimmten Voraussetzung glaubst und, wenn nicht, was du damit anfangen willst.

Ich zum Beispiel ergänzte diese erste Liste so: «Wenn Sara wirklich wüßte, was ich gegessen habe, sähe sie mich genauer an und könnte erkennen, warum ich so fett bin.» Meine direkte und unmittelbare Antwort ist, daß ich fett bin und daß ich das vor Sara verberge durch meine Kleidung, meine Haltung und dadurch, daß ich wenig esse. Unausgesprochen setze ich voraus: Wenn sie wüßte, was ich esse, merkte sie, daß ich fett bin, und wenn sie mein Fett sähe, würde sie mich nicht mehr so lieben, wie sie mich jetzt liebt. Wenn ich feststelle, daß diese Antworten in mir arbeiteten und dazu beitragen, mich unwohl zu fühlen und Geheimnisse in bezug auf Sara und das Essen zu haben, kann ich mich fragen, ob das wirklich wahr ist: Erstens, bin ich fett? Zweitens, glaube ich wirklich, daß ich meinen Körper vor einer meiner besten Freundinnen verstecken kann, indem ich wie ein Spatz esse, wenn ich mit ihr zusammen bin? Und schließlich: Welchen Unterschied würde es für meine Gefühle mir gegenüber und Saras Empfindungen für mich machen, wenn sie wüßte, wieviel ich esse oder essen möchte?

Kürzlich schickte eine Freundin mir ein Foto, das sie von mir gemacht hatte, als ich 40 Pfund mehr wog als heute. Ich zeigte es Sara. Sie fragte: «Wer ist das?» Ich fragte, ob sie das ernst meine. Sie sagte: «Ja, wer ist das?»

«Das bin ich, Sara. Das war, als du mich kennenlerntest, als du mich kennenlerntest und zu mir gesagt hast, ich sei schön.»

«O Gott, Geneen, du sahst so anders aus. Aber ich fand dich wirklich schön.»

Und ich erinnerte mich daran, wie ich damals meinen Körper haßte und wie Sara sich mir zuwandte und mir sagte, wie hübsch ich sei. Ich erinnerte mich, daß ich ihr glaubte.

Wenn Sara meinen Körper so wenig wertet, daß sie sich nicht an meine Stadien erinnern kann, und wenn die auch keinen Einfluß auf ihre Liebe haben, dann entspricht der Wunsch, vor ihr zu verbergen, was ich esse, nicht der Realität. Meine unmittelbare Antwort mag eine alte Annahme oder ein früheres Erlebnis widerspiegeln. Vielleicht wurde ich in einer Kinderfreundschaft wegen meines Gewichts verurteilt oder beleidigt, oder ich achte so auf das Gewicht anderer Leute, daß ich denke, umgekehrt urteilen sie auch so über mich. Vielleicht habe ich mich derart ans Naschen gewöhnt, daß ich Entschuldigungen suche, um diese Angewohnheit beibehalten zu können. Was immer die Gründe sein mögen, sie sind nicht das, wofür ich sie halte, wie meine Liste offenbart. Diese Entdeckung eröffnet mir die Möglichkeit, meine unmittelbaren und oft unbewußten Antworten zu überdenken; ein Bruch in der stählernen Kette meines Glaubenssystems. Ich kann sagen: «Warte eine Minute. Du naschst, weil du denkst, sie würde dich nicht lieben, wenn du es nicht tust. Aber sie liebt dich, hat dich geliebt und, sofern keine gravierenden persönlichen Veränderungen eintreten, wird sie dich lieben. Du mußt nicht naschen. Willst du es immer noch?»

Listen erstellen (oder etwas tun, das deine unbewußten Motive aufdeckt) wirft ein Licht auf die Kräfte, die uns antreiben – Kräfte, die einst wichtig waren, aber nun ihre Gültigkeit verloren haben. Wenn wir dieser überholten Wahrheiten gewahr werden, auf die wir wichtige tägliche Handlungen gründen, läßt das Raum, um neue Wahrheiten zu etablieren. Es läßt uns die Wahl; es ermöglicht uns, unser Leben zu meistern, statt von ihm getrieben zu werden.

Wenn du ständig naschst, lügst, dir etwas vormachst oder meinst, du verdienst kein Essen, dann hat das wahrscheinlich ganz logische Gründe. Du bist nicht verrückt, du bist nicht anomal. Du fühlst dich gewissermaßen genötigt, so weiterzumachen, und hast Angst aufzuhören, du brauchst das, was du tust, als Schutz, als einen Weg, für dich zu sorgen. Versuche nicht, dein Verhalten von dir abzutrennen – du wirst nur noch ängstlicher und fühlst ein großes Bedürfnis, dich vor dem zu schützen, was du fürchtest. Gehe langsam vorwärts. Vertraue darauf, daß du für dich sorgen kannst, daß du diese Verhaltensweisen aus guten Gründen entwickelt hast; bevor du sie ablegen kannst, mußt du ihren Sinn ermitteln. Ich sage meinen Klientinnen: Wir sind nicht hier, um nicht hier zu sein. Wenn du etwas tust, das keinen Sinn zu haben scheint, schau tiefer. Es hat einen Sinn.

Ich fing an zu naschen, als ich elf oder zwölf Jahre alt war. Ich versteckte zwei Milkyways in meinen Schlafanzughosen, rannte die Treppe hinauf, am Schlafzimmer meiner Eltern vorbei. Dann saß ich in meinem Zimmer, aß über meinen runden, hölzernen Papierkorb gebeugt, mit dem Rücken zur Tür gewandt, so daß ich das, was ich im Mund hatte, ausspucken konnte, falls meine Mutter mich überraschte. Eines Nachts, als ich wieder zwei verputzt hatte, saß ich auf dem Fußboden und heulte. Ich war entsetzt. Ich verabscheute mich selbst, weil ich so viele Kalorien aß. Ich wollte dünner sein. Gewicht war *das* Thema zwischen meiner Mutter und mir. Ich wollte ihre Zuwendung, und deshalb naschte ich Süßigkeiten. Ich wußte, erwischt zu werden und dicker zu werden, das garantierte Aufmerksamkeit. Naschen war auch mein Weg, Ärger auszudrücken über eine Bedingung, die ich unfair fand: dünn sein zu müssen, um geliebt zu werden. Naschen war mein Weg zu sagen: «Ich kümmere mich nicht darum, was du denkst oder sagst. Ich kümmere mich nicht darum, ob du mich liebst oder nicht. Ich werde diese Milkyways essen – ob dir das gefällt oder nicht.» Milkyways waren die Lieblingsnascherei meiner Mutter – nicht meine.

Als ich in Big Sur lebte, war eine ähnliche Kraft am Werk. Ich wollte meine Unabhängigkeit von Lee erklären, aber ich wußte nicht wie. Ich wußte nicht, was ich eigentlich tun wollte; ich wußte nicht, was ich mit meiner Zeit anfangen sollte. Ich fühlte mich verloren und verwirrt und brauchte ganz nötig seine Zuwendung. Er war sich sehr meines Gewichts bewußt, weil ich dauernd davon redete. Ich stieß ihn von mir, indem ich über das Essen log, vorgab, nichts zu essen. Ich überaß mich mit Frühstücksflocken und Milch – seinem Lieblingsfrühstück.

Wenn ich heute merke, daß ich nasche, wende ich mich aufmerksam der Person zu, vor der ich es verstecke, und mache mir keine Gedanken darüber, wie geplagt ich mich fühle, daß ich das nach all den Jahren immer noch tue. Aus früheren Erfahrungen weiß ich: mein Naschen ist ein Hinweis darauf, daß ich irgend etwas, das ich brauche, nicht bekomme (Liebe, Fürsorge, Aufmerksamkeit). Manchmal ist das Naschen auch ein Zeichen dafür, daß ich mich zurückgewiesen fühle. Naschen ist dann mein Ausdruck für: «Wenn ich vor dir nicht offen ich selbst sein kann, werde ich es eben hinter deinem Rücken sein.»

Als Kind fehlten mir die Worte, wußte ich nicht, daß es durchaus möglich ist zu sagen: «Ich bin zornig» oder: «Ich brauche deine Aufmerksamkeit, Mom.» Und vielleicht wäre es auch nicht gut gewesen. Vielleicht spürte ich, daß meine Mutter sich in einer Lebenssituation befand, in der sie besonders verletzlich war und kaum mit Verständnis und Toleranz hätte reagieren können, wenn ich meinen Zorn geäußert hätte. Ich konnte mir keine Entfremdung von meiner Mutter leisten. Ich konnte mir keine andere Mutter suchen. Ich brauchte sie für mein emotionales und physisches Überleben – für Nahrung, Kleidung, Obhut. Ich schätzte die Situation richtig ein und zog mich bestmöglich aus der Affäre: Ich schluckte meine Gefühle mit den Milkyways herunter.

Als Kind hatte ich keine Wahl. Ich hatte nur eine Mutter. Aber als erwachsene Frau kann ich mir meine Freunde aussuchen und die Menschen, denen ich nahe sein will, von deren Verständnis und Toleranz ich abhängig bin. Ich will niemanden in meinem Leben, der ständig so bedürftig oder intolerant ist, daß er nicht sensibel auf meinen Zorn oder mein Bedürfnis nach Zuwendung reagieren kann. Es ist schwer genug zu sagen: «Ich brauche dich» oder: «Ich bin wütend.» Ich will keine Freunde, die das gegen mich verwenden. Ich kann entscheiden, mich nur mit Menschen zu umgeben, von denen ich mich akzeptiert, angehört und anerkannt fühle. Und das tue ich.

Wenn du merkst, daß du etwas tust, daß offensichtlich keinen Sinn hat, dann unterstelle, daß es doch einen hat. Frage dich, was du durch deine Handlungen bewirken oder sagen willst. Wie hilft dir das, was du tust? Was sagt es dir?

Bevor es dir unangebracht vorkommt, im Auto zu essen oder zu naschen, mußt du erst herausfinden, was du mit diesem besonderen Verhalten ausdrücken willst, bevor du es ändern kannst. Oft wird ein Verhalten ausgelöst in einer besonderen Situation oder durch ein Gefühl, das altes Leid hervorruft, und schlagartig wirst du so handeln wie einst, in einer Art, die dir damals half, die aber heute nicht mehr so hilfreich sein kann wie andere, direkte Handlungen, z. B. deinen Mund zum Sprechen zu gebrauchen statt zum Essen.

*Leitsatz 2:*
*Iß nur, wenn du sitzt.*

Die Nahrungsmittel, die ich stehend aß, waren gewöhnlich die, die ich nicht sitzend essen wollte: Kuchen, Knabbereien, Häppchen. Wenn ich Schokoladenkuchen im Stehen aß, konnte ich ihn herunterschlingen, es hinter mich bringen, vergessen, daß ich aß. Sich hinzusetzen bedeutet, sich entscheiden zu essen. Wenn ich im Stehen esse, esse ich, ohne mich bewußt für das Essen zu entscheiden. Ich esse so schnell, daß ich hoffentlich gar nicht merke, was ich gerade tue. Das Ergebnis ist auf jeden Fall, daß ich mich nicht befriedigt fühle.

Der Vorgang des Sich-Hinsetzens macht klar, daß du bewußt ißt und dich entschieden hast, dir dazu die Erlaubnis zu geben. Wenn du dir die Erlaubnis gegeben hast, kannst du in Ruhe kosten und entscheiden, ob du mehr willst. Wenn du ißt und dir die eigene Aufmerksamkeit vorenthältst, gleicht das Essen einem Wettrennen, einer Herausforderung: Wie viel kannst du in dich hineinstopfen, bevor dich deine Aufmerksamkeit bremst? Die Antwort lautet: eine Menge.

Welche Art von Nahrungsmitteln nimmst du zu dir, wenn du stehst?

Gibt es besondere Situationen und Gefühle, die das Essen im Stehen auslösen?

Genießt du das Essen im Stehen? *NEIN*

Wenn du dich in der nächsten Woche stehend und essend wiederfindest:

Setze dich hin. Wo immer du bist. Wenn du vor dem Kühlschrank stehst, setz dich vor die offene Kühlschranktür. Bist du gerade vor der Spüle oder vor dem Fernsehgerät – setz dich hin. Wenn du im Büro bist, hol dir einen Stuhl. Setz dich hin und beobachte, ob sich deine Wahrnehmung verändert, ob sich deine Neigung ändert, zu schlingen oder zu essen, bevor du überhaupt bemerkst, was du tust.

Schreib deine Beobachtungen auf. Beantworte die Fragen: Was war, bevor ich anfing, dies zu essen? Welchen besonderen Genuß habe ich, wenn ich im Stehen esse?

Am Herd zu stehen und während des Kochens zu essen ist eine andere Methode zu essen, ohne wirklich zu essen. «Ich muß abschmekken, bevor ich serviere … wenn es nun zu salzig ist?» In einem gewissen Ausmaß ist das ein triftiger Grund. Aber in größerem Rahmen ist das ein Weg, eine Mahlzeit zu dir zu nehmen und dich unbefriedigt zu lassen, physisch und emotional. Wenn du am Herd ißt, erkennst du nicht dein Recht an, am Tisch zu sitzen. Wenn die Essenszeit kommt, bist du schon satt, und du ißt mehr und wirst übersatt und fühlst dich noch unwohler, oder du ißt nicht und entwickelst das Gefühl, daß du um etwas Besonderes betrogen wurdest.

Du kannst statt dessen:

1. eine andere Person abschmecken lassen.
2. das Abschmecken auf kleinste Bissen, Schlückchen, Teelöffelchen beschränken.

Was du auch tust, achte darauf, wie du dich fühlst, wenn du am Herd stehst und ißt. Stelle fest, ob du es mehr genießt, als dich zu einer Mahlzeit hinzusetzen. Ob du es tust, weil du auf diese Art mehr essen kannst. Vermittelt das Essen am Herd eine Vorstellung darüber, wer am Herd ißt und wann er es tut? Aß deine Mutter am Herd, oder setzte sie sich mit der Familie zu Tisch? Tust du das, was du meinst, tun zu müssen oder immer getan zu haben, oder tust du, was du willst?

*Leitsatz 3:*
*Iß ohne Ablenkung durch Radio, Fernsehen, Zeitungen, Bücher oder laute Musik.*

Wenn ich in einer Gruppe diesen Leitsatz verkünde, ernte ich durchdringende Blicke, Stirnrunzeln und verdutzte Gesichter. Stille. Dann: «Das kann ich nicht.» – «Das ist absurd.» – «Wenn ich nicht meine Cartoons im New Yorker lesen darf, kann ich mein Essen nicht genießen.» – «Ann Landers fördert meine Verdauung.»

Ja. Wir haben alle ganz schön damit zu tun, uns abzulenken, wenn wir essen. Es ist schwer zu essen, wenn wir essen. (Etwas konzentriert zu tun ist immer schwer.) Und wir essen gern. Aber wie gern essen wir wirklich, wenn wir uns währenddessen immer auf etwas anderes konzentrieren?

Wenn dieser Bereitschaft, dich ablenken zu lassen, die unterschwellige Meinung zugrunde liegt, daß es nachgiebig und gierig sei, dir die Zeit zum Essen zuzugestehen, ohne zu arbeiten oder zu lesen, dann überißt du dich wahrscheinlich mit schöner Regelmäßigkeit; Überessen als Rebellion gegen die Tatsache, daß du dir das Recht zu essen verwehrst.

Essen und Lesen, Essen und Fernsehen, Essen und die Aufmerksamkeit auf alles mögliche andere und jeden anderen richten, nur nicht auf die Nahrung, das sind weniger aufdringliche Zeichen als das Naschen – aber auch das sind Formen der Täuschung – dafür, daß du dir Nahrung einverleibst ohne Verantwortungsgefühl und das Bewußtsein für das, was du tust. Unter diesen Umständen kannst du dich leicht überessen, weil du die Nahrung nicht ganz schmecken und dich nicht auf die feinen Empfindungen der Befriedigung konzentrieren kannst. Das ist in Ordnung – und ich meine das wirklich –, wenn es das ist, was du willst. In gewissen Augenblicken entscheide ich mich bewußt dafür, unbewußt zu sein. Ich habe es satt, bewußt zu sein und die Verantwortung für meine Handlungen zu übernehmen... Ich will eine Pause. Und ich mache sie. Ich stehe an der Spüle und esse eine Brezel. Ich lese ein Buch und esse Spaghetti. Bei diesen Gelegenheiten jedoch klopft mein Herz nicht. Ich habe nicht das Gefühl, daß ich etwas Falsches tue und das Essen unter meinem Bett verstecken muß, wenn jemand zur Tür hereinkommt.

Beobachte, ob es dir möglich ist, Lesen oder Fernsehen während der Mahlzeiten aufzugeben. Achte auf die Intensität deiner Gefühle. Schaffe Raum dafür; versuche nicht, sie wegzudrängen. Versuche statt dessen während einer Mahlzeit mit Ablenkung herauszufinden, wie sehr du die Mahlzeit schmeckst, wie du deinen Körper beim Essen wahrnimmst und was dich bei dieser Mahlzeit erfreut.

Entscheide eine Mahlzeit lang – nur eine –, weder fernzusehen noch zu lesen oder zu arbeiten. Beobachte, was geschieht.

Wenn du dich unbehaglich fühlst, frage dich warum. Weil du glaubst, du verdienst es nicht, deine ganze Aufmerksamkeit auf Nahrung zu richten? Oder denkst du an die Zeit, die du vergeudest und an all die Dinge, die du statt dessen erledigen solltest?

Wenn die Antwort auf diese Fragen ja lautet, dann nimm vier oder fünf Tage hintereinander täglich eine Mahlzeit ohne Ablenkung ein. Wird es leichter? Wenn ja, versuche es mit zwei Mahlzeiten täglich. Wenn es nach ein paar Tagen nicht leichter wird, versuche es noch ein paar Tage. Wenn dir eine ganze Mahlzeit zu lang vorkommt, versuche konzentriertes Essen während einer Zwischenmahlzeit. Achte sorgfältig auf die Gefühle, die hochkommen, ohne sie zu beurteilen. Beobachte nur.

Ist es schwierig, weil es eine Gewohnheit oder ein Ritual ist und weil Gewohnheiten und Rituale so schwer zu durchbrechen sind?

Ist es schwierig, weil du einem Familienmitglied oder einem lieben Freund nacheiferst und du dich ihnen näher fühlst, wenn du tust, was sie tun?

Frage dich, ob es dir wirklich hilft, ohne Ablenkung zu essen. Sei ehrlich!

*Leitsatz 4:*
*Sorge beim Essen für eine möglichst schöne und wohltuende Umgebung.*

Wenn du Gäste zum Abendessen hast, scheust du wahrscheinlich weder Zeit noch Mühe, den Tisch zu decken, Kerzen anzuzünden, eine hübsche Tischdecke oder Platzdeckchen sowie Tafelsilber aufzulegen. Du willst alles besonders gut machen. Dein Gast ist etwas Besonderes.

Du auch.

Nimm dir die Zeit für dich, die du für jemanden anderen opfern würdest, jemanden, den du wirklich magst.

Es klingt verlockend, aber es ist nicht leicht. Wenn du allein lebst, sagst du dir: «Das ist zu viel Aufwand für eine Person.» Und wenn du nicht allein lebst: «Es ist zu viel Aufwand. Basta.»

Neue Verhaltensmuster zu entwickeln erfordert Anstrengung und Beharrlichkeit. Es ist viel leichter, in alte Gewohnheiten zurückzufallen, als sich die Zeit zu nehmen, neue zu erwerben. Aber wenn sie einmal erworben sind, dann sind sie erworben. Und dann ersetzen sie die alten und werden ebenso beständig.

Du bist wirklich etwas Besonderes. Und das ganze Erlebnis einer Mahlzeit verändert sich, wenn du dir selbst die Botschaft vermittelst, daß du diese Art von Aufmerksamkeit verdienst. Du setzt dich zu einer Mahlzeit wie jemand, der nichts Falsches tut, wenn er ißt. Du setzt dich hin wie eine Person, der es erlaubt ist und von der erwartet wird, daß sie ißt.

*Leitsatz 5:*
*Vermeide beim Essen gefühlsbeladene Gespräche.*

Wenn ich wütend oder traurig bin, zieht sich mein Magen zusammen und mir schnürt sich die Kehle zu.

Wenn ich fröhlich oder aufgeregt bin, rast mein Herz und mein Magen zieht sich zusammen.

Ich bin dreiunddreißig Jahre alt. Siebzehn Jahre lang aß ich, ganz gleich, ob ich glücklich, traurig oder aufgeregt war. Siebzehn Jahre lang war meine Antwort auf jede Gefühlsregung: essen. Erst vor fünf Jahren erkannte ich, daß zu essen, wenn ich von einem Gefühl erfüllt bin, das gleiche ist, wie Wasser in ein übervolles Glas zu schütten. Es ist einfach nicht genug Platz da.

Wenn deine Seele und dein Körper damit zu tun haben, auf etwas zu reagieren, ist essen unangebracht. Nahrung kann man in dieser Zeit nicht gebrauchen. Die Verdauung verlangsamt sich, während andere physiologische Mechanismen wirksam werden: Das Herz schlägt schneller, Adrenalin wird ausgeschüttet, die Anspannung nimmt zu. Dein Körper schützt sich selbst, um mit dem fertig zu werden, was als nächstes kommt.

Wenn du in ein emotionales oder intensives Gespräch verwickelt bist, während du ißt, ißt du deine Gefühle mit. Du schluckst die Beklemmung, die Nervenanspannung, die quälenden Gefühle mit herunter, und du bleibst mit einem Körper zurück, der angstvoll, angespannt, gequält ist und – voll. Eiskrem löst nicht den Kloß in deinem Hals.

Wenn du dich mit einem Freund oder Arbeitskollegen zum Essen verabredest, versuche, explosiven Gesprächsstoff während des Essens zu vermeiden. Oder verabrede dich zum Tee oder zu einem Spaziergang. Oder nur zu einem Gespräch. Das reicht völlig.

Für viele Leute ist dies eine geheimnisvolle Leitlinie: «Was meinst du damit? Wir essen Gefühle?» Der Gedanke, Geschäftsessen oder gemeinsame Abendessen mit Freunden, Liebhabern oder Arbeitskollegen einzustellen, bei denen über die Arbeit geredet, argumentiert, über eine neue Idee nachgedacht wird, scheint zunächst unnötig.

Dahinter steckt aber der Gedanke, möglichst immer wirklich zu essen, wenn du ißt, zu arbeiten, wenn du arbeitest und traurig zu sein, wenn du traurig bist; und zu beobachten, was passiert, wenn du das nicht tust.

Es besteht nicht die Absicht, dich zu etwas zu zwingen oder dich zu verurteilen für das, was du tust. Es soll vielmehr deutlich werden, was gegen den Grundgedanken arbeitet, gegen die Idee: Essen ohne Drängen, ohne Hast, ohne Schuldgefühle.

Letzten Endes mußt du selbst herausfinden, was dir hilft. Verwende diese Richtlinien nicht als Regeln oder einzige Wahrheit. Überprüfe meine Vorschläge – probiere sie aus und stelle fest, ob sie dir helfen, dich besser zu fühlen. Wenn nicht, mache das, was dir persönlich hilft. Es geht darum, die Qualität deines Lebens zu verbessern, nicht darum, daß du dich schlecht fühlst, weil du bei einem weiteren Schlankheitsprogramm versagt hast.

## 4. Mit dem Essen aufhören: Genug ist genug

> «Eins ist zwar gut, aber mehr ist besser.»
> *Meine Mutter*

Zweimal im Jahr besuchte unsere Familie meine Großmutter in Texas. Wir freuten uns auf Großmutters Kochkünste schon Wochen im voraus, wohl wissend, daß wir uns dort, kaum angekommen, an einem üppigen Tisch niederlassen würden: zu Blintzen, Borschtsch, Brioches, Schnecken und Kaffeekuchen. Jeder von uns hatte seine eigene Vorgehensweise beim Essen: Meine Mutter konzentrierte sich auf Borschtsch und Blintzen; mein Bruder häufte sich von allem etwas auf seinen Teller; ich kostete eins nach dem anderen und hob mir das beste, die Blintzen, bis zuletzt auf. Wenn wir so satt waren, daß wir unsere Stühle vom Tisch schieben mußten, sagte meine Großmutter: «Nun, eßt noch eins mehr als genug. Dann werdet ihr befriedigt sein.» Sie sagte das jedesmal am Ende der Mahlzeit, soweit ich mich erinnern kann. Und ich weiß immer noch nicht, was sie damit meinte.

Mehr wovon? Einen Bissen, eine Scheibe, einen Löffel, eine Schüssel?

Was war genug? Ich schien mich zwischen hungrig, satt, zu satt und angeekelt zu bewegen.

Hieß genug zu haben, befriedigt zu sein? Oder hieß es satt zu sein?

Diese Frage höre ich auch viele Male in jedem Workshop. Der erste Schritt, sich zu befreien, besteht darin, daß du ißt, wenn du hungrig bist. Der nächste Schritt heißt: erkennen, worauf du Hunger hast, und das zu essen. Dann lernst du, wann genug genug ist. Und während sich der Hunger beharrlich, laut und unmißverständlich äußert, ist das «Genug» zart und leise und leicht zu überhören.

Meine Freundin Janice hatte nach drei Jahren zum erstenmal wieder einen Liebhaber. Ein paar Tage später erzählte sie mir: «Ich weiß nicht, wann ich aufhören soll, Liebe zu machen. Es ist so lange her, daß ich selbst nach Stunden, auch wenn ich so erschöpft bin, daß mir die Augen zufallen, immer weitermachen möchte.»

Auch jetzt, wo Janice ihrem Liebhaber körperlich nahe ist, leidet sie unter den Jahren, als sie es nicht war. Ein Teil von ihr weint sich immer noch allein in den Schlaf. Sie ist noch nicht bei sich selbst angekommen: Sie lebt gleichzeitig in der Vergangenheit und in der Zukunft: Sie leidet unter dem, was sie nicht hatte, und versucht zu speichern, was sie vielleicht nicht wieder haben wird.

Verlust und Unersättlichkeit gehen Hand in Hand. Wenn du fühlst, daß etwas nicht erlaubt ist und du es dennoch ißt, dann willst du das nicht aufgeben, was deine einzige Chance sein könnte. Du konzentrierst dich darauf, so viel wie möglich davon zu bekommen. Befriedigung ist irrelevant. In solchen Augenblicken hast du das Gefühl, «genug» erst dann, wenn du auch nicht einen einzigen Bissen mehr herunterbekommst.

Wann du mit dem Essen aufhörst, hängt davon ab, warum du ißt und wie du dich danach fühlen möchtest.

Nach den ersten Wochen im Workshop, nach der Aufarbeitung deiner Eßgewohnheiten, ist es leicht, Hunger zu erkennen. Hunger grummelt und knurrt. Zu großer Hunger macht dich reizbar und nervös, manchmal verrückt. An dieser Stelle sagen dann meine Workshop-Teilnehmerinnen: «Gut, jetzt esse ich, wenn ich Hunger habe, aber wenn ich einmal angefangen habe, dann kann ich nicht aufhören, bevor ich nicht alles restlos aufgegessen habe und vollgestopft bin. Was nun?»

Folgendes ist wichtig:

Du mußt dir sicher sein, daß du hungrig bist, bevor du zu essen anfängst. Wenn du es nicht bist, gibt es keinen physischen Auslöser, der dir «aufhören» signalisiert, kurz bevor du sehr satt bist, weil es keinen physischen Auslöser gab, der dir das Signal «anfangen» gab. Wenn du ißt, ohne hungrig zu sein, wirst du dich folgerichtig regelmäßig überessen. Dein Körper bekommt etwas, nach dem er nicht verlangt hat und das er zur Zeit nicht braucht. Es ist, als wolltest du ein Nickerchen machen, wenn du nicht müde bist – es paßt nicht.

Es ist nicht falsch zu essen, wenn du nicht hungrig bist. Manchmal, nach einem anstrengenden Tag, kommst du nach Hause und du willst nichts – keine Umarmung, keinen Kuß, auch nicht den langersehnten

Brief oder Anruf eines Freundes – nur Essen. Du tust nichts Schlimmes; du brauchst die Nahrung, um einen nichtphysischen Hunger zu stillen. Überlege genau, was du Besonderes essen willst, und – wie ich meinen Klientinnen rate – setze dich hin und iß. Aber erwarte nicht, daß dein Körper dir signalisiert aufzuhören, bevor du satt bist. Er sagte dir auch nicht: «Fang an.» Vergiß die Richtlinien. Erlaube dir einfach nur wegen der Wärme, der Beschaffenheit oder der Handlung zu essen, und wenn das, was in dir Nahrung brauchte, genug hat, wirst du schon aufhören. Das kann nach ein paar Bissen sein oder erst dann, wenn dir die Hosenknöpfe aufspringen und du nur noch schlafen willst. Morgen, Scarlett, ist ein anderer Tag.

Befriedigung hängt von deinen Stimmungen ab, deinen emotionalen Bedürfnissen, deinem physiologischen Wohlbefinden. Was dich heute befriedigt, kann morgen nicht ausreichen. Meistens möchte ich anfangen zu essen, wenn ich hungrig bin, und aufhören, wenn ich noch Platz habe für mehr. Ich mag das Gefühl der Leichtigkeit, das Gefühl, nicht hungrig, aber auch nicht voll zu sein.

Vor nicht langer Zeit hatte ich einen Autounfall, fast einen Frontalzusammenstoß, bei dem ein einderer Wagen mit 55 Meilen Geschwindigkeit in meine Beifahrertür prallte. Ich blieb unverletzt, wenn auch sehr durchgeschüttelt und mit einem intensiven Gefühl für meine menschliche Zerbrechlichkeit. Unmittelbar nach dem Unfall wollte ich berührt werden. Ich wollte etwas Lebendiges in meiner Nähe, einen atmenden, warmen Körper. Aber da ich allein lebte und diese Art stützender, körperlicher Intimität nicht bekommen konnte, weinte ich mich in den Schlaf. Als ich am nächsten Tag hungrig wurde, merkte ich, daß ich eine große, schwere, warme Mahlzeit wollte: Reis und Gemüse, gebackene Kartoffeln, Lasagne und Brot, Eier und Toast. Ich wollte voll sein, warm sein. Ich wollte die Solidität und Stärke meines Körpers fühlen. Ich war so glücklich, daß ich noch lebte und wandte mich dem nächstbesten zu, das ich nach einem Menschen kannte: Nahrung. Ich beobachtete mich, wie ich drei große Mahlzeiten am Tag aß statt der üblichen zwei und stellte mir vor, daß mein Körper den Unfall verarbeitete und wußte, was er brauchte. In meinem Innern hörte ich die altbekannte Stimme: «Oh, mein Gott! Ich kann nicht glauben, daß du so viel ißt! Du wirst eine Tonne, wenn das so weitergeht. Wie wär's mit einer Möhre zum Abendessen?»

Wäre ich berührt, umarmt und gehalten worden, hätte ich möglicherweise nicht so viel essen wollen. Aber ich bezweifle das. Ich wäre weiter mit dem Gefühl der Verletzlichkeit herumgelaufen, der niederdrückenden Furcht, daß mein Körper jeden Augenblick zerschmettert werden kann. Ich hätte mich dennoch voll und warm und sicher fühlen wollen. Aber auch wenn ich mich dem Essen zugewandt hatte, nur weil ich mich nicht an eine Person wenden konnte, ist das genug. Der Sinn des Lebens ist nicht, dünn zu sein – um jeden Preis. Wir hoffen, wir können uns selbst stützen und nähren, so frei und liebevoll wie möglich. Wenn die Quelle Nahrung ist, können wir uns essen lassen. Mit Bewußtheit. Denn ohne Bewußtheit fallen wir in die Anfänge zurück: Wir essen aus Trauer, Einsamkeit oder Furcht. Wir essen, weil wir glücklich, aufgeregt oder fröhlich sind. Wir essen, weil nichts so gut schmeckt wie Nahrung, essen achtlos, gedankenlos, weil es nichts Besseres zu tun gibt.

Manchmal möchten wir uns vor allem leicht fühlen, nicht nur, weil wir die Art mögen, wie wir aussehen, sondern weil dieses Gefühl dem entspricht, wie wir unser Leben leben. Wir bewegen uns, tanzen, reisen; es kann die Zeit im Jahr sein, in der wir uns energiegeladen und kreativ fühlen und schwere Mahlzeiten unsere Energie mindern, uns herunterziehen. Dann können wir entsprechend essen. Aber die Bedürfnisse wechseln von Tag zu Tag, von Jahreszeit zu Jahreszeit und mit ihnen das, was uns befriedigt.

Wenn unser Leben auf dem äußerlichen und unflexiblen Wunsch aufgebaut ist, dünn zu sein, ist es unmöglich, Vertrauen in unsere Fähigkeit zu entwickeln, das zu essen, was befriedigt. Du glaubst ja, daß nur schlank sein dich befriedigen wird. Schlank sein, wenn du nicht schlank bist, ist nur eine Idee, und die hält nicht warm. Wenn du schlank bist und berührt werden willst, bist du schlank und willst berührt werden. Schlank sein schließt nicht die Einsicht aus, daß du beinahe bei einem Frontalzusammenstoß ums Leben gekommen wärst. Schlank sein kann dich nicht berühren oder halten.

Wir vergessen, daß unser Leben aus ständigen Veränderungen besteht, die uns im Idealfall näher zu Ausgeglichenheit und Klarheit führen. Im Glauben, Schlanksein werde uns befriedigen, vergessen wir, daß das Thema nicht Schlanksein, sondern Befriedigung lautet. Was ist, wenn unser Denken, beeinflußt durch Werbung, Medien und kulturelle Erwartungen, sich so im Kreis dreht, daß wir nicht mehr wissen, was uns befriedigt? Was ist, wenn wir aufmerksam werden darauf, daß wir Befriedigung wollen und herauszufinden versuchen, was uns dem näherbringt, statt zu glauben, wir wüßten das bereits, und uns rückwärts zu bewegen?

Befriedigung ist psychisch und physisch. Körper und Seele sind so miteinander verwoben, daß die Gefühle, die du empfindest – die Höhen und Tiefen, die kleinen Freuden und Sorgen des Alltags – Einfluß darauf haben, wie du dich körperlich fühlst. Wie du dich fühlst bestimmt, was und wie du ißt, und was und wieviel du ißt, bestimmt umgekehrt, wie du dich fühlst.

Wenn du im Begriff bist zu essen, frage dich, ob du wirklich hungrig bist. Sei ehrlich dir selbst gegenüber. (Wenn die Antwort nein lautet, heißt das nicht, daß du nicht essen darfst.) Dann frage dich, was du in diesem Augenblick wählen würdest, wenn du alles haben könntest: Würdest du gern aufhören zu arbeiten und den Rest des Tages und die Nacht herumziehen? Möchtest du einen Spaziergang, ein Bad, einen Kuß? Ein neues Kleid? Einen Liebhaber, ein Haus, ein Auto? Wenn du etwas anderes als Nahrung willst, dann wirst du mit Sicherheit essen, bis du platzt, weil du kompensierst, und Kompensieren führt nicht zur Befriedigung. Wenn du ein neues Auto möchtest und das auch zugibst, ist ein Früchtebecher kein Ersatz.

Nachdem du dich gefragt hast, was du wirklich willst, wenn du nicht hungrig bist und dennoch gern essen möchtest, frage dich noch einmal. Spiele mit dir. Sage: «Bist du sicher, daß du wirklich Nahrung willst?» Wenn zum wiederholtenmal die gleiche Antwort kommt: «Ja, ich will essen, und ich will es jetzt. Gib mir etwas.» Dann gib es dir. Aber großzügig und nicht mit dem Gefühl, daß du etwas Falsches tust. Denn sobald du es dir nicht erlaubst, willst du mehr. Und dann kannst du unmöglich herausfinden, was du eigentlich befriedigen willst: Das rebellische Kind in dir, das sich ins Unrecht gesetzt fühlt und das Gegenteil von dem will, was ihm gesagt wird, oder den leeren, traurigen, zornigen oder einsamen Erwachsenen, der für sich sorgen will, indem er ißt.

Iß und laß es gut sein. Jeder ißt zwanghaft. Jeder ißt manchmal im Leben einfach deshalb, weil Nahrung verfügbar ist und gut schmeckt und man nicht weiß, was man statt dessen tun sollte oder wie man mit bestimmten Gefühlen umgehen soll. Im Unterschied zu dir bestrafen sich andere nicht noch Stunden und Tage später. Sie essen, und dann gehen sie zur Tagesordnung über. Das kannst du auch.

Achte ein paar Wochen genau darauf, wodurch dir das Gefühl «genug» vermittelt wird. Vor dem Essen bewerte deinen Hunger von eins bis zehn. Nach dem Essen werte wieder. Fünf bedeutet angenehm, unter fünf zunehmend leerer, über fünf zunehmend voller. Achte darauf, wie du dich fühlst, wenn du bei sechs oder mehr aufhörst.

Magst du dieses Völlegefühl?

Vermittelt es dir ein Gefühl von Bodenständigkeit und Solidität?

An einem Tag, an dem du dich nicht besonders bedürftig oder unglücklich fühlst, versuche bei einer Mahlzeit nur bis vier auf der Skala zu essen. Wie wirkt das auf dich? Nimm dir ein paar Stunden Zeit, um herauszufinden, wie sich diese Leichtigkeit auf deine Gedanken, Gefühle und Handlungen auswirkt.

Bewege dich – geh spazieren, tanze, springe ein paar Treppenstufen herunter und achte darauf, wie sich das Gefühl von Leichtigkeit auf deinen Körper auswirkt. Versuche das gleiche, wenn du über Stufe sechs hinaus gegessen hast – beachte den Unterschied. Was ist angenehmer? Versuche es mit einer zweiten Mahlzeit. Achte genau auf deine Reaktionen.

Jedesmal, wenn du dich bewußt entscheidest aufzuhören, obwohl du weiteressen könntest, handelst du aus dem Wunsch heraus, für dich selbst zu sorgen, du handelst ohne Zwang. Du machst dich frei davon.

Höre auf die leise Stimme, die sagt: «Ich habe genug.» Der Unterschied zwischen Hunger und «genug» kann oft in einem Bissen oder zweien bestehen. Wenn du ruhig genug bist und deine Aufmerksamkeit auf nichts anderes gerichtet ist, kannst du den Übergang zur Befriedigung körperlich wahrnehmen. Wenn du genug hast, ist das so, als falle eine Tür zu, es klickt. Dein Körper sagt: «Ich habe genug. Du kannst weiteressen, wenn du willst, aber ich bin bereit aufzuhören.» Diese Stimme ist leise und leicht zu überhören, besonders wenn du es nicht gewohnt bist, auf sie zu hören, oder wenn es dir so gut schmeckt, daß du sie nicht hören willst.

In meinen Gruppen höre ich oft: «Ich habe diese Stimme nicht. Sie ist nicht da.» Ich glaube das nicht. Ich denke, es braucht Zeit und das Vertrauen in die grundlegende Weisheit deines Körpers, der Stimme zu erlauben, sich auszudrücken. Viele Theorien widersprechen ihrem Wert, die populärste von ihnen besagt: Es dauert zwanzig Minuten, bis das Gehirn registriert, wie viel du gegessen hast, und dir signalisiert, daß du satt bist; dein Magen ist vom jahrelangen Überessen erweitert, und man kann ihn nicht der Selbstregulierung überlassen. Aber es geht immer um das, was du glaubst. Dein Eßverhalten auf diese beiden Theorien aufzubauen gestattet dir nicht viel Kontrolle. Das sind Überzeugungen, die dich in dem Moment, in dem du ißt, machtlos machen. Wie willst du entscheiden, wann du genug hast, wenn dein Magen so überdehnt ist, daß er Befriedigung nicht wahrnimmt?

Wenn du mitten in einer Mahlzeit bist, und es schmeckt dir so gut, daß du nur daran denken kannst, wie gut es schmeckt und nicht aufhören willst, hör nicht auf. Iß so viel du willst. Fühlst du dich befriedigt, fett, schuldig, ekelst du dich vor dir selbst? Wenn Essen nichts mit deinem Aussehen zu tun hätte, wenn du essen könntest, was du willst und genau die Figur hättest, die du dir wünschst, würdest du dann auch so viel essen wollen? Fühlst du dich wohl? Fühlst du dich wohl in deinem Körper?

Wenn du gerade bei einer Mahlzeit bist, und es schmeckt dir so gut, daß du an nichts anderes denken kannst und nicht aufhören willst – höre auf. Die Von-der-Hand-in-den-Mund-Bewegung ist hypnotisierend – als stehe die Welt still, während du ißt. So alarmierend diese Beobachtung erscheint, so hilfreich ist es, die Mahlzeit mittendrin zu unterbrechen: um dich daran zu erinnern, daß dein Teller, deine Küchenanrichte und dein Kühlschrank nicht der Mittelpunkt der Welt sind. Wenn du das Essen unterbrichst, wirst du andere Orte für dich finden, um andere Dinge zu tun.

Wenn du ißt und gefangen in der Von-der-Hand-zum-Mund-Bewegung bist, dann mach dir klar, daß du unbewußt handelst. Das ist alles, und es ist sehr wichtig, aber andererseits ist es weder kompliziert noch geheimnisvoll. Du kannst den Zauber brechen, wenn du dir deines Körpers bewußt wirst, der anderen Dinge im Raum. Atme tief durch. Erhebe deine Augen vom Teller. Konzentriere dich auf etwas anderes.

Wenn du mit anderen Leuten zusammen bist, lege Gabel oder Löffel hin und befasse dich mit dem, was um dich herum passiert: mit den Gesprächen, Aktivitäten, der Ausstattung. Wie fühlst du dich? Bist du noch hungrig, will dein Körper oder deine Seele mehr Nahrung? Wenn du in diesem Augenblick im Auto fahren würdest, hättest du dann das Gefühl, du brauchtest Nahrung – oder willst du nur essen, weil es vor dir steht? Wenn du nicht weißt, ob du befriedigt bist, nimm noch einen oder zwei Bissen. Dann höre wieder auf. Was sagt dein Körper jetzt?

Wenn du weder satt noch hungrig bist, aber nicht weißt, ob du befriedigt bist – unterbrich das Essen für fünf Minuten. Sage dir, daß du weiteressen kannst, falls du willst, aber jetzt wirst du erst einmal aufhören.

Viele Faktoren tragen zu der Anziehung bei, die das Essen auf uns ausübt und zu der Schwierigkeit, die Von-der-Hand-zum-Mund-Bewegung zu unterbrechen. Da ist zum Beispiel:

● Der «Iß-deinen-Teller-leer-Verein».
Er erscheint in unterschiedlicher Verkleidung: «Iß den Teller leer, und du bekommst Nachtisch.» – ««Wenn du deinen Teller leergegessen hast, dann darfst du fernsehen.» Die Botschaft ist klar: «Wenn du deinen Teller leergegessen hast, bist du berechtigt, das zu tun, was du willst.» Oder – anders herum: «Wenn du deinen Teller nicht leer ißt, wirst du bestraft.» Hinter dieser Bestechung der Kinder steckt die unausgesprochene Botschaft, daß dem eigenen Körper als zuverlässiger Quelle von Informationen nicht zu trauen ist. Die Botschaft lautet: Du kannst deinem Körper, seinen Vorlieben und Abneigungen, den Graden seiner Befriedigung nicht trauen; andere wissen besser als du, was und wie viel du essen sollst.

Dreißig Jahre später essen die Mitglieder des Vereins «Iß-den-Teller-leer» immer noch ihre Teller leer, essen mehr, als ihr Körper braucht, fühlen sich wegen ihres Körpers abgeurteilt und wundern sich darüber, warum es ihnen so schwerfällt, vom Tisch aufzustehen, wenn sie noch etwas auf dem Teller haben.

Wenn alles, einschließlich der Nahrung, der Bestechung dient, so mag das zunächst harmlos erscheinen. Nach und nach wird die Sache aber mit Bedeutung aufgeladen, das heißt, es handelt sich nicht mehr einfach nur um Nahrung. Darüber nachzudenken und es wegzuschieben ist sowohl auf psychologischer als auch auf physischer Ebene bedeutungsvoll. So ist Essen dadurch belastet, daß wir einander widersprechende intuitive und autoritäre Botschaften hören.

Wenn du mit dem «Iß-den-Teller-leer»-Gebot aufgewachsen bist und es dir immer noch schwerfällt, Essensreste auf deinem Teller zurückzulassen, dann handelst du wahrscheinlich noch nach den ungeschriebenen Botschaften und Einstellungen deiner Kindheit. Damit du aufhören kannst, deinen Teller leer zu essen, mußt du genau erkennen, welche Einstellungen das sind. Denke eine Weile zurück an Familienszenen, in denen das Leeressen des Tellers eine Rolle spielte. Erinnerst du dich an bestimmte Gefühle, die du während dieser Male hattest (über dich selbst)? Welche Art von Bestechungen wurden versucht? Hattest du das Gefühl, daß du mit dem «Teller-leer-essen» jemandem einen Gefallen tatest, jemandem, dessen Liebe du brauchtest? Was passierte, wenn du deinen Teller nicht leergegessen hattest?

● «Die Kinder in Indien hungern, also iß deinen Teller leer.»

Ich dachte immer, das bedeutete, daß mein Stück Fleisch nach Indien fliegen würde, wenn ich es nicht aß, ich mich also besser beeilte, bevor es Flügel bekam. Eine Variante dieses Themas: «Als ich ein Kind war (im Krieg, in Armut), hätten wir alles für so ein Essen gegeben – sei dankbar und iß.»

Zugegeben, Hunger ist ein weltweites Problem und der Kampf dagegen ein sinnvolles Unterfangen. Sicher sind auch manche unserer Eltern hungrig und arm aufgewachsen, und das war sicher sehr leidvoll. Aber Essen jenseits von Wunsch und Wohlbefinden wird keines dieser Probleme lösen. Nie. Es hilft nicht einmal, dein Mitgefühl oder dein politisches Bewußtsein zu fördern. Es fördert nur deine Gewichtszunahme.

Eine Freundin von mir hat einen Cartoon an ihrem Kühlschrank: Eine chinesische Frau sagt zu einem kleinen Jungen, der vor seiner Reisschale sitzt: «Iß deinen Reis. Denk an all die Kinder in Amerika, die nur Junk Food bekommen.»

● Essensreste auf dem Teller lassen.

Kürzlich hatte ich mit einem Mann meine erste Verabredung zum Essen. Nachdem er einen riesigen Salat (mit Croutons und Käse, Bohnen und Nudeln), eine gebackene Kartoffel (mit Sauerrahm, Zwiebeln, Butter und Speck), eine große Schüssel Suppe und ein Glas Bier vertilgt hatte, langte er über den Tisch und aß nacheinander auch noch meinen halb gegessenen Salat, die Suppe und die gebackene Kartoffel. Ich fragte, ob er denn noch hungrig sei. «Eigentlich nicht», war die Antwort.

«Gibt es dann einen Grund, daß du alles ißt, was dich nicht vorher ißt?»

«Ich hasse Vergeudung von Nahrungsmitteln», sagte er mit strengem Blick. «Ich mag überhaupt keine Vergeudung.»

Den einen Einwand konnte ich noch gelten lassen, nämlich den, keine Nahrung zu vergeuden, aber nicht den anderen mit dem Unterton von Selbstgerechtigkeit und politischer Rechthaberei. Unser weiteres Gespräch verlief dann wie folgt:

Ich: «Wie definierst du ‹Vergeudung›?»

Er: «Oh, weißt du, alles, was verschwendet oder mißbraucht wird. Alles, was weggeworfen wird, obwohl es noch gebraucht werden könnte.»

Ich: «Von wem?»

Er: «Von der Person, die es wegwirft.»

Ich: «Auch bei Nahrungsmitteln, wenn die Person genug hat?»

Er: «Was heißt genug? Findest du das nicht etwas willkürlich? Du ißt eben, bis du deinen Teller leergegessen hast, dann vergeudest du keine Nahrung.»

Ich: «Und wenn noch etwas in der Schüssel ist? Ißt du das auch?»

Er: «Nicht wenn ich satt bin.»

Ich: «Vergeudung ist also das, was auf dem Teller übrigbleibt, nicht in der Schüssel?»

Er: «Ja.»

Ich: «Ist das nicht ein wenig willkürlich oder – um es genau zu sagen – lächerlich willkürlich? An welchem Punkt entscheidest du, nicht alles aufzuessen? Was ist, wenn man dir in einem Restaurant nicht die ganze Portion auf dem Teller servieren kann? Fragst du den Kellner, ob sie etwas in der Küche übrig gelassen haben, weil du das ja sonst auch vergeuden würdest?»

Er: «Ich finde, da gehst du ein bißchen zu weit. Ich rede davon, daß ich nicht das vergeuden will, worüber ich die Kontrolle habe.»

Ich: «Das ist es ja eben. Du hast oft gar nicht die Kontrolle über die Größe der Portionen oder darüber, wie hungrig oder satt du zu einem bestimmten Zeitpunkt bist. Aber du hast die Kontrolle darüber, was du dir in den Mund schiebst und wie du dich anschließend fühlst.»

Er: «Was ich sagen will: Wenn ich die Kontrolle darüber habe, was ich mir in den Mund stecke, dann möchte ich aufessen, was auf dem Teller ist. Wenn ich das tue, fühle ich mich besser.»

Ich: «Und was ich sagen will: Wenn du in einem Restaurant oder bei anderen Leuten bist, dann entsprechen die Portionen, die du bekommst, nicht unbedingt deinem Hunger. Wenn du all das aufißt, ohne auf deinen Körper zu achten, ist das zwanghaft. Es ist zwanghaft, wenn du zu etwas getrieben wirst, das nicht in Beziehung zur gegenwärtigen Situation steht. Du gibst deine Entscheidungsmöglichkeiten ab. Und damit die Verantwortung für dein Gewicht, denn du ißt mehr, als dein Körper braucht, auch eine Vergeudung, die Nahrung zu Fett macht. Fett ist ein Exzeß. Und ist das nicht, nach deiner Definition – Vergeudung?»

Er sagte, es tue ihm leid, je das Thema angesprochen zu haben, und einigte sich mit mir, nicht weiter zu diskutieren, damit er in aller Ruhe zwanghaft weiteressen konnte. Er sagte, er werde nie wieder den Fehler machen, Kommentare über das Essen in ein Tischgeschwätz einzuwerfen. «Geschwätz» blitzte ich ihn an. Das ist kein Geschwätz, dachte ich, und ich wünsche mir, daß dir meine Kartoffel im Hals steckenbleibt.

Jeder hat eine eigene Definition von Vergeudung. Mir scheint, einen Körper mit Nahrung zu beladen, die er nicht braucht, ist das gleiche, wie das Essen wegzuwerfen und es damit genauso zu vergeuden.

Wenn wir die Subjektivität unserer Definitionen von Vergeudung und die Voraussetzungen, auf denen sie beruhen, erkennen, sind wir in der Lage zu entscheiden, wie wir jetzt handeln wollen. Bei Menschen, die sehr unter Entbehrung gelitten haben, dauert das eine Weile, und nicht jeder fühlt das Bedürfnis, seine Gewohnheiten zu ändern. Wenn die Forderung, nie Essen zu vergeuden, keine Probleme in ihr Leben bringt, dann gibt es keinen ausreichenden Grund, in mühevoller Arbeit tief versteckte Antworten an die Oberfläche zu bringen. Du mußt für dich entscheiden, was für dich wichtig genug ist, um deine Zeit darauf zu verwenden.

Nehmen wir einmal an, du hast deine Vorstellungen von Vergeudung erkannt. Du hast über sie nachgedacht, geschrieben, gesprochen und sie neu definiert. Dann gehe aus zum Essen und gönne dir eine köstliche Mahlzeit. Nach der Hälfte merkst du, du hast genug. Aber es schmeckt so gut. Du schaust auf deinen Teller. Du denkst an die hungernden Kinder in Indien und wie verbrecherisch es wäre, Nahrung zu vergeuden. Du kannst genausogut weiteressen. Dann erinnerst du dich, daß du gerade das nicht mehr tun wolltest und daß dieses Essen nie nach Indien gelangen wird. Aber es sieht immer noch so gut aus. Und der Geschmack ... du willst noch mehr. Du erreichst den kritischen Punkt. Einige Vorschläge, um ihn zu überwinden:

• Schiebe deinen Teller weg. Stelle ihn an die Seite. Bitte den Kellner, ihn mitzunehmen. Wenn du ihn nicht länger vor dir siehst, kannst du dich auf etwas anderes konzentrieren. Zu Hause kannst du deinen Teller wegstellen, oder stehe auf und bringe ihn in die Küche.

Häufig ißt du zwanghaft, weil das Essen vor dir steht und deine Hände damit beschäftigt sind, weiter zuzulangen.

Wenn nichts da ist, kannst du auch nicht in irgend etwas herumstochern.

• Wenn du in einem Restaurant bist, bitte um eine Hundetüte. Nimm das Essen mit nach Hause. Wenn du möchtest, iß es morgen. Wenn nicht, gib es dem Hund. Oder koche etwas Frisches und gib die Reste dazu.

• Wenn du zu Hause bist, packe das Essen ein und stelle es weg. Morgen kannst du damit machen, was du willst: aufessen, weggeben, aufwärmen.

• Wirf das Essen weg. Wenn ich das in der Gruppe sage, gibt es meist einen Sturm entgegengesetzter Meinungen. Jede hat ihre eigene Moral und äußerst überzeugende Argumente, diese zu stützen.

Ich schlage vor, dreimal versuchsweise Essensreste wegzuwerfen. Die beiden ersten Male mögen emotional noch zu belastend sein, als daß du mehr als Erschrecken verspürst. Aber beim drittenmal wirst du merken, daß du das Gefühl bekommst zu kontrollieren, statt kontrolliert zu werden. Es gibt nichts, was Nahrung mehr entglorifiziert, als sie ins Klo zu spülen oder im Müll unter kalten Kaffeesatz zu matschen.

• Nimm dir vor, für ein paar Tage oder eine Woche von jeder Mahlzeit ein paar Happen auf deinem Teller zurückzulassen. Im voraus ist das leicht zu entscheiden, nicht so leicht, es in dem Augenblick zu tun. Mache es verbindlich: Entscheide, daß du herausfinden willst, welches Gefühl es ist, wenn du dich bei der Nahrungsaufnahme ständig wohl fühlst, dich stark fühlst und verantwortlich für dein Essen. Gehe langsam vor. Verpflichte dich für eine Mahlzeit, dann für die nächste. Es wird nicht immer leicht gehen. Aber du kannst die schwierigen Augenblicke durchstehen, indem du dir versicherst, daß du 1. immer essen kannst, wenn du hungrig bist und 2. für dich sorgen kannst, auch wenn im es Augenblick nicht so aussieht. Frage dich, wie du dich fühlen willst, nachdem du gegessen hast. Erlaube dir diese große Zuwendung.

• Achte auf wirtschaftliche Gründe. «Das ist meine letzte oder einzige Chance, dieses Essen zu bekommen. Ich sollte es essen, wenn ich es kriegen kann.» Meistens stimmt das nicht. Du kannst nach dem Rezept fragen. Oder du kannst morgen zum Essen ausgehen und etwas Ähnliches bestellen, wenn du hungrig bist.

Aber auch wenn es stimmt, ändert das nichts: Du ißt, obwohl du nicht hungrig bist. Es mag sehr wohl deine letzte Chance für eine besondere Mahlzeit sein (wenn du im Ausland oder sonstwo auf Reisen bist), aber die Tatsache bleibt bestehen: Wenn du nicht hungrig bist und weiter ißt, wird der Geschmack des Essens sekundär. Du versuchst, das Gefühl von Verlust und Mangel zu füttern, die Angst, nicht genug zu bekommen. Eben diese Panik provoziert Eßanfälle: «Morgen fange ich mit meiner Diät an. Aber das hier werde ich nie wieder bekommen, deshalb muß ich jetzt so viel essen, wie ich eben kann.» Das Gefühl, daß schon morgen nicht mehr genug da sein wird, erfüllt dich, die Panik, speichern und horten zu müssen für Zukunft, wenn alle diese guten Dinge weg sind und du leer, leidend und hungrig zurückbleibst.

Du kannst keine Empfindungen horten. Du kannst das Ganze jetzt aufessen, und dennoch wachst du zwei Tage später auf mit dem Wunsch, das gleiche wieder zu essen – und dann ist es nicht da. Wir versuchen, uns über die Qual der unerfüllten Wünsche hinwegzusetzen, indem wir uns – falls wir das Ersehnte wirklich bekommen – so krank machen, daß wir nie wieder die Qual dieses Wunsches zu durchleiden brauchen. Wenn das die letzte Möglichkeit ist, an Eiskrem zu kommen und wir heute abend ein Viertel oder mehr davon essen und uns nicht nur vom Geschmack schlecht wird, sondern schon bei der bloßen Erwähnung von Eiskrem, dann haben wir wahrscheinlich für die nächsten Jahre genug.

Du kannst ein Gefühl nicht mit Nahrung füttern. Die Angst, nie genug zu bekommen, verschwindet nicht, wenn du alles von deinem Teller putzt, weil du es vielleicht nie wieder bekommst.

Vielleicht bekommst du es nie wieder. Aber du wirst mit absoluter Gewißheit wieder essen. Köstliches, Exotisches, Delikates. Jedes Land, jede Stadt, jede Familie bietet kulinarische Wunder. Es ist nie deine letzte Chance für etwas Gutes.

Ich finde es befremdlich und erschütternd, daß wir die guten Dinge, Gefühle, den Geschmack für immer und ewig wollen. Auf der kulturellen und persönlichen Ebene versuchen wir, ein jugendliches Aussehen zu wahren und leugnen die Bedeutung des Alterns und des Todes – als ob es etwas gäbe, das ewig dauerte.

Als ich anfing, mit Jungen auszugehen, verbrachte ich endlose Stunden damit, über meine Samstagabend-Verabredungen zu phantasieren. Tage im voraus plante ich, was ich anziehen, sagen und tun würde; ich träumte davon, wie er mich küssen und wie ich ihn wegstoßen oder nicht wegstoßen würde. Ich stellte mir vor, mit ihm verheiratet zu sein, Kinder mit ihm zu haben, mit ihm nach Südamerika zu gehen, mit ihm auf Elefanten zu reiten und im Flugzeug zu reisen. Dann kam der Samstag. Und ich verbrachte den Tag mit Vorbereitungen: Ich wusch mir die Haare, legte meine Kleider heraus, zog mich an, schminkte mich. Dann kam der Samstagabend. Dann der Sonntag. Und dann war es vorbei. Und ich konnte nicht glauben, daß es vorbei war. Alle diese Tage waren so voller Sehnsucht nach dem Samstag, daß ich nie über den unweigerlich folgenden Sonntag nachgedacht hatte. Und dann war Sonntag. Und ich wußte nicht, was tun in diesem Loch von Verlassensein. Es schien so unfair. Wie konnte es so schnell vorbei sein? Ich wollte es wiederhaben. Aber mehr als den Samstag wollte ich die Tage voller Aufregung vor dem Samstag. Ich wollte etwas, auf das ich mich freuen konnte. Ohne die Schärfe des Sehnens und des Wartens schien das Leben langweilig und sinnlos. Deshalb mußte ich eine andere Person oder ein anderes Ereignis finden, um das herum ich mein Leben und meine Hoffnungen aufbauen konnte. Ich verlebte damals die Jahre in Erwartung der Samstage, in Erwartung des einen Augenblicks, den ich eigentlich nie herbeiwünschte, weil er dann auch schon wieder vorbei sein würde.

Das Schlimmste am Essen ist, daß es so schnell vorbei ist. Du freust dich darauf, richtest deinen Tag darauf ein, und dann ist es vorbei. Du willst nicht, daß es vorbei ist. Weil es ein Höhepunkt war, weil du nun zu etwas anderem übergehen mußt. Und du willst dich nicht dem nächsten zuwenden. Es könnte nicht so unmittelbar lohnend sein wie Essen. Es könnte überhaupt nicht lohnend sein.

Aber eine Mahlzeit verlängern hält nicht ihr Ende auf. Früher oder später mußt du vom Tisch aufstehen und das nächste angehen. Und du kannst bestimmen, ob du das nächste mit einem Wohlgefühl und befriedigt in Angriff nimmst oder elend und vollgestopft.

Ein Lichtblick ist, daß du wieder hungrig werden wirst. Du hast die Chance, daß du dich aufs Essen freuen kannst und tatsächlich wieder essen wirst. Wenn du zulassen kannst, daß eine Mahlzeit endet, machst du den Weg frei für den Beginn einer anderen Mahlzeit, einer, die sogar noch besser sein kann als die vorige.

Wenn das Schlimmste am Essen ist, daß es so schnell vorbeigeht, dann ist das das beste: Je schneller es vorbei ist, um so eher wirst du es wieder tun.

Achte sorgfältig darauf, wann deine Aufmerksamkeit für die Frage, wie gut das Essen schmeckt, erlahmt und sich mehr auf den Zwang oder Wunsch konzentriert, alles essen zu können, solange es möglich ist. Der Wechsel tritt gewöhnlich dann ein, wenn du eigentlich genug hast, das Essen aber noch nicht abgeräumt ist. Achte auf die Veränderung der Qualität deiner Nahrungsaufnahme, auf die Botschaften, die du dir selbst vermittelst. Achte darauf, ob sich dein Selbstbild ändert – von dem sicheren und erfreulichen Gefühl, gut zu essen, zu der Angst, nicht genug zu bekommen.

Achte darauf, welche Rolle die Nahrung in dieser Entwicklung spielt. Schmeckst du sie zum Beispiel noch? Genießt du sie noch?

Wenn man dir sagte, daß du immer, wenn du willst, Nahrung haben kannst, würdest du immer noch essen?

An welchem Punkt bist du gewillt, mit dem Essen aufzuhören und zu sagen: «Ich möchte mich gut fühlen. Ich möchte auf mich selber achten. Ich möchte nicht von diesem Tisch aufstehen und mich vollgestopft und elend fühlen, unfähig, mich zu konzentrieren.»?

Du hast bei jeder Mahlzeit die Wahl: auf dich selber zu achten oder dir selbst Mißbehagen zu bereiten. Du hast die Wahl.

## 5. Eßanfälle:
Genug ist nicht genug

> «Ich würde am liebsten eine Vision
> von fünf Desserts bestellen.»
> *Eine Freundin zu einer Kellnerin*

Dieses Kapitel handelt davon, was du tun kannst, wenn du knietief in einer «Fresserei» steckst, wie rasend und um alles in der Welt aufhören möchtest und doch wieder nicht aufhören willst. Es handelt auch davon, was du tun kannst, damit es erst gar nicht soweit kommt, und was du tun kannst, wenn es soweit gekommen ist.

Überessen meint nicht unbedingt, daß du vor dem Kühlschrank stehst, mit der einen Hand im Gemüsetopf, mit der anderen in der Keksdose, während du dir gleichzeitig kalte Pizza und den Braten von gestern abend in den Mund schiebst. Überessen ist eine Haltung, ist qualitativ. Wie bei jedem Symptom muß man die Ursachen kennen und sich in einem gewissen Maße auch damit beschäftigen, bevor das Symptom verschwindet. Überessen ist nicht nur der Vorgang des Essens selbst und die begleitenden Gefühle, sondern meint auch all die Augenblicke, Entscheidungen und Gefühle, die zu dieser Handlung führen. Wenn es erst einmal passiert ist, wird es ein Problem für sich; aber zunächst ist es ein Symptom dafür, daß dem Eßanfall vorausgehende Entscheidungen, Gefühle und Einstellungen dir selbst gegenüber, in deinen Beziehungen, deinem Verhältnis zum Essen dir nicht guttun. Überessen ist nur die Spitze des Eisberges.

In ‹Feeding the Hungry Heart› schrieb ich, daß «Eßanfälle sinnvolle Handlungen sind, keine wahnhaften Ausbrüche; ein Freßanfall kann ein dringender Appell sein, für dich zu sorgen, wenn du dich unterversorgt fühlst. Eßanfälle sind die Stimme des Überlebens. Sie sind ein Zeichen dafür, daß irgend etwas ziemlich falsch läuft, daß du dir selbst nicht gibst, was du brauchst – weder physisch (Nahrung) noch emotional (Nähe, Arbeit, Beziehungen). Sie sind dein letzter Widerstand gegen die völlige Vernachlässigung.»

Mit Eßanfällen ist das Gefühl von Zwanghaftigkeit verbunden, das Gefühl: «Ich will es so sehr, daß ich alles umrennen werde, was sich mir in den Weg stellt.» Eßanfälle zeichnen sich aus durch den zeitweiligen Verlust des Glaubens an alles andere – außer an Essen. Ein Eßanfall ist ein Sturz ins Vergessen. Ein Eßanfall ist ein Rausch ohne Alkohol. Als ich noch viel trank, brauchte ich vier oder fünf Gläser Wein, um die Welt um mich herum zu vergessen. Heute reicht mir ein Glas. Als ich noch viel aß, mußte ich eine Stunde pausenlos essen und das entsprechende Unbehagen daran spüren, um den Vorfall unter «Freßanfall» einzuordnen. Nun läßt mich schon die Zwanghaftigkeit, mit der ich nach Nahrung verlange – irgend etwas in irgendeiner Menge –, den Vorgang als Eßanfall einordnen. Zwei Kekse können ein Eßanfall sein.

Wir alle brauchen dieses Wegtauchen ins Vergessen. Manchmal ist das Leben einfach zu hart. Manchmal ist es einfach zuviel. Manchmal höre ich mich, die ich den Geschmack von Alkohol eigentlich gar nicht mag, sagen: «Ich brauche einen Drink.» Aber in Wirklichkeit möchte ich sagen: «Ich muß abschalten, die Antennen einziehen, nichts tun, absolut nichts. Eine halbe Stunde absolut nichts tun. Keine Verantwortung den Freunden gegenüber, nicht den Eßproblemen von wem auch immer zuhören müssen, nicht schreiben müssen. Ich muß ab und zu aussteigen aus meinem Leben als disziplinierte, verantwortliche, arbeitende Erwachsene, Autorin, Gruppenleiterin, Freundin, Geliebte, Tochter und den Dingen ihren Lauf lassen, während ich mich um mich selbst kümmere.»

In solchen Augenblicken gehe ich in mein Wohnzimmer, strecke mich auf dem Boden aus und liege dort für eine halbe Stunde. In solchen Augenblicken merke ich, daß die Pappeln vor meinem Fenster ihre Blätter verloren haben. In solchen Augenblicken kann der Zwang zu essen von mir abfallen.

Wir können uns fürs «Nichtstun» rechtfertigen, indem wir essen, denn essen bedeutet, etwas zu tun. Niemand, der gerade hereinkommt, weiß, ob wir essen, weil wir hungrig sind oder weil wir aus der Tretmühle herauswollen und dies die einzige Möglichkeit ist. Die Zeit, die wir essend verbringen, ist sozial akzeptierte Zeit, die man sich gönnen darf. Alles andere gilt als Luxus, als egoistisch, unnütz oder als Zeitverschwendung.

Aber wir alle brauchen das Wegtauchen ins Vergessen.

Der erste Schritt, einen Eßanfall zu verhindern, ist, herauszufinden, was dich – außer essen und trinken – vergessen läßt. Und es einmal am Tag fünfzehn Minuten lang zu tun.

Jedesmal wenn ich das in einer Gruppe erwähne, wollen alle sofort wissen, was denn meine Mittel seien, auf welche Weise ich denn vergesse. Ich fange dann an zu stottern, werde rot und frage sie, warum sie das wissen wollen (du kannst so tun, als ob es wahr wäre, weil du sicher nicht möchtest, daß irgend jemand über dein wahres Vergessen etwas weiß. So etwas verbessert nicht das Image, das du gern hättest, und ist sicher auch politisch nicht einwandfrei). Und dann erzähle ich es: Bestimmte Zeitschriften, glitzernde Legwarmers kaufen, Jasminschaumbad, der Teppich in meinem Wohnzimmer und meine augenblickliche Lieblingsphantasie – ein ehemaliger Liebhaber steht vor meiner Tür mit einem Blumenstrauß in der Hand und der Tätowierung «Für immer dein» auf der Brust.

«Aber nichts davon ist so gut wie essen», ist dann die häufigste Klage in den Gruppen. Und in bestimmter Hinsicht ist das sogar wahr. Nichts schmeckt so gut wie Essen. Weil es in unserer Kultur nicht erlaubt ist, Zeit zu «verschwenden», sind andere Dinge, die wir vielleicht gern täten, um zu vergessen, als Alternative zum Essen indiskutabel. Der Grund dafür, daß sich so viele von uns aufs Essen stürzen, wenn wir Entlastung oder Entspannung brauchen, ist, daß wir nicht wissen, ob es uns erlaubt ist, etwas anderes zu tun. Jeder muß essen, wir brauchen Nahrung zum Leben. Aber wir brauchen nicht unbedingt Schaumbäder, Kitschfilme oder bunte Boulevardzeitschriften. Unsere Arbeitsethik mahnt uns, mit unserer Zeit produktiv und nutzbringend umzugehen. Und wir gehorchen.

Meine Freundin Barbara sagt: «Was unsere Kultur für überflüssig hält, halte ich für notwendig. Und was sie für notwendig hält, finde ich überflüssig.»

Eßanfälle als letztes Bollwerk gegen die totale Unterversorgung – das ist die Stimme eines Ichs, das nicht eine Minute länger zulassen will, daß wir all das ablehnen, was für uns notwendig ist und von dem du denkst, es sei überflüssig. Und ehe sie anerkennen, daß freigiebige und selbstbestimmte Großzügigkeit notwendig wäre, versuchen viele Leute, ihre Eßanfälle mit noch mehr Diätvorschriften niederzukämpfen und ziehen so die Schlinge um das eigene Ich noch fester, um ein Ich, das sowieso schon vor Sehnsucht nach Zuwendung ganz verkümmert ist.

Um etwas zu ändern, und dies gilt ausnahmslos, mußt du zunächst verstehen, wie das, was du jetzt glaubst, deine Handlungen beeinflußt. Du kannst nichts ändern, wenn du nicht weißt, woran du glaubst. Du mußt erst benennen können, was du glaubst und wonach du handelst, bevor du etwas ändern kannst. Das ist nicht besonders schwierig – es verlangt Ehrlichkeit und Geduld –, aber es ist wagemutig, denn in vielen Fällen bedeutet es, Überzeugungen fallenzulassen, die du für wert und wahr gehalten hast.

Schauen wir uns einmal drei kulturbeherrschende und medienverstärkte Meinungen über Eßanfälle an:

1. Du ißt zuviel, weil dir Willenskraft und Disziplin fehlen.
2. Zeit für sich selbst nehmen ist verschwenderisch und selbstsüchtig.
3. Um deine Eßsucht zu bremsen, mußt du dich eisern in den Griff nehmen und – von irgendwoher aus deiner Psyche – mehr Willenskraft und Disziplin entwickeln.

Jeder dieser Meinungen folgt ein Bündel von Handlungen, die sich aus ihnen ergeben:

1. Sobald du dich überißt, fühlst du dich schlecht – deine Charakterschwäche zeigt sich. Was ist los mit dir? Wo ist deine Willensstärke? Willst du für den Rest deines Lebens ohne Rückgrat bleiben?
2. Verzweifelt bemühst du dich, nicht verschwenderisch oder selbstsüchtig zu sein oder zu erscheinen und kümmerst dich immer mehr um andere, besonders wenn du dich übergewichtig fühlst oder es bist. Fette Menschen verdienen keine Vergnügungen. Schau sie dir an! Sie haben sich schon genug verwöhnt, bis zum Gehtnichtmehr. Du füllst deine Zeit mit Tun und Machen, bleibst für andere verfügbar. Auch wenn du dich in deinem Inneren hohl und leer fühlst – du machst immer weiter...
3. Voll Verzweiflung über deine «Fresserei» und die Pfunde, die du ansetzt, entscheidest du dich für eine Diät – ab morgen. Du beschließt, dir mehr und mehr von den Nahrungsmitteln zu versagen, die du täglich und mit Genuß zu dir nimmst. Weil du dein Gewicht, deinen Körper und deine Haltlosigkeit verurteilst, gehst du nicht freundlich mit dir um: Du kaufst dir keine Kleider, die dir gut stehen, du wirst nicht unter Leute gehen, du wirst nichts an dich heranlassen. Du wirst dich selbst nicht mögen. Nein. Nein. Nein. Du wirst dich

selbst nicht einmal mit so viel Respekt behandeln, wie du es von jedem Fremden erwartest.

Die Vorstellung, daß Eßanfälle ein Zeichen dafür sind, daß du dir mehr und nicht weniger geben mußt (Nahrung, Aufmerksamkeit usw.), widerspricht der weitverbreiteten Meinung, daß ein Eßanfall etwas Genußvolles sei. Wenn du nach einem Eßanfall den Mut hast, dir selbst eine Freude zu bereiten, die nicht gesellschaftlich akzeptiert ist, sieht man in dir eine Bedrohung der herkömmlichen Normen. Wenn du dich anders als die anderen verhältst, wenn du sagst: «Ich brauche Zeit für mich. Ich bin nicht ansprechbar, und ich möchte heute nichts für dich tun. Ich weiß, du brauchst es, aber jetzt nehme ich ein Bad.» – bleiben die Leute stehen und starren dich an. Sie tuscheln, sie halten dich für egoistisch. Und dann fragst du dich, ob sie nicht recht haben: Du bist egoistisch. Du hast keinen Anspruch darauf, Zeit für dich selbst zu haben; schau dich um, was du statt dessen alles erledigen könntest. Dann fühlen *sie* sich besser und müssen sich nicht mehr mit den Gefühlen beschäftigen, die du durch deinen Anspruch auf «Zeit für dich» in ihnen angerührt hast. Du bist nicht länger eine Bedrohung ihres wackligen Selbstbildes, der Knausrigkeit in ihrem Leben. Prima. Und jetzt kannst du dich wieder über das Essen hermachen.

Eine Frau, die einen Wochenend-Workshop bei mir mitgemacht hatte, rief mich zwei Tage später an: «Ich hatte mir gar nicht klargemacht, wie viele Leute ich dadurch erschrecken würde, daß ich nicht mehr Diät hielt, Kuchen zu Mittag aß, mir Zeit für mich nahm. Ich hatte das Gefühl, bei jedem eine Wunde aufgerissen zu haben. Alle sind erschreckt und wütend. Ich fühle mich so allein.»

Gesellschaftlich gesehen ist es leichter, mit einer Diät zu leben als ohne. Übereessen ist leichter, als sich davon zu befreien. Diäthalten und Übereessen und Klagen über dein Gewicht finden alle normal. Daß du dich gut fühlst, ißt, was du willst und dir Zeit für das nimmst, was als frivol gilt, wird aber nicht akzeptiert. Wie viele Menschen befolgen gedankenlos die durch die Gesellschaft geförderten Methoden, Gewicht zu verlieren, spüren aber gleichzeitig, wenn auch verschwommen, daß sie leiden, daß dieses System nicht funktioniert. Aber es macht angst, den Sprung zu wagen, Mißbilligung und Zurückweisung zu riskieren, die Zielscheibe für die Frustrationen und das Leid anderer abzugeben. Du mußt dich fragen, wie lange du dein Leid aushalten willst, um das der anderen zu verhindern.

Bevor du dir Zeit für dich nehmen kannst – nicht fürs Essen –, mußt du dich fragen, ob du das überhaupt wert bist. Steht es dir zu, nichts anderes zu tun, als das, was dir und nur dir so ausnehmend gut gefällt? Wer wird von diesen Unterbrechungen im Laufe deines Alltags betroffen? Wie, denkst du, werden sie davon betroffen? Werden sie dich verurteilen, zurückweisen oder ablehnen? Werden sie es gutheißen? Können sie für sich selber sorgen? Was denkst du über Leute, die nichts tun? Hat jemand in deiner Familie sich je Zeit für sich selbst genommen, und wenn, was passierte?

Dir Zeit für dich nehmen steht in keinerlei Zusammenhang damit, wie klug, hübsch oder dünn du bist. Dir Zeit für dich nehmen hat auch nichts damit zu tun, wieviel du heute geschafft hast oder nicht. Dir Zeit für dich nehmen hat einzig mit der Tatsache zu tun, daß du lebst und es wert bist.

Stelle eine Liste auf von alldem, womit du dich gern beschäftigst, sinnlose, frivole, überflüssige Dinge. Und dann, an jedem Tag der nächsten Woche, tue etwas davon für mindestens fünfzehn Minuten.

Führe in einer anderen Liste all deine Meinungen über Eßanfälle auf und die Handlungen, die aus diesen Meinungen resultieren. Diese Liste ermöglicht es dir, die unausgesprochenen Voraussetzungen zu benennen, auf denen dein Verhalten beruht. Sind diese Voraussetzungen einmal benannt, kannst du dich selbst fragen, ob du sie weiter befolgen willst oder ob du sie durch nachsichtigere und heilsamere ersetzen willst.

Lebenslange Einstellungen, wie richtig sie auch scheinen mögen, beruhen auf den Informationen, die verfügbar waren, als sich diese Einstellungen gebildet haben. Mit neuen Informationen kannst du deine Einstellungen revidieren. Aber du brauchst Beharrlichkeit und zu guter Letzt die feste neue Überzeugung, daß es möglich ist, alte Überzeugungen durch neue zu ersetzen.

Auch die physische Komponente des Überessens, die Art und Weise, wie du ißt oder nicht ißt, beinhaltet Vernachlässigung.

Vor kurzem beobachtete ich drei Kinder, die mit einem Bleistift spielten. Alle drei wollten den Stift haben. Sie weinten, schrien und schmeichelten, um ihn zu bekommen. Dann kam ein viertes Kind, und zwei rannten weg, um ihren Freund zu begrüßen. Das dritte Kind blieb allein mit dem Bleistift zurück, verlor augenblicklich das Interesse und fing an, sich mit einem anderen Spielzeug zu beschäftigen. So viel zu dem Reiz dessen, was du nicht haben kannst und der Gewöhnlichkeit dessen, was du haben kannst.

Wenn ich dich in einen Raum mit einer samtverkleideten Schachtel führe und dir sage: du kannst dir alles ansehen, nur in die Schachtel darfst du nicht schauen – was wirst du wohl tun, sobald ich den Raum verlassen habe?

Wir stecken das Essen in eine Schachtel, bedeckt mit Samt und Glitzer, verbieten uns, selbst hineinzuschauen, und dann wundern wir uns, warum wir ein solch drängendes Bedürfnis haben, sie aufzureißen. Wir stecken das Essen in eine Schachtel, schmücken sie mit Samt und Glitzer und dann, wenn wir sie aufgerissen haben, verdammen wir uns selbst für unseren Mangel an Willensstärke, Entschlossenheit und Disziplin.

Manchmal haben wir einen Eßanfall, nicht weil wir Schokolade wollen, sondern weil wir sie uns nicht erlauben.

Das Bedürfnis, dich zu überessen, wird langsam nachlassen, wenn du dir erlaubst, wann immer du hungrig bist, alles zu essen, was du willst. – Und ich meine wirklich erlauben, nicht, daß du dich austrickst, indem du sagst: «Gut, wenn du ein Eis willst, kannst du ein Löffelchen Weightwatcher's Eis essen.» Oder: «Ich weiß, du denkst, du willst ein Eis, aber Eis macht dick. Iß statt dessen ein Joghurt.» Oder: «Du kannst Vanilleeis haben, aber kein Schokoladeneis. Schokoladeneis hat mehr Kalorien.» Wenn du essen kannst, was du willst, wann immer du hungrig bist, dann gibt es keinen Grund, alles jetzt gleich zu essen, weil du es morgen wieder weggepackt hast. Eßanfälle sind die allerletzten Versuche, all das zu bekommen, was ab morgen verboten ist.

Ein paar Worte zu Lebensmittelallergien: Von vielen Klientinnen weiß ich, daß sie gegen ganz bestimmte Nahrungsmittel allergisch sind; wenn sie sie essen, weckt das ein Verlangen nach mehr und schlägt sich nieder als Eßanfall verbunden mit allergischen Reaktionen. Wenn du den Verdacht auf eine Nahrungsmittelallergie hast, gehe bitte zu einem Ernährungsspezialisten oder zu einem Arzt, dessen Rat und Ansichten du akzeptierst. Laß dich durchtesten, damit du dir keine Sorgen machen mußt, dir selbst zu schaden.

Viele Leute sagen, daß Zucker den Wunsch nach mehr hervorruft und entsprechend Eßanfälle auslöst. Ich habe herausgefunden, daß das wahr und falsch sein kann. Wenn ich Süßes maßvoll esse, möchte ich es weiter maßvoll essen. Ich mag alles Süße – und wenn ich das Verlangen nach Süßem mit Zuckerzeug befriedige, möchte ich das gewöhnlich auch am nächsten und übernächsten Tag. Aber das löst bei mir keinen Eßanfall aus. Drei Bissen reichen gewöhnlich, weil alles, was ich will, der Geschmack in meinem Mund ist. Es ist allerdings auch richtig, daß ich mich besser fühle, wenn ich nicht regelmäßig Süßes esse. Wenn ich es zwei Wochen regelmäßig konsumiert habe, fühle ich mich körperlich träge und nicht so energiegeladen wie normalerweise. Wenn ich auf diese Trägheit aufmerksam werde, werfe ich im Geist einen kurzen Blick zurück auf das, was ich in letzter Zeit gegessen habe. Merke ich, daß Süßes zu einem Teil meiner täglichen «Diät» geworden ist, lasse ich es weg. Der Unterschied zu einer Diät besteht darin, daß ich mich entscheide, statt es aus Angst zu tun. Ich sorge mich nicht, wenn ich mir zwei Plätzchen am Tag genehmige, daß ich die ganze Dose leerfuttere.

Wenn du das Essen nicht länger in eine Schachtel packst und für verboten erklärst, wirst du auch nicht länger den Drang spüren, die Schachtel aufzureißen und alles zu verschlingen in einem verrückten Wettlauf gegen die Zeit, bevor der Deckel wieder schließt.

Aber... wenn du alles versucht hast, wenn du dein Bestes getan hast und du dich dennoch knietief im Essen wiederfindest, halb verrückt, und um alles in der Welt aufhören möchtest und um alles in der Welt nicht aufhören willst...

• Setz dich hin. Wo du auch bist, setz dich hin. So kannst du die Nahrung wenigstens besser schmecken, weil das Hinsetzen deinem Gehirn signalisiert: Dies ist real. Du ißt jetzt wirklich.

• Versuche nicht, dir vorzumachen, daß du nicht ißt. Eßanfälle haben eine Qualität, die sie aussehen lassen wie eine Handlung, die irgendwo anfängt, aber für sich keinen Sinn hat. Du kannst ihr einen Sinn geben, du tust es ja. Erkenne das erst einmal, erlaube und akzeptiere die Tatsache, daß du dich überißt, dann kannst du dich entscheiden aufzuhören – oder dich entscheiden weiterzumachen. Aber bevor du nicht wahrhaben willst, daß du dich überißt, hast du keine Chance, etwas anderes zu tun, als was du gerade tust: dich gewaltsam mit Nahrung vollzustopfen. Das klingt schlicht und einfach. Du magst sagen: «Natürlich merke ich, wenn ich mich überesse.» Aber wie viele Male bist du in Nahrung untergegangen und nach einer halben Stunde wieder aufgetaucht und hast dich gefragt, wo du warst, als all diese Nahrungsmittel konsumiert wurden. Davon rede ich.

• Gib dir die Erlaubnis, dich zu überessen. Ich ernte Blicke des blanken Entsetzens, wenn ich das in einem Workshop verkünde, denn sofort steigt die Angst an die Oberfläche: «Wenn ich mir erlaube, mich zu überessen, werde ich nie aufhören. Niemals.» Völlig falsch. Je länger du dir diese Erlaubnis versagst, dir vorhältst, es sei nicht in Ordnung, es sei irgend etwas völlig verkehrt mit dir, du könnest weder dein Leben noch deinen Körper jemals in Form bringen, um so länger wird der Eßanfall dauern. Weil deine Seele mit Verurteilen beschäftigt ist statt mit Essen. Die Mechanismen des Zugreifens, Kauens und Schluckens gehen ohne deine Aufmerksamkeit weiter, während du konsumierst und dich dabei selber haßt. Sobald du dir die Erlaubnis gegeben hast, kannst du anfangen, dein Essen zu genießen. Und wenn du angefangen hast zu genießen, kannst du dich entspannen. Du kannst entscheiden, ob du den Geschmack magst und wenn nicht, ob du mit dem weitermachen willst, was du bisher schon ohne Erlaubnis getan hast.

• Nachdem du dir die Erlaubnis gegeben und deine Aufmerksamkeit auf das Essen gerichtet hast, spiele ein Spiel mit dir selbst. Achte auf die Beschaffenheit, den Geschmack, die Temperatur der Nahrungsmittel. Achte darauf, wie sie sich anfühlen, wenn du sie in deinem Mund hast, wenn sie durch deine Kehle gleiten, in deinem Magen sind. Vielleicht entdeckst du, daß du den Geschmack nicht magst oder daß sie sich in deinem Körper nicht richtig gut anfühlen, daß sie dich zu kalt machen oder zu warm. Oder du entdeckst, daß du den Geschmack magst und weiteressen willst. Wie auch immer, du entwickelst ein Gefühl für deinen Körper und bist in der Lage zu entscheiden, wie viel du essen willst, so daß du deinen Eßanfall genießen kannst. Solange du dabei bist, dich eine Stunde lang zu überessen, ist es sinnvoll, das Essen zu genießen. Sonst folterst du dich selbst. Wenn das Foltern dir hilft aufzuhören, mag das ja nützlich sein; tatsächlich hilft es dir aber nur, dich noch mehr zu foltern.

• Stehe mitten in einem Eßanfall vom Tisch, Teppich oder Bett auf und schaue in den Spiegel. Berühre dein Gesicht, deine Arme, deine Beine. Vergegenwärtige dir, daß du noch da bist, präsent, lebendig. Obwohl du für eine halbe Stunde oder länger total darauf konzentriert warst, dir

Nahrung in den Mund zu stopfen, bist du wirklich mehr als ein Mund und mehr als das Bedürfnis zu essen. Bestätige dir das. Schau dir in die Augen. Lächle. Wenn du zum Essen zurück willst, mach weiter.

• Wenn du allein bist, sprich laut. Sprich die Nahrung direkt an. Erzähl der Nahrung, an der du dich überißt, was du von ihr willst. Sprich sie direkt an. Du kannst ihr sagen, daß sie dafür vorgesehen ist, dich zu betäuben, dich zu besiegen, schläfrig zu machen. Oder daß du sie ißt, weil du ein Erlebnis vergessen willst. Oder daß du eine Belohnung brauchst.

Manchmal, wenn du mitten in einem Eßanfall bist, ist es schlicht unrealistisch zu erwarten, daß du aufstehen und ein Nickerchen machen kannst. Manchmal reißt dich die Raserei eines Eßanfalls, seine Vehemenz immer weiter, und es ist gleichgültig, ob du ißt, weil du schlafen willst und nicht weißt, ob du dir das mitten am Tag gestatten darfst. Dann ißt du einfach weiter.

Wenn dieser Grad des Getriebenseins erreicht ist, lasse ich mich das ausleben. Die Ungebärdigkeit solcher Eßanfälle kann sich nur noch durch Nahrung ausdrücken. An diesem Punkt kannst du den Dingen nur noch ihren Lauf lassen, auf die Gefühle achten, die hochkommen, und aufhören, wenn die Zeit gekommen ist.

• Wenn jemand während eines Eßanfalls hereinkommt, versuche nicht, die Nahrung zu verbergen. Du tust nichts Falsches. Wenn man dich fragt, was du da machst, sage, daß du ißt. Wenn du sehr vertraut mit der Person bist, sage, daß du dich überißt. Vielleicht möchte sie dir Gesellschaft leisten, oder sie schaut dich erstaunt an und lacht, oder sie zieht ein Gesicht. Aber ganz gleich, was sie tut, du darfst weiteressen, wenn du es willst. Letzte Woche kam ein Freund vorbei, als ich am Küchentisch saß und eine Schüssel Eiskrem aß, neben mir eine halbleere Packung Teegebäck. Als er hereinkam, sagte ich: «Hallo. Ich bin mitten in einem Eßanfall.»

Nach einem Eßanfall...

• Es ist entscheidend, daß du freundlich zu dir bist, so freundlich wie seit langem nicht. Jetzt brauchst du dich selbst am meisten. Laß dich nicht im Stich. Du neigst jetzt sehr dazu, dich selbst zu verdammen, zu bestrafen, dir alles zu versagen, und wenn du dich in diese Falle locken läßt, bist du verloren, bis du wieder genug Mitleid angesammelt hast, um dich daraus zu befreien.

Mach etwas besonders Schönes. Nimm ein Bad, geh aus und kauf dir etwas Besonderes, ruf eine Freundin an, die weit weg wohnt, schlafe ein bißchen, kauf dir eine Zeitschrift. Das besonders Schöne wird der alles überflutenden Selbstverdammung entgegenwirken; du brauchst jetzt das Wissen, daß du immer noch an dich glaubst.

● Verzeih dir. Du hast getan, was du konntest. Falls du dich übergessen hast und damit etwas getan hast, was nicht unmittelbar und eindeutig zu deinem Glück beigetragen hat, dann war das so, weil du nicht wußtest, was du sonst tun solltest. Du bist auch nur ein Mensch. Eine Kassiererin in einer Bank hat ein Schild an ihrem Schalterfenster: «Bitte habe Geduld. Gott ist noch nicht fertig mit mir.» Mit dir sicher auch noch nicht.

● Nimm dir Zeit, um zu schreiben oder dich hinzusetzen oder zu denken und von deinem Eßanfall zu lernen.

Was hat ihn heraufbeschworen?

War es ein Gefühl, das du vorher einmal hattest? Eine wiederkehrende Situation?

Stelle dir den auslösenden Faktor vor, diesmal jedoch, in deiner Phantasie, wirst du nicht essen. Du setzt dich hin oder bleibst stehen, wo immer du gerade warst, bevor du mit dem Essen anfingst, und du läßt die Gefühle zu, die aufgerührt wurden.

Was waren das für Gefühle?

Warum ist es so erschreckend, sie zuzulassen und zu erleben?

Was geschieht in deiner Phantasie, wenn du diesen Gefühlen erlaubst, an die Oberfläche zu kommen, anstatt sie mit Nahrung herunterzuschlucken? Jetzt fahre fort, genau das zu tun, was du nach dem Eßanfall gemacht hast. Wie ändert sich die Situation (deine Gefühle für dich, für andere), wenn du dich nicht überißt?

Wenn du es anders machen wolltest, was würdest du beim nächstenmal ändern?

Ein Eßanfall ist nie Zeitvergeudung, wenn du von ihm lernst. Von ihm lernen führt dich tiefer in dich hinein, gibt dir Klarheit über deine Motive, deine Bedürfnisse und hilft dir beim nächstenmal.

• Versage dir am nächsten Tag nicht die Nahrung. Deine unmittelbare Reaktion auf einen Eßanfall mag sein, deine Kalorienzufuhr zu reduzieren, entweder durch Fasten oder indem du nur eine Mahlzeit zu dir nimmst oder drei Gymnastikkurse absolvierst. Das ist Bestrafung. Das zieht die Schlinge noch enger um ein Selbst, das sowieso schon hungert, verweigert ihm Wasser, wo es schon vor Durst stirbt. Genauso wie du deine freundlichen Gefühle dir gegenüber brauchst, brauchst du es, physisch freundlich zu dir zu sein. Du brauchst das Wissen, daß du dich nicht aufgegeben hast. Wenn du wieder hungrig wirst, frage dich, was du am liebsten essen möchtest. Und dann gib es dir. Das beste, was du nach einem Eßanfall tun kannst, ist, wieder zu essen, wenn du hungrig bist, aber diesmal widme dem Geschmack und der Beschaffenheit der Nahrung und dem Zeitpunkt, an dem du genug hast, größte Aufmerksamkeit. Du brauchst eine Stärkung deines Vertrauens. Du brauchst es, daran erinnert zu werden, daß du essen kannst, was du willst, und doch gleichzeitig auf dich achten kannst, daß Essen dich nicht zerstört und daß essen, was du willst, dich nicht fett macht. Dieses Wissen brauchst du immer, aber jetzt brauchst du es am meisten.

Vor drei Monaten schickte mir mein Vater ein Päckchen meiner liebsten Schweizer Schokolade. Noch vor fünf Jahren hätte ich entweder alles an einem Abend vertilgt oder den größten Teil auf einmal gegessen und den Rest weggeworfen, damit am nächsten Morgen nichts übrig wäre. Letzte Woche mußte ich die ungeöffnete Packung wegwerfen, weil die Schokolade ihren Geschmack verloren hatte. Vor fünf Jahren hätte ich meinen rechten Arm dafür gegeben, zu den Leuten zu gehören, die eine Packung Schokolade bekommen, sie vergessen und im Kühlschrank verderben lassen.

Nun bin ich eine von diesen Leuten. Und ich habe immer noch beide Arme.

# 6. Am Familientisch:
## Die Sünden der Eltern

«Sie zwangen mich, am Tisch sitzen zu bleiben, bis ich meine Erbsen gegessen hatte. Wenn ich sie nicht aß, stieß mein Bruder mich mit meinem Gesicht hinein. *Teilnehmerin an einem Breaking Free-Workshop*

## Eltern sein

Während der ersten Sitzungen eines Workshops stellen sich die Teilnehmerinnen selbst vor und geben einen kurzen Überblick über ihre Familiengeschichte. Dabei stehen Gewichtsfragen im Mittelpunkt. Vierzehn von sechzehn Frauen, mit denen ich arbeite, führen ihr Problem auf ihre Kindheit zurück und auf die Botschaften, die sie über Ernährung und ihren Körper von ihren Familien erhielten. Viele Frauen sahen, wie ihre Mütter Diät hielten, sahen und bemerkten, wie sie naschten und sich schuldig fühlten, während sie ständig versuchten, immer dünner zu werden. Viele hörten von ihren Müttern, daß auch sie anfangen sollten, darauf zu achten, was sie aßen; sie wurden ausgeschimpft, wenn sie nach dem Abendessen Kekse futterten oder nachts in ihrem Zimmer Süßkram naschten. Nahrung wurde als «Bestechung» gebraucht («Iß dein Abendessen, und du darfst fernsehen.») und als Belohnung. («Prima, du hast dein Gemüse aufgegessen, jetzt hast du deinen Nachtisch verdient.»)

Weil der Eßtisch traditionell ein Treffpunkt am Ende des Tages ist, verbindet sich Essen mit Triumphen und Tragödien und wird damit so unauflösbar verquickt, daß sein Zweck – physische Nahrung und emotionale Befriedigung – übersehen wird.

Weil die Art, wie wir essen, ausdrückt, wie wir leben, werden auch Vorstellungen im Hinblick auf Vergnügen empfunden, sich ernähren, Zeit für sich beanspruchen und Körperbewußtsein entwickeln von den Eltern auf die Kinder übertragen. Intuitiv spürt ein Kind, welches Verhältnis du zu deinem Körper hast, und die Art, wie du deinen Körper empfindest, wird Vorbild dafür sein, wie es selbst seinen Körper empfinden sollte. Dieses Kind wird entweder dem nacheifern, was es wahrnimmt, oder dagegen rebellieren und das Gegenteil tun. In jedem Fall ist das Vorbild der Eltern ein entscheidender Faktor für die Entwicklungen von Verhaltensmustern, die die Kinder Zeit ihres Lebens wesentlich prägen werden.

Als ich kürzlich eine neue Freundin zu Hause besuchte, saß ihre sehr dicke Tochter im Wohnzimmer. «Das ist Geneen Roth, Schatz, die Frau, von der ich dir erzählt habe. Sie hat das Buch über zwanghaftes Essen geschrieben. Erzähl ihr, Bobby-Schatz, wie prima wir diese Woche unsere Diät eingehalten haben.» Sie hielt einen Moment inne, schaute mich an, schaute Bobby an und fuhr fort: «Wir haben fünf Pfund abgenommen, nicht, Schatz?» Ich hätte ihr gern mit einem Stein, einer Kerze, der Katze oder irgend etwas anderem den Mund gestopft, bevor sie weiterreden konnte. Bobby saß da und starrte mich an. Unbeweglich, ohne ein Lächeln, ohne ein Augenzwinkern, sprachlos. Nach einem viel zu langen Schweigen sagte ich schließlich: «Ich finde das großartig, daß du fünf Pfund abgenommen hast, Bobby, und ich hoffe, daß es dir genausoviel bedeutet wie deiner Mutter.» Nachdem Bobby gegangen war, ergriff ich den Arm meiner Freundin und sagte: «Mach das nie wieder vor mir! Ich weiß, sie ist deine Tochter, aber wenn ich du wäre, würde ich ihr das nicht wieder antun. Das war grauenhaft.»

Sie schaute mich an, als hätte ich sie geohrfeigt. «Was hab ich denn falsch gemacht? Es stimmt doch.»

Da sprachen wir über die Tatsache, daß sie «wir» gesagt hatte, als sie Bobby meinte, und daß der Gebrauch des Plural Bobby die ganze Verantwortung, Kraft und Befriedigung nahm, die sie im Hinblick auf ihre Leistung empfand. Dann redeten wir über Diäten, über das Wiegen und die Notwendigkeit zu respektieren, was offensichtlich war – Bobbys Wunsch nach Intimität in bezug auf das, was sie ißt. «Falls es deine Absicht ist, deiner Tochter zu helfen», sagte ich, «bist du auf dem falschen Weg. Ich gebe ihr noch fünf Jahre, und dann sitzt sie in einer Breaking Free-Gruppe und klagt über ihre unsensible, tyrannische Mutter.»

Ich höre oft genug Leuten zu, die mir von dem Diät-Toast oder Knäckebrot erzählen, die ihnen die Mutter als Schulbrot einpackte, oder von der Art und Weise, wie ihre Väter sie wegen ihres Hüftspecks verspotteten. Wenn Eltern wüßten, wieviel Macht sie haben, die Haltung eines Kindes sich selbst gegenüber zu beeinflussen, dann würden sie sich mehr Gedanken über Eßregeln, Einstellungen und Äußerungen machen, die ihnen so leicht über die Lippen kommen und die ebenso leicht in den Köpfen ihrer Kinder landen, wo sie Wurzeln treiben und sich für ein ganzes Leben festsetzen.

Es ist nicht meine Absicht, den Eltern die Schuld an Eßproblemen ihrer Kinder zu geben, die diese jetzt oder in Zukunft haben werden. Als Eltern tun wir unser Bestes, wann immer wir es können, nach bestem Wissen. Ein Kind nimmt auf, was gesagt wird, und eignet es sich an. Wie unsere Sätze in die Ecken und Ritzen eines anderen Wesens eindringen, wie sie wiederkehren, sich entwickeln und wachsen, hängt von der Person ab, die sie aufnimmt; zwei Kinder können genau die gleichen Dinge hören und sie unterschiedlich deuten. Was von alldem, was wir sagen, gehört und aufgenommen wird, und warum von alldem, was wir sagen, sich das eine festsetzt und das andere nicht, ist völlig individuell.

Ich möchte weder eine Schuld zuweisen, noch glaube ich überhaupt an Schuld.

Aber ich glaube an Feingefühl und Problembewußtsein.

Meine Mutter war ein sehr dickes Kind, und soweit sie sich an ihre Jugend erinnert, war das Fett die Quelle ihrer größten Scham. Sie erzählt von einem heißen Sommertag, an dem sie als Aushilfsverkäuferin arbeitete. Ihre stämmigen Oberschenkel rieben sich aneinander und scheuerten und verursachten ihr solche Schmerzen, daß sie nicht länger stehen konnte. Sie rief ihre Mutter an und bat sie, ihr eine Salbe zu bringen. Die Mutter kam und zeterte vor allen Mitarbeitern los: «Wenn du nicht so fett wärest, würde das nicht passieren. Es wird Zeit, daß du endlich abnimmst.»

Als meine Mutter vierundzwanzig war, wurde mein Bruder geboren. An dem Tag, als sie die Klinik verließ, standen sie und ihr Vater wartend am Aufzug. Ihr Vater wandte sich ihr zu und sagte: «Aber Ruthie, jetzt wirst du doch abnehmen?»

Sie sagt heute: «Ich fühlte mich so gedemütigt. Ich war verheiratet, hatte zwei Kinder, und meine Eltern erzählten mir immer noch, ich sollte abnehmen. Nach diesem Vorfall am Fahrstuhl nahm ich Appetitzügler und verlor 35 Pfund.»

Es ist nicht verwunderlich, daß sie beunruhigt war, als sich ihre eigene Tochter nicht zu einem langbeinigen Wildfang entwickelte. Aus Angst, daß ich die Schmach ihrer Kindheit wiederholte und wieder erlitt, aus Sorge um mich wiederholte sie die Fehler ihrer eigenen Mutter.

schrie mich nicht vor Freunden an, aber sie ließ mich wissen – ausgesprochen und unausgesprochen –, daß ich auf alles zu achten hatte, was ich mir in den Mund steckte, weil ich die Veranlagung hatte, dick zu werden. Und ich paßte auf. Daß sie mir den Rücken zuwandte.

Mit elf Jahren gab ich, anstatt die Situation selber zu bestimmen, die Verantwortung für mein Gewicht ab, gab ihr die Macht zu entscheiden, wann ich zu dick war, was dünn genug war, was ich essen und nicht essen sollte. Das erlaubte mir auf der anderen Seite zu naschen, mich zu überessen und immer dann zu essen, wenn sie nicht da war. Mein Gewicht wurde ein Thema, das uns beide betraf, es war nicht ein Thema, das mit mir zu tun hatte, meinem Körper, meiner Ernährung.

Meine Mutter hatte Angst. Sie fürchtete, daß ich, wenn ich aß, was ich wollte, fett werden und mich elend fühlen würde. Und ich spürte ihre Angst. Ich kämpfte mit ihr, aber ich glaubte, sie sei im Recht. Jahrelang hatten wir Auseinandersetzungen um Ernährungsfragen, und anschließend kämpfte ich weitere Jahre mit mir selbst, sprach im Geiste mit ihr, schrie sie an, erprobte mich an ihr. Jedesmal wenn ich abnahm, wollte ich sie anrufen, wenn ich zugenommen hatte, mochte ich kein Wort mit ihr reden. Wenn ich mich dick fühlte und in New York erwartet wurde, wollte ich nicht hinfahren. Und oft tat ich es auch nicht.

Vor kurzem verbrachte ich ein paar Tage bei ihr in New York. Am zweiten Tag sagte meine Mutter: «Ich muß dir etwas sagen, und ich hoffe, es regt dich nicht auf; aber du hast zugenommen. Ich kann das an deinen Beinen sehen.» Ich zuckte zusammen. Es stimmte. Ich hatte ungefähr fünf Pfund zugenommen, aber ich fühlte mich wohl damit und wußte, daß ich sie wahrscheinlich auch wieder los werden würde. Doch das von ihr zu hören änderte die Tatsache, daß ich fünf Pfund zugenommen hatte. Es machte sie so endgültig, erweckte den Anschein, als ob es sich um weit mehr als fünf Pfund handelte. Plötzlich begann ich, mir Sorgen zu machen und an mir zu zweifeln. Ich wollte fragen: «Liebst du mich noch, Mom?» Und dann wollte ich essen. Die Schränke öffnen und Plätzchen essen, Cracker, die Gläser mit Erdnußbutter, die fünf Sorten trockene Frühstücksflocken.

Meine Mutter hatte nur etwas beobachtet, was ich selbst auch schon bemerkt hatte. Aber als sie es aussprach, war es, als hätte sie mit einer Handgranate mein Vertrauen in mein Aussehen und meinen Wert getroffen. Wie hatte ich vor ein paar Tagen diese fünf Pfund nur so leichtnehmen können, wenn ich jetzt feststellen mußte, daß sie ein sicheres

Anzeichen dafür waren, daß etwas schrecklich falsch lief in meinem Leben?

Ich merkte, daß ich in Panik geriet, machte einen Spaziergang und kam zurück, wieder im Einklang mit meinem Körper. Ich spürte, daß ich ihn wirklich mochte und ihn schön fand, runder, aber dennoch schön. Auf meinem Spaziergang erkannte ich, daß ich noch genauso war, wie ich war, bevor ich fünf Pfund zugenommen hatte und daß das Leben genauso wunderbar und schmerzlich war wie immer. Auf meinem Spaziergang erkannte ich: Ich war nicht fett. Und ich erkannte, daß meine Mutter, mit 52 Jahren und ihrem schlanken, wohlgestalteten Körper, immer noch denkt, sie sei zu dick. Zu Hause ging ich zu meiner Mutter, die am runden Tisch saß. Ich sagte: «Mom. Ich weiß, du meinst es gut, aber bitte: Mache keine Bemerkungen mehr über mein Gewicht. Es ist zu schmerzlich.» Ich habe nie wieder auch nur ein Räuspern zu diesem Thema gehört.

Eltern...

• können ihre Kinder nicht vor Schmerzen schützen.

• müssen sehr vorsichtig sein. Das, was wie Schutz aussieht, kann oft der Wunsch sein, nicht ihre Kinder, sondern sich selbst vor der Wiederbelebung eines alten, aber ähnlichen Schmerzes zu schützen.

• können ihren Kindern erlauben, Verantwortung für ihre Ernährung zu übernehmen. Sobald ihre Kinder sprechen und logisch denken können, können Eltern sie bei Lebensmitteleinkäufen und beim Kochen um Rat fragen.

• Klebe eine Einkaufsliste an den Kühlschrank. Laß jedes Kind jede Woche zwei oder drei Sachen selber wählen. Das wird ihnen ein Gefühl dafür geben, daß Entscheidungen und Vorlieben in ihrer Ernährung wichtig genug sind, um bedacht und berücksichtigt zu werden.

• Erlaube ihnen, ein oder zwei Mahlzeiten pro Woche selbst zu bestimmen. Berücksichtige ihre Hilfe beim Einkaufen, Kochen und Spülen. Je mehr sie sehen, daß ihre Entscheidung akzeptiert wird, um so mehr werden sie sich selbst akzeptieren und ihren Entscheidungen trauen lernen.

• Sprecht über Ernährung, lest zusammen Bücher, plant Mahlzeiten, die auf dem aufbauen, was ihr gelesen habt. Gestalte diesen Prozeß interessant und flexibel, nicht starr und autoritär. Kinder wollen lernen; sie sind neugierig und interessiert. Nutze ihr Interesse zu ihrem eigenen Vorteil... lehre sie die Freuden, für sich selbst sorgen zu können.

• Mißbrauche das Abendessen nicht für Streitereien, Disziplinierungen oder irgendwelche emotionalen Diskussionen. Wenn ihr euch zum Essen setzt, dann eßt. Verabredet gemeinsam eine Zeit, um das zu besprechen, was besprochen werden muß.

• Wenn du eine Zeit außerhalb der Mahlzeiten festlegst, dann entlastest du die Mahlzeiten von dieser Bürde. Wenn die Kinder älter sind, variieren oft die Stundenpläne und es ist schwer, eine gemeinsame Mahlzeit einzuhalten. Ich mag Familienessen, aber nicht als Ersatz für Nähe. Nur weil eine Familie jeden Abend zusammen ißt, garantiert das noch keine Intimität. Zu viele Mahlzeiten werden in mürrischem Schweigen oder ärgerlichem Streit verbracht. Eine Familie, die nicht zusammen ißt, wird nicht auseinanderbrechen, wenn gemeinsam verbrachte Zeit als Priorität angesehen wird. Geht zusammen spazieren, in den Park, in ein Museum, ein Konzert, ins Kino.

• Richte einen «freien Abend» pro Woche ein. Jeder darf essen, was er will und wann er will. Tiefkühlpizza, Kuchen, Popcorn, alles ist erlaubt, nur keine negativen Urteile.

• «Familiensause»: Die Familie meines Freundes pflegt eine Tradition, die sie «Familiensause» nennen. Einmal im Jahr steigt die ganze Familie ins Auto, Eltern und drei Kinder, und fährt zum nächsten Eissalon. Dort sucht sich jeder die Sorte aus, im Hörnchen oder im Becher, die er essen will. Mit dem Eis in der Hand steigen sie wieder ins Auto, wo sie sitzen und schlecken. Nach der ersten Runde klettern sie wieder aus dem Auto, gehen noch einmal in den Eissalon und bestellen eine zweite Runde. Mit dem Eis in der Hand geht es zurück ins Auto, und wenn sie die zweite Runde verputzt haben, wieder zurück in die Eisdiele. Das geht so weiter, bis keiner auch nur den Gedanken an ein weiteres Eis mehr ertragen kann.

Als Rick mir davon erzählte, war ich restlos begeistert. Er berichtete, daß sie sich alle auf diesen Abend freuen, schon Wochen vorher, und nachher darüber sprechen. Als Familie gibt es ihnen etwas, worauf sie sich freuen können, eine vergnügte Zeit zusammen und die Erlaubnis, maßlos zu sein.

Die «Familiensause» als ein Weg, das Bedürfnis von Eltern und Kindern nach überschwenglichem Leichtsinn anzuerkennen. Es bedeutet harte Arbeit, das Kind in uns lebendig zu erhalten, aber ohne diese frische kindliche Vorstellungskraft wird das Leben schnell zu einer Folge von «Sollte man» und «Müßte man». Die «Familiensause» war nicht spontan, aber es gab der Spontaneität kindlichen Vergnügens Raum.

Auch unserem Bedürfnis, alle gesunden Ernährungsvorschriften beiseite zu lassen. Es war eine Möglichkeit für die Eltern, sagen zu können: «Wir wissen, wie gut Ballaststoffe, Gemüse und Proteine für euch sind. Aber wir wissen auch, daß es eine Last ist, immer darauf zu achten. Heute abend pfeifen wir auf alle Regeln. Heute abend können wir unsere Phantasie ausleben. Der heutige Abend gehört euch.»

Nette Eltern.

Ziel dieser Übungen ist es, deine Kinder zu ermutigen, Vertrauen in ihre Fähigkeit zu entwickeln, für sich selbst zu sorgen, ihre Gesundheit und ihren Körper zu respektieren und Vertrauen zu dir zu haben. Sie sollen spüren, daß du sie begleitest, mit ihnen gehst, anstatt sie zu verurteilen, ihnen zu predigen und an ihrer Selbständigkeit zu zweifeln. Aber zunächst mußt du genau auf deine eigenen Ängste in bezug auf deinen Körper achten; wenn du nicht glaubst, daß dein Körper dir sagen wird, wann und was du essen sollst, wird es schwierig, deine Kinder in diesem Glauben zu ermutigen. Um eine gesunde Beziehung zwischen deinem Kind, seinem Körper und der Ernährung zu fördern, mußt auch du anfangen, die Probleme Vertrauen, Körperbild und Selbstwert zu bearbeiten. Du mußt sie noch nicht gelöst haben; du kannst auch in einem Lernprozeß sein. Gemeinsame Basis ist die Offenheit für Entdeckungen und die Voraussetzung, daß du dich nicht als Autorität aufspielst. Du kannst ebensoviel von deinen Kindern lernen wie diese von dir.

Ich weiß, es gibt nur eine dünne Trennungslinie zwischen dem Wunsch, die eigenen Ernährungsvorstellungen nicht auf seine Kinder zu übertragen, und der Sorge, diese könnten sich von einer Diät aus Schokoladenriegeln und Hamburgern ernähren, wenn du sie entscheiden läßt. Aber Kinder sind weise Lehrer, wenn es um Ernährung geht.

Freunde und Teilnehmerinnen meiner Gruppen, die Kinder haben, erzählen, daß Kinder, bevor sie sich mit Negerküssen und Bonbons vollgestopft haben und bevor Nahrung mit Strafe und Belohnung befrachtet war, das essen, was ihr Körper wünscht und braucht. Heute wollen sie Blumenkohl oder Apfelmus, morgen Kartoffeln oder Käse. Sie wollen es, wenn sie hungrig sind, und wenn sie genug haben, schieben sie es weg, weil sie noch nicht gelernt haben, Essen an die Stelle von Trauer, Ärger oder Furcht zu setzen. Beobachte sie. Lerne von ihnen. Und versuche nach Möglichkeit, deine Ängste deinen Körper und dich selbst betreffend von ihrer heranwachsenden und verletzlichen Psyche fernzuhalten.

Ich sehe ja, was mit den Gruppenmitgliedern passiert, die spüren, daß jemand, in diesem Fall ich, an sie glaubt. Dieser Glaube bringt ein Selbstvertrauen hervor, das sich strahlenförmig ausbreitet. Sie fangen an, für sich selbst zu sorgen in einer Art und Weise, die sie nie für möglich hielten: Sie essen, was sie wollen, kleiden sich, wie sie wollen, sagen, was sie fühlen. Sie verändern sich tatsächlich von Woche zu Woche. Ihre Augen beginnen zu leuchten, ihre Gesichter sehen jünger aus.

Wenn sie spüren, daß ich an sie glaube, können sie sich selbst erlauben, an sich zu glauben.

Wenn deine Kinder spüren, daß du an sie glaubst, können auch sie an sich glauben und sich selbst vertrauen. Und sie werden nicht zwanzig Jahre später in meinem Wohnzimmer sitzen und erzählen müssen, wie ihre Mütter sie auf Diät setzten, als sie elf Jahre alt waren.

Eine Frau aus meinem achtwöchigen Workshop hat drei Kinder. Seit sie an meiner Gruppe teilnimmt, ißt sie, was sie will, setzt sich zum Essen hin, nimmt sich Zeit für sich. Und ihre Kinder machen es ihr nach. Eines ihrer Kinder, ein kleines Mädchen, aß unregelmäßig und brachte ihre halbgegessenen Schulbrote zurück nach Hause. Seit ihr die Mutter erlaubt, aus einer Anzahl von Nahrungsmitteln zu wählen, läßt sie nichts mehr übrig außer der Serviette.

Vor ein paar Abenden, als sie am Abendbrottisch saßen, marschierte ihre Tochter mit einem Schild herein. Darauf stand: «Nie mehr beim Essen lesen» und auf der Rückseite: «Nie mehr essen, was du nicht magst.» Die Mutter fand das ziemlich beeindruckend. Ich auch.

# Heimkehren zu den Eltern

Meine Mutter machte mich vor ein paar Jahren auf ein interessantes Phänomen aufmerksam. Mein Bruder und ich verhalten uns jedesmal gleich, wenn wir zu ihr kommen. Wir gehen sofort zum Kühlschrank, öffnen die Tür und schauen hinein. Wir öffnen das Gefrierfach, die Speisekammer und dann, wenn wir alles begutachtet haben, packen wir unsere Koffer aus und setzen uns zum Reden ins Wohnzimmer. Ganz gleich, wie lange wir nicht zu Hause oder wie weit wir weg waren, der Kühlschrank ist unsere erste Station. «Und», sagte meine Mutter, «es ist nicht so, als ob ihr etwas zum Essen suchtet. Ihr steht einfach da und schaut euch alles an. Ihr beide seid ganz schön merkwürdig.»

Als sie mich darauf aufmerksam machte, erkannte ich, daß Art und Menge der Nahrungsmittel im Kühlschrank meiner Mutter für mich so etwas wie Sicherheit bedeuten. In dem Haus, in dem ich aufwuchs, steht der Kühlschrank, um den herum ich aufwuchs und durch den ich rund wurde.

Bis vor vier Jahren standen meine Aufenthalte in New York unter dem Motto des Überessens, ob sie nun zwei Tage oder zwei Wochen dauerten. In der Woche, bevor ich losfuhr, sorgte ich mich, wieviel ich dort wieder essen würde, und gelobte mir, es diesmal anders zu machen. Einmal brachte ich, zusammen mit einer Freundin, eine Nacht damit zu, Rote-Beete-Saft zu kochen. Wir füllten damit zwei Thermoskannen und nahmen sie mit an Bord des Flugzeugs. Eine der Thermoskannen lief prompt aus und bekleckerte mein weißes Kleid, die beigefarbene Hose meiner Freundin und den hellblauen Rock der Frau neben uns. Die andere Kanne schaffte es noch bis zum Spülbecken in der Küche meiner Mutter; dort leerte ich sie in den Ausguß und verspeiste dabei dicke Stücke Butterkuchen aus der Konditorei. Ich hatte nicht nur zwei Thermoskannen in meinem Fluggepäck, sondern auch einen 25 Pfund schweren Entsafter, mit dem ich mir jeden Tag zum Frühstück ein Glas frisch gepreßten Karottensaft zubereiten wollte, anstatt einfach zuzulangen. Der Entsafter verschwand wenige Stunden nach meiner Ankunft im Keller, wo er seither Staub ansetzt, und für den Rest meines Aufenthalts aß ich Butter- und Käsekuchen aus dem Delikatessengeschäft.

Die Rückkehr ins Elternhaus wird leicht zu einer Zeit des unbewußten und übermäßigen Essens, wenn du nicht darauf vorbereitet bist, mit den Verhaltensweisen, die die Heimkehr aktiviert, differenziert umzugehen. Wenn ich einfach ins Haus meiner Mutter marschiere und nicht auf diesen Sog achte: «Geh zum Kühlschrank. Öffne die Tür. Iß.»

Als ich diese automatische Reaktion untersuchte, entdeckte ich folgendes:

● Mindestens eine Woche vor meinem Besuch fing ich an, mir Sorgen darüber zu machen, was ich alles bei meiner Mutter essen würde. Und manchmal, während ich mich sorgte, aß ich, nur um diese Sorge zu lindern. Ich sorgte mich darum, wie fett ich in New York würde. Wenn ich dann in New York war, fühlte ich mich schon fett, weil ich als Vorbereitung auf das, was ich essen würde, schon so viel gegessen hatte.

● Das Essen – zu Mittag, zu Abend, beim Ausgehen, bei Familientreffen – steht im Mittelpunkt der Zeit, die wir als Familie miteinander verbringen. Weil darum so viel Aufhebens gemacht wird, fällt es mir schwer, zu meiner Tante, die ein großes und erlesenes Abendessen vorbereitet hat, zu sagen: «Tut mir leid, Tante Luise, aber ich habe in den letzten drei Tagen mittags und abends genug riesige Mahlzeiten vertilgt. Ich weiß, du hast seit zwei Wochen dieses Essen vorbereitet und kochst seit einer Woche, aber ich bin nicht hungrig.»

● «Dies ist meine letzte Chance zu essen…» warme Brezel vom Verkaufsstand an der Ecke 35. und 7. Straße, heiße Pastrami-Sandwiches von Squire-Delikatessen, Butterkekse von Chocolate Chef.

● Wenn ich mich fett fühlte, wollte ich die Reise nicht antreten. Ich wollte nicht, daß mich meine Familie mit diesen Pfunden sah. Ich war befangen und schämte mich. Ich wollte nicht, daß mich alte Freunde sahen, mich häßlich fanden oder Mitleid mit mir hatten. Bei ein oder zwei Gelegenheiten entschied ich, nicht zu fahren. Aber meist fuhr ich doch, fühlte mich unbeholfen, befangen und häßlich und ging mit diesen Gefühlen um, wie ich mit allem umging – ich aß.

● Weil das Haus der Ort von so viel Einsamkeit und so vielen Eßanfällen war, weckt meine Anwesenheit Erinnerungen an diese Zeit. Es ist, als kehrte ich zurück in meine High-School-Zeit, als verwandelte ich mich plötzlich in das unbeholfene, befangene siebzehnjährige Mädchen, dessen Stimme zu schrill war, dessen Lächeln zu viele Zähne zeigte und das nie das Richtige sagen oder tun konnte, was auch immer es versuchte. Solche Erinnerungen sind wie dicker, erstickender Nebel, der sich auf mich legt, wenn ich zu Hause bin. Manchmal vergesse ich, wer ich heute bin, weil ich so sehr an das erinnert werde, was ich einmal war.

Die Tatsache, daß ich meilenweit entfernt bin von meinem jetzigen Leben und meinen gegenwärtigen Beziehungen, verstärkt das Gefühl eines Schwebezustands. Im Haus meiner Mutter bin ich wieder ihre Tochter. Die Tatsache, daß ich Autorin, Schriftstellerin, Grupppenleiterin, Freundin bin, rückt an die zweite Stelle hinter die ursprüngliche Beziehung von Mutter und Kind.

Letztes Jahr, während eines Besuchs, fühlte ich mich vom Leid meiner Mutter genauso aufgesogen, wie zu meiner High-School-Zeit. Zwei Tage aß ich wieder wie damals als Kind – rasend und ununterbrochen, bis ich Sara in Santa Cruz anrief, die mich daran erinnerte, daß ich nicht mehr elf oder zwölf oder siebzehn Jahre alt und von meiner Mutter abhängig bin.

Die Rückkehr ins Elternhaus erweckt die frühesten Assoziationen von Nahrung und Essen, von Liebe und Nahrung. Es ist kein Wunder, daß schon der Gedanke daran eine Kostellation von Gefühlen und Verhaltensweisen schafft, die wenig damit zu tun hat, wie du heute lebst.

Besinne dich darauf, daß du nicht länger das Kind bist, das bei den Eltern lebt.

1. Bereite dich auf den Besuch vor. Wenn es dir schwerfällt, dich darauf zu besinnen, wer du noch bist außer ihr Kind... schaffe dir ein paar Anhaltspunkte.
2. Nimm deine Lieblingsbücher mit, deinen Lieblingskissenbezug. Fange ein Tagebuch an.
3. Tue wenigstens einmal am Tag etwas, was du gern möchtest. Geh spazieren, ins Kino, verabrede dich mit einem Freund, nimm ein Bad. Verbringe Zeit allein. Stärke dich selbst.
4. Rufe Freunde zu Hause an. Nimm Kontakt auf zu deiner gegenwärtigen Realität.
5. Sei wählerisch beim Essen. Iß, wenn du hungrig bist, aber nur das, was du willst.

Wenn ich in New York bin und ein paar Tage lang zuviel gegessen habe, wächst in meinem Körper das Gefühl, als wäre er mit nassem Zement gefüllt, und das zieht ein Bündel von altvertrauten und deprimierenden Reaktionen nach sich: Ich ziehe mich zurück, bemitleide mich selbst, suche Bestätigung, wo immer ich sie finden kann. Ich fühle mich fett, häßlich und elend, ich fühle mich als Versager. Ich fühle mich wieder wie in der High-School. Sobald ich das spüre – das kann einen oder zwei Tage dauern –, bringe ich mich selbst in die Gegenwart zurück, indem ich genau darauf achte, was und wann ich esse. Wenn ich mit aller Kraft daran arbeite, es mir selbst besser gehen zu lassen, verschwindet das Gefühl, im Zement zu stecken.

Das Wichtigste, um mit der Heimkehr zu den Eltern richtig umgehen zu können, ist, sich der Schwierigkeit bewußt zu sein und den Abgrund zu sehen. Wenn du nicht vorbereitet bist (und mit Vorbereitung meine ich die Erkenntnis, daß nach Hause fahren eben nicht gleichbedeutend ist mit woanders hinfahren; alte Gefühle überraschen dich, überwältigen dich, erschrecken dich), dann führen diese Reaktionen in der Regel zurück zum Essen.

Noch ein paar Vorschläge, damit du deine Elternbesuche mit wachen Augen und lebendig überstehst, statt mit einem Körper, der sich anfühlt wie mit Eisenbeton gefüllt.

● Wenn du merkst, daß du in der Woche vor deiner Reise zwanghaft ißt, weil du Angst hast, zwanghaft zu essen, sobald du wieder bei deiner Familie bist, fange an, deine Nahrungsaufnahme aufzulisten. Wiederhole die Übungen in den ersten Kapiteln, die aufmerksames Essen erleichtern (summende und lockende Nahrungsmittel, die Hungerskala von eins bis zehn), und mache jeden Tag eine oder zwei Übungen. Wende dich der physischen Qualität der Nahrung zu und weg vom Grämen und Sorgen. Deine Sorgen schlagen sich in Überessen nieder, was wiederum zu Sorgen und erneutem Überessen führt. Versuche, wieder in Übereinstimmung mit deinen körperlichen Bedürfnissen zu essen, und prüfe, wovor du Angst hast.

Sprich darüber mit einem Freund, einer Freundin. Oder mache eine Liste: «Ich habe Angst, nach Hause zurückzukehren, weil...» Schließe für eine halbe Stunde die Augen und stelle dir deine Heimkehr vor. Was geschieht, wenn du zur Tür hereinkommst? Wo bist du besonders verletzbar?

Solange du zwanghaft ißt, richtet sich deine Sorge auf Nahrung.

Wenn du damit aufhörst, läßt du Raum, um die Sorgen und Befürchtungen zu entdecken, die dich zum Essen treiben. Wenn du sie entdeckt hast, ändern sie sich. Weil sie nicht länger verdrängte und unbenannte Ängste sind, kannst du mit ihnen umgehen, statt dich von ihnen beherrschen zu lassen.

● Falls sich viele Familientreffen auf Mahlzeiten konzentrieren, mache zwischendurch Spaziergänge. Ich gehe dann nach draußen, atme durch, trainiere. Vergegenwärtige dir, daß dein Körper sich mindestens so gut bewegen kann, wie er ißt. Suche dir höchst wählerisch aus, was du essen willst. Auch wenn du dich nicht für eine wählerische Esserin hältst, nun hast du die Chance, wie eines dieser schlaksigen, langbeinigen Wesen zu sein, mit denen du aufgewachsen bist und die von ihren Müttern mit Milchshakes und Keksen bestochen werden mußten. Iß nur das, was absolut göttlich und delikat aussieht. Es gibt keinen Grund, von allem zu nehmen. Du wirst keinen verletzen, wenn deinen «Ahs» und «Ohs» nur ein oder zwei Portionen folgen und nicht fünf oder sechs.

Wenn du nicht hungrig bist, erkläre das rücksichtsvoll (zum Beispiel: «Das Essen sieht köstlich aus, aber ich bin leider nicht hungrig. Macht es dir etwas aus, wenn ich davon eine Kostprobe mit nach Hause nehme?» Oder du kannst ein Häppchen auf deinem Teller hin- und herschieben, so daß es nach mehr aussieht und den Anschein erweckt, als ob du ißt. Oder du kannst lügen. Ich empfehle Lügen nicht als langfristige, wirkungsvolle Lösungen, weil ich es wichtig finde, daß du deine wahren Bedürfnisse und Wünsche ohne Scham äußerst. Aber viele Leute haben mir erzählt, daß sie Lügen hilfreich finden, wenn sie befürchten müssen, sonst die Gefühle anderer zu verletzen. Eine solche Notlüge könnte sein: «Mein Magen ist so empfindlich. Ich glaube nicht, daß es gut ist, jetzt zu essen.» Oder: «Mein Arzt sagt, daß mir dieses Nahrungsmittel nicht bekommt.» Oder: «Ich hatte eine Magenverstimmung, jetzt fühle ich mich zwar besser, aber ich kann noch nichts essen»).

● Wenn du Familienunternehmen mit planen kannst, mache alternative Vorschläge: Geht im Park spazieren, ins Kino, ins Museum, schaut euch alte Familienfilme an, stöbert in alten Fotoalben, spielt Scrabble oder andere Gesellschaftsspiele. Ich weiß, das ist ein riskanter Vorschlag, denn wenn man nicht kauen muß, könnte einiges zur Sprache kommen. Und vielleicht seid ihr, du und deine Familie, nicht gewohnt, über Gefühle zu sprechen. Aber Spiele erfordern deine ganze Aufmerksamkeit, ohne daß du dich elend fühlst.

• Warme Brezel von der Ecke 34. und 7. Straße sind immer da, wenn ich nach New York komme. Mich erfaßt geradezu eine Torschlußpanik, das zu essen, was es nur in New York gibt, wenn ich daran denke, daß ich bald wieder in Santa Cruz bin, wo es diese warmen Brezel nicht gibt. Wenn ich in Santa Cruz bin und mir nicht die Nahrung versage, die ich mag, kommt mir nie der Gedanke an warme Brezel von der Ecke 34. und 7. Straße.

Das alles geht zurück auf Entbehrungen und die Furcht, irgendwann in der Zukunft, wenn du hungrig, bedürftig und allein sein wirst, nicht genug zu bekommen. Wenn ich keinen Hunger auf eine Brezel habe, aber an einem Brezelstand eine kaufe, dann esse ich, um etwas zu horten für diesen imaginären Zeitpunkt, wenn ich nämlich eine Brezel will und sie nicht haben kann. Aber im wirklichen Leben, in Santa Cruz, gibt es viele gute Dinge zu essen, daß ich oft die Qual der Wahl habe. Da gibt es so viel, das ich haben kann, daß es mir gar nicht in den Sinn kommt, etwas zu wollen, das ich nicht bekommen kann.

Gegen die Gier, alles essen zu wollen, weil du es nie wieder bekommst:

1. Erinnere dich, daß es überall, wo du bist, gute Dinge zu essen gibt.
2. Frage dich, ob du hungrig bist.
3. Frage dich, ob du genau auf diese Sache Hunger hast.
4. Lautet die Antwort ja, gibt es keinen Konflikt.
5. Lautet die Antwort nein, hast du zwei Möglichkeiten:
   Du kannst dich entscheiden zu essen oder es zu lassen. Dies sind die schwierigsten Augenblicke. Du weißt, du bist nicht hungrig, aber du spürst die Kraft in deinem Körper, die fordert: «Mach los, schnell, bevor dich etwas oder jemand bremst. Iß es jetzt.»
   Die Spannung in diesen Augenblicken kann so unerträglich sein, daß du ißt, um sie zu mindern. Genau jetzt brauchst du eine Möglichkeit, dir zu vergegenwärtigen, daß dies nicht deine letzte Chance ist, wohlschmeckende Speisen zu bekommen. Wenn du absolut versessen auf diese spezielle Sache bist, werde etwas ruhiger und nimm deine bevorzugten Leckereien mit nach Hause. Iß sie morgen oder in den nächsten Tagen, dann, wenn du hungrig bist. Denk an all die

guten Sachen, die du zu Hause ißt. Wenn du ißt, was du willst, ganz gleich, wo du bist oder was es ist, und du achtest auf die Nahrung, ihren Geschmack und ihre Beschaffenheit, wenn du dir Befriedigung gönnst, dann mußt du nicht mehr und mehr essen, weil du es eventuell nächste Woche nicht bekommen kannst. Befriedigung ist eine totale Erfahrung; wenn du wirklich befriedigt bist, fehlt dir nichts. Die Vorstellung, etwas zu wollen, weil du es nächste Woche nicht kriegen kannst, bezieht sich nicht auf Befriedigung. Wünschen geht in die Zukunft, Befriedigung ist Gegenwart. Wünschen konzentriert sich auf das, was du nicht hast. Befriedigung nimmt wahr, was du hast, und läßt es genug sein.

• Ich möchte nicht, daß mich meine Freunde, meine Familie mit diesem Umfang sehen...
Das ist das Härteste.
Vor einigen Jahren gab meine Mutter zu ihrem 50. Geburtstag eine große Party und bat mich, nach New York herüberzufliegen. Zu dieser Zeit war ich so dick wie nie zuvor in meinem Leben. Ich wußte, auf dieser Party würde ich Leute wiedersehen, die ich seit meiner frühen Kindheit kannte, und die sich, als sie mich zuletzt sahen, kritisch darüber geäußert hatten, wie dünn ich war. Ich war damals magersüchtig und wog 90 Pfund. Der Gedanke, eben diesen Leuten zu begegnen, über die Hälfte schwerer als damals, war demütigend. Ich überlegte, ob ich meiner Mutter die Wahrheit sagen oder Krankheit oder Arbeit vortäuschen sollte. Schließlich entschied ich mich zu fahren, weil es meiner Mutter viel bedeutete und weil ich zu der Zeit den Glauben an Diäten verloren und angefangen hatte, die wohltuenden Seiten meines Übergewichts zu entdecken. Zu ihnen wollte ich eine Beziehung entwickeln und mich so wohl fühlen, wie ich war, trotz meines Übergewichts.
Meine Cousine kam, die gerade 25 Pfund abgenommen hatte und Kleidergröße 36 trug. Meine Mutter mit ihren schmalen Hüften und langen Beinen trug ebenfalls Größe 36. Ich zog das zeltähnlichste Kleid an, das ich besaß, und ging in das Wohnzimmer voller Leute. Zwar kam niemand geradewegs auf mich zu und rief: «Mein Gott, du hast 60 Pfund zugenommen, seit wir uns das letzte Mal gesehen haben.» Aber ich beobachtete ihre Blicke, ihren Gesichtsausdruck und stellte mir die Abscheu dahinter vor. Ich verbrachte einen unglücklichen, verkrampften Abend.

Ich habe keinen Sack voller Tricks, um mit solchen Situationen umgehen zu können. Ich kann dich nur ermutigen, mit diesem Leid zu arbeiten und auf dich zu achten. Wenn du dir selber treu bleiben kannst, wenn du leidest und dich nicht im Stich läßt, indem du ißt, dann kannst du das Leid als Vehikel der Selbsterfahrung nutzen.

Das Schwierigste, wenn du Leuten gegenübertrittst, ist, sich vorzustellen, was sie denken. Zweierlei trifft auf die Urteile von Leuten zu:

1. Die meisten Leute kümmern sich nicht darum, wie du aussiehst. Sie merken vielleicht, daß du zugenommen hast und wundern sich darüber, aber dann wenden sie sich anderen Dingen zu. Die meisten Leute machen sich viel mehr Sorgen darüber, wie sie selbst aussehen und was andere Leute über sie denken, als daß sie Zeit auf dich verwenden. Das Gewicht anderer ist kein Thema für sie, und sie spekulieren nicht darüber, warum du zugenommen hast, oder passen auf, wieviel Kuchen du ißt. Für die meisten Leute – alle, die nicht zu deinen Vertrauten gehören – bist du nur ein Teil der ganzen Veranstaltung.

2. Wenn jemand negativ über dich urteilt, ist dieses Urteil eine Spiegelung seiner selbst und seiner Werte; es hat wenig mit dir zu tun.

Die einzigen Leute, die dich prüfen und zu schwer befinden, sind die, die sich um ihr eigenes Gewicht sorgen. Nur jemand, der braune Augen hat und diese Farbe haßt, haßt das Braun der Augen eines anderen.

Ich hatte die Gewohnheit, mir schwergewichtige Leute anzuschauen und mich zu fragen, wie sie sich so gehenlassen konnten. Ich fand Fett abstoßend.

Nun schaue ich mir dicke Leute an und möchte eine Verbindung zu ihnen herstellen.

Als ich aufhörte, mich selbst zu verurteilen, hörte ich auf, sie zu verurteilen. Meine Reaktion auf ihr Gewicht ist ein Indikator dafür, wie ich möglicherweise auf mein eigenes Gewicht einzugehen gelernt habe – mit Achtsamkeit und Zuwendung.

Das größte Leid, das durch die Urteile anderer verursacht wird, entspringt unserer Überzeugung, daß diese Urteile wahr sind und den Folgerungen die wir daraus ziehen.

Leslie erzählte in der Gruppe, daß sie Weihnachten nicht nach Hause wollte, weil sie seit dem letzten Familientreffen 20 Pfund zugenommen hatte. Sie sagte: «Sie werden denken, ich habe mich nicht unter Kontrolle. Sie finden mich schrecklich.» Ich fragte sie, was es für sie bedeute, 20 Pfund zugenommen zu haben. Sie antwortete langsam: «Daß etwas mit mir nicht stimmt.»

Leslie hat die Urteile der anderen verinnerlicht und sieht in ihnen ständige Beweise ihrer eigenen Wertlosigkeit. Ihrer Familie gegenüberzutreten bedeutet, mit der eigenen Unzulänglichkeit konfrontiert zu werden. Das Schlimmste an diesem Wiedersehen waren nicht die Gefühle der Familie ihr gegenüber, sondern ihre eigenen Gefühle sich selbst gegenüber. Die anderen müssen nicht mit ihrem Körper leben. Sie können ihn ansehen, ihn verurteilen, dann weitergehen. Sie ist es, die mit sich selbst erwacht, mit sich durch den Tag kommen muß, mit sich einschlafen muß. Und ihre Urteile über sich selbst machen es entweder leicht aufzuwachen oder schwer.

Wieweit geht dein Gewicht wirklich jemanden etwas an? Und wie lange, denkst du, werden sie es gegen dich verwenden?

Werden sie morgen aufwachen und daran denken, wie dick du bist?

Werden sie sich beim Frühstück daran erinnern, wie dick du bist?

Werden sie es ihren Freunden erzählen?

Und falls sie das tun, wie wird sich das auf das Leben ihrer Freunde auswirken?

Früher, wenn du jemanden nach seinem Gewicht beurteilt hast, was genau hast du gedacht?

Wie hängt das mit deinen Gefühlen über dein eigenes Gewicht zusammen?

Hielt diese Meinung über sie den ganzen Tag an?

Die ganze Woche? Hat es deine Gefühle für sie beeinflußt?

Inwiefern?

Du bist kein Monster, und du hast auch nicht gesündigt. Ganz gleich, wie unbeholfen, schwer oder häßlich du dich fühlst, du verdienst es, dich selbst mit Freundlichkeit und Respekt zu behandeln.

Hier ein paar Hinweise; wie du freundlich zu dir sein kannst:

• Wenn du deine Familie oder Freunde besuchst, die dich nicht mehr gesehen haben, seit du zugenommen hast, trage Kleider, die du magst. Wenn du nichts besitzt, was dir in deiner gegenwärtigen Kleidergröße paßt, kaufe dir etwas.

• Denke vorher darüber nach, wie du dich verhalten würdest, wenn du dünner wärst. Wie würdest du gehen, reden, essen? Also gehe, rede und iß genauso.

• Unternimm vor dem Treffen etwas, das dich stärkt; verbringe einige Zeit so, daß du dich wohl fühlst. Denke daran, daß du mehr bist als dein Gewicht. Du bist die Person, die zuhört und liebt, redet, lacht und weint. Und nebenbei hast du eben auch noch ein bestimmtes Gewicht.

• Suche dir bei solchen Familientreffen eine Person, mit der du dich gern unterhältst. Such dir jemanden, mit dem du ein lohnendes Gespräch führen kannst. Sprich nicht darüber, wie dick oder unglücklich du bist. Entschuldige dich nicht für dich. Du mußt nichts entschuldigen. Versuche über die Äußerlichkeit, wie du aussiehst, hinweg zu wichtigen Dingen zu gelangen, die zwischen Menschen passieren: das Kennenlernen, die Begegnung, der Austausch von Ideen und Gefühlen.

• Wenn du hungrig bist, iß das, was du willst, keine Karotten- oder Selleriescheibchen, wenn du Salzstangen und Käse möchtest. Das gibt dir nur das Gefühl, du müßtest dich verstecken, und das bereitet den Boden für einen mitternächtlichen Eßanfall, in dessen Verlauf du dann über all das herfällst, was du vorher essen wolltest.

# 7. Essen in Gesellschaft:
## Im Restaurant, auf Parties und im Urlaub

Von allen Übungen in einem Breaking Free-Workshop ruft der Plan, ein gemeinsames Essen zu veranstalten, die vehementesten Reaktionen hervor. Kaum habe ich erwähnt, daß wir nächste Woche zusammen essen werden, entsteht Aufruhr und Uneinigkeit im Raum. Alle haben etwas Gewichtiges zu sagen. Vor zwei Wochen sagte eine Frau: «Ich zahle doch nicht mein gutes Geld, um hier herumzufressen.» Eine andere nickte dazu. Eine Frau fragte: «Wann genau werden wir essen, wie lange wird es dauern, und was machen wir hinterher? Ich möchte nicht zum Essen kommen, ich komme, wenn es vorbei ist.» Weiter: «Ich komme nicht hierher, um zwanghaft zu essen. Ich kam hierher, um zu lernen, es nicht zu tun.»

Schon der Gedanke an ein gemeinsames Essen wirkt, als ob man eine Bombe in einen Raum wirft und zusieht, wie alles durch die Gegend fliegt. Wir reden und reden, über Essen und Ernährung, unseren Körper, aber sobald die Möglichkeit auftaucht, genau das zu tun, worüber wir geredet haben, erschrecken wir. Als sollten wir uns vor Fremden nackt ausziehen. Keiner will das, und alle sind wütend auf mich, nur weil ich es vorgeschlagen habe. Für viele von uns ist Essen unser privates Gesicht. Das ganze Umfeld der Ernährung – wie wir essen, wann wir essen, wo und mit welchem Drang, die Nahrung selbst – ist der Teil unseres Selbst, den wir für uns behalten. Oft ist es der Teil, über den wir sagen: «Wenn sie wirklich wüßten, wie und was ich esse, wären sie angewidert. Sie würden mich nicht mehr lieben...» Das nächtliche Essen, wenn alle schlafen, die verstohlenen Bissen, die heimlichen Ausflüge zum Kühlschrank. Der Teil von uns, der nie ans Tageslicht kommt.

In einer Gruppe, die Geheimnisse aufdeckt und thematisiert, ist es schwierig, sich zu verstecken. Mit Leuten außerhalb der Gruppe zu essen ist leichter, denen kann man etwas vormachen. Du kannst Hüttenkäse und Salat essen, und sie werden denken, du hältst Diät. Dann kannst du nach Hause gehen und zuschlagen. Nicht so in einem Breaking Free-Workshop.

Viele Frauen sind berufsmäßig Gebende. Als Mütter, Ehefrauen und Karrierefrauen können sie sich oft nur beim Essen entspannen, die einzige Zeit, die sie allein verbringen.

Als ich jünger war, glaubte ich, daß Verliebtsein bedeute, keine Geheimnisse mehr zu haben. Verliebtsein bedeutete, sich aufzugeben, sich wegzugeben, sich zu ergeben. Ich fragte mich, wie es verliebte Leute aushielten, auch nur eine Stunde getrennt zu sein.

Dann begann ich mich zu verlieben. Und für drei Wochen gab ich mich auf, gab ich mich weg, ergab ich mich. In jeder Beziehung. In den seltensten Fällen dauerte es drei Monate. Dann verursachte mir die Art, wie er sein Müsli kaute, und die Rücksichtslosigkeit, mit der er die Seiten der Zeitung umblätterte, eine Gänsehaut. Ich fühlte mich von ihm abgestoßen, fand seine Füße zu groß, seine Augen zu klein. In zwanzig Jahren würde er eine Glatze haben, und ich wollte keinen Glatzkopf, also vergiß es. Wenn die Beziehung endete, gab ich mir die Schuld und glaubte, daß ich dazu verdammt sei, als Jungfrau zu enden, und Jungfrauen waren zu zickig. Niemand hatte mir je erzählt – oder wenn, dann hatte ich es vergessen –, daß es mir erlaubt war, verliebt zu sein und gleichzeitig allein. Alleinsein zu wollen, das war für mich wie: «Ich liebe dich nicht mehr», und meist sagte ich auch genau das, wenn ich eigentlich nur eine Zeitlang allein sein wollte.

Vor einigen Jahren sagte mir meine Mutter: «Es gibt Dinge, die ich niemandem erzähle, einen Teil, den ich auch von Dick getrennt halte, von dir, von meinen Freunden. Ich brauche das.» Ich fragte mich, so wie ich mich jetzt frage: Wenn Einsamkeit erkannt und verteidigt würde als das Bedürfnis, in uns zu gehen, uns zu erlauben, in der warmen Dunkelheit unseres Selbst zu versinken, wie das Baby im Mutterleib, umgeben von Dunkelheit und Flüssigkeit, ob dann auch so viele Leute heimlich zwanghaft essen würden. Ich frage mich, ob das Essen ein Symbol ist für unser Bedürfnis, ein Gesicht zu haben, das niemand sieht.

Wenn sich alle geäußert haben, die nicht in der Gruppe essen wollen, sage ich ihnen, daß ich ihren Widerstand verstehen kann, aber daß wir es dennoch tun werden. Wir beschließen die Speisenfolge und wer was mitbringen soll. Am Nachmittag vor dem Essen erreichen mich unweigerlich drei Telefonanrufe von Teilnehmerinnen, die plötzlich und unerklärlich erkrankt sind. Ich sage ihnen, sie sollen trotzdem kommen. Und dann kommt das Essen und gute Düfte wehen durch das Haus. Der Tisch füllt sich langsam mit Speisen in allen möglichen Farben und Zusammensetzungen; die Aufregung im Raum ist fühlbar. Wir sitzen ein Stück vom Tisch entfernt und entspannen uns durch eine Übung, die uns ein Gefühl für unseren Körper vermitteln soll. Wir sprechen darüber, wie hungrig wir sind, wie wir uns fühlen angesichts von so viel Nahrung im Raum, welche Sorgen, Befürchtungen und Ängste wir haben, und dann ist es Zeit zu essen. Und wir gehen zu Tisch, schnuppern und betrachten die Speisen. Jede beschreibt, was sie mitgebracht hat und wie es zubereitet wurde.

Ich sage allen, sie könnten drei verschiedene Speisen auf ihren Teller häufen und sich hinsetzen. Und das schlägt dem Faß den Boden aus: «Drei? Nur drei? Das ist lächerlich. Jetzt gehst du entschieden zu weit.» Ich frage, was sie denn erwartet haben in einer Gruppe für zwanghafte Esser? Daß sie kommen können und drauflos futtern? Alle kichern – ja, das hatten sie erwartet. Weil das genau das ist, was sie tun, wenn es um sie herum eine Menge Leute gibt: Sie fallen ins Unbewußte zurück, vergessen alles, außer Essen in ihren Mund zu stopfen. Als hätten sie keine Wahl. Als bedeute Essen mit anderen, zwanghaft zu essen.

Während des Essens machen wir viele Übungen, die in den vorherigen Kapiteln beschrieben wurden (z. B. zwischen den Bissen die Gabel niederlegen, sich auf den Geschmack, die Beschaffenheit und Temperatur der Nahrungsmittel konzentrieren, den Grad der eigenen Befriedigung überprüfen, Reste des Essens auf dem Teller zurücklassen), und einige, auf die ich in diesem Kapitel eingehe.

Das Essen ist hervorragend und entwickelt sich zu einem Höhepunkt des Workshops.

Die Erfahrung des gemeinsamen Essens in der Gruppe lehrt die Beteiligten, daß sie vor anderen essen können, ohne sich schämen zu müssen, wenn sie Kuchen, Kekse, Kartoffeln oder Brot essen. Sie lernen die Freude an einer gemeinsamen Mahlzeit kennen und die Freude, sich auch hinterher noch gut zu fühlen. Wenn sie das erst einmal erprobt haben, können sie es wieder versuchen. Und wenn sie es wieder tun können, können sie es auch viele Male wiederholen.

In folgenden Übungen, Anregungen und Vorschlägen, die dich anleiten sollen, wie du angenehm mit anderen zusammen essen und doch dich selber mögen kannst. Sie sind dazu gedacht, dir zu helfen, Essen in Gesellschaft – auf Parties, im Restaurant, am Büfett, im Freundeskreis – in eine vergnügliche, selbstbejahende Erfahrung zu verwandeln.

## Die Bedeutung des Alleinseins

Erkunde den Teil in dir, der niemandem außer dir gehört, und nimm dir Zeit, ihn zu erkunden, so daß zwanghaftes Essen nicht länger verknüpft bleibt mit dem Bedürfnis nach Alleinsein.

Wenn wir an geselligem Essen Vergnügen finden wollen, müssen wir nicht nur das Bedürfnis zur Kenntnis nehmen, allein essen zu wollen, sondern auch die Tatsache und den Zustand des Alleinseins selbst. Wenn wir uns in der Gesellschaft anderer zufrieden und ausgeglichen fühlen wollen, müssen wir erst Zufriedenheit und Ausgeglichenheit in uns selbst finden. Aber weil die Entwicklung dieser Zufriedenheit, die am Anfang nur dann stattfinden kann, wenn wir allein sind, in unserer Kultur nicht sehr hoch geschätzt wird, wird das Bedürfnis danach in das Unbewußte verdrängt und drückt sich dann in verdrehtem und gewundenem Verhalten aus. Verstohlenes Essen. Herzklopfen, wenn du nachts allein ißt, was du finden kannst, bevor jemand dich findet. Wie das Bedürfnis nach Verschwendung wird auch das Verlangen nach Alleinsein nicht für notwendig gehalten, und wie Verschwendung wird auch Alleinsein verknüpft mit etwas, das notwendig ist – mit Nahrung.

Auch wenn sie eng verknüpft sind, Alleinsein und Verschwendung sind keine Synonyme. Verschwendung ist eine Art von «Zeitverschwendung», sie erlaubt und billigt die Notwendigkeit, gelegentlich unproduktiv zu sein. Es ist eine Möglichkeit, einmal Urlaub von der Routine der täglichen Anforderungen des Lebens zu machen. Alleinsein ist kein Vergessen, es ist Erinnern. Es ist die Zeit, die du dir nimmst, um in dein Selbst einzutauchen, dir zu vergegenwärtigen, daß du voll und ganz bist, auch wenn du nicht in Beziehung zu jemand anderem stehst. Du kannst deine Zeit damit verbringen, im Haus herumzuwerkeln, Musik zu hören, auf dem Bett zu liegen, die Blumen zu gießen oder ein Tagebuch zu schreiben.

• Iß alle paar Tage eine Mahlzeit allein und achte sorgfältig auf den ganzen Vorgang des Essens, Schmeckens, Kauens und Schluckens. Iß, was du willst und wie du willst. Kalte Spaghetti, Käsetoast. Achte darauf, wie es ist, wenn du ohne Gesprächspartner ißt und ohne alles, worauf du dich sonst konzentrieren kannst.

• Iß allein in einem Restaurant. Geh in ein Lokal, in dem du dich wohl fühlst. Achte auf jede Art von Befangenheit, die du spürst, wenn du allein ißt. Denkst du, die Leute starren dich an, fragen sich, warum du allein bist? Denkst du, sie haben Mitleid mit dir? (Achte auf die Vorurteile, die du über das Alleinsein hast: Vielleicht denkst du, andere haben sie, weil du sie selber hast.)

Wie ist das für dich, in einem Restaurant zu sitzen, einem von Natur aus geselligen Ort, und zu schweigen? Nutze die Gelegenheit, dich umzuschauen. Was siehst du? Kannst du ganz in dir ruhen, ohne Sorge, was andere Leute sagen, und darauf achten, was du denkst, fühlst, wahrnimmst?

Wie schmeckt dir das Essen? Konzentriere dich auf seine Beschaffenheit, Konsistenz, die Gewürze. Schmeckt es dir besser, wenn du allein bist, oder genießt du es mehr, wenn du jemanden hast, mit dem du darüber reden kannst? Wie beeinflußt das Alleinsein deine Freude am Essen?

Iß wenigstens dreimal allein in einem Restaurant. Die ersten beiden Male bist du vielleicht zu befangen, um es zu genießen. Beim drittenmal wirst du wissen, ob du diese Erfahrung genießen kannst. Wenn du es nicht kannst, dann kannst du es eben nicht. Dann hast du immerhin erfahren, wie du dich fühlst, wenn du allein in einem Restaurant ißt und was du über das Alleinsein denkst, indem du dir ausgemalt hast, was andere denken.

• Nimm dir jeden Tag Zeit für dein Alleinsein (eine Viertelstunde, eine Stunde). Schweige, gehe in dich. Wenn du über ein unmittelbares Ziel nachdenken willst – oder eins, das du in sechs Jahren erreichen willst, oder ein Lebensziel –, tue das. Erkunde dich selbst, wie du bist, was du tust, was du willst. Akzeptiere den Teil in dir, der nur für dich da ist. Respektiere dein Bedürfnis nach Zurückgezogenheit.

# Essen im Restaurant

Letzte Woche ging ich mit Freunden zum Essen in ein wunderschönes französisches Restaurant. Das Brot kam – es war kalt. Ich winkte den Kellner herbei und bat ihn, es zurückzunehmen und aufwärmen zu lassen. «Selbstverständlich», sagte er. Eine meiner Freundinnen schaute mich an und meinte: «Ich wollte auch warmes Brot, aber ich hätte nie daran gedacht, darum zu bitten. Ich glaube, das ist es, was dir die Leitung deiner Workshops gibt – Mut!»

Auswärts Essen ist ein besonderer Genuß, für den du Geld zahlen mußt. Wenn du nicht sicher bist, wie eine bestimmte Speise zubereitet wird, frage. Schaue die Bedienung an, laß dir erklären, was sie wissen. Wenn du höflich, aber bestimmt bist, wirst du herausbekommen, was du wissen willst und es wird dir entscheiden helfen, was du essen willst.

Wenn du mit Freunden ein Restaurant besuchst, kläre für dich, wo du hin willst, was du essen willst, triff deine erste Wahl; deine Vorlieben und Wünsche sind nicht weniger wichtig, als die von jemandem, der Größe 36 trägt und 110 Pfund wiegt. Sage, was du willst, aber bleibe kompromißbereit; manchmal wird es nach deinen Wünschen gehen, manchmal nicht.

Wenn du ein Restaurant betrittst und es spontan nicht magst – die ganze Atmosphäre, den Geruch, die Gefühle, die du im gleichen Moment hast –, habe keine Angst, deiner Begleitung das mitzuteilen. Jedesmal, wenn ich den Mund aufmachte (wenn auch zaghaft, denn es ist peinlich zu äußern: «Etwas ist merkwürdig hier. Hier möchte ich nicht bleiben»; man kommt sich albern, lästig, überempfindlich vor) und sagte, wie ich mich fühlte, akzeptierte meine Begleitung das und wir gingen. Und wenn ich mit jemandem zusammen war, der sagte: «Laß uns gehen. Mir gefällt es hier nicht», war ich immer froh, daß man es mir sagte. Auch wenn ich diese Empfindungen nicht teile, es ist nicht vergnüglich oder entspannend, mit jemandem zu essen, der sich in einer bestimmten Umgebung unwohl fühlt.

Wenn du dich entschieden hast zu bleiben, studiere die Speisekarte und wähle das, was dir unmittelbar zusagt. Überlege nicht hin und her: «Tja, eigentlich möchte ich einen Schinken-Käse-Toast, aber den kann ich auch zu Hause essen, also bestelle ich mir Lachs.» Oder: «Am liebsten hätte ich eine Frikadelle, aber ich habe gehört, ihre Spezialität ist Sauerbraten. Dann nehme ich lieber den.» Im Restaurant ißt du dann zwar deinen Lachs oder Sauerbraten, aber sobald du zu Hause bist oder mitten in der Nacht, wirst du den Schinken-Käse-Toast verputzen oder eine Frikadelle. Oder aber du ißt den Lachs oder den Sauerbraten, fühlst dich nicht befriedigt und ißt immer weiter, fühlst dich immer voller, aber nicht befriedigt.

Noch ein paar Vorschläge (einige wurden schon in den vorhergehenden Kapiteln erwähnt):

1. Rede nicht über Themen, die emotional oder beruflich belastend sind. Führe lockere Tischgespräche, so daß sich dein Körper mit der Nahrung beschäftigt und nicht mit der Psyche.
2. Gönne dir auch etwas Ruhe während der Mahlzeit, so daß ihr beide oder ihr alle das Essen und auch die Geselligkeit genießen könnt.
3. Achte sorgfältig darauf, wann dein Körper «genug» signalisiert. Denke daran, daß die Portionen in einem Restaurant nicht alle auf die Größe deines Magens abgestimmt sind.
4. Wenn du dein Essen nicht ganz verzehrt hast, laß es abräumen, damit du nicht weiter in den Resten herumstocherst (oder frage nach einer Restetüte für den Hund).

## Einladungen zum Essen

Wenn du Leute zum Abendessen eingeladen hast und willst das Essen mit ihnen genießen, dann nasche nicht schon am Herd, bevor die Gäste kommen. Bitte jemanden, für dich abzuschmecken, oder stelle die Gewürze auf den Tisch. Es ist sehr verlockend, eine alte Gewohnheit, am Herd zu stehen und zu naschen. Aber es ist auch möglich, das nicht zu tun, wenn du dir klarmachst, daß du Anspruch darauf hast, dich gemeinsam mit deinen Gästen zu Tisch zu setzen und mit Appetit und Vergnügen zu essen.

Wenn du hungrig bist, iß vor dem Kochen. Iß etwas, was du wirklich magst, etwas, das dich befriedigen wird.

Meistens sind wir mit der Vorbereitung des Essens derart beschäftigt und vom ständigen Naschen dann so satt, daß wir unsere eigenen Parties höchst selten genießen können. Wir sorgen uns so darum, ob unser Essen auch allen schmeckt, daß wir am Ende des Abends vor lauter

Bemühungen völlig erschöpft sind. Um das zu kompensieren, finden wir uns in der Küche wieder und essen, was noch übrig ist.

Wenn du feststellst, daß du vor dem Essen naschst und probierst oder dich später über die Reste hermachst, kannst du dich natürlich fragen, was da passiert. «Nach welchen Vorstellungen handle ich, wenn es um mein Recht geht, eine Mahlzeit einzunehmen?» (Etwa: «Mahlzeiten sind für schlanke Menschen, nicht für mich?») Manchmal kannst du ein paar Augenblicke innehalten und das Unausgesprochene aussprechen. Manchmal kannst du das nicht. Manchmal ist die Macht der alten Gewohnheiten so stark, daß es unmöglich erscheint, sie zu brechen. Du willst auch gar nicht innehalten; du willst gar nicht wahr haben, warum du tust, was du tust. Dann halte dich auch nicht zurück. Sich freimachen soll nicht in physische oder seelische Tortur ausarten. Aber später, wenn du dich beruhigt hast, frage dich, ob dir das Essen geschmeckt hat, ob du das Essen auf diese Art genossen hast. Frage dich, wie sich dein Körper gefühlt hat, während du gegessen hast – klopfte dein Herz, hattest du das Gefühl, du müßtest schnell essen? Was ist mit der Mahlzeit selber – hast du sie genossen? Welche Gefühle hattest du von dir selbst und deinem Körper, als die Gäste anwesend waren?

Sei ehrlich dir selbst gegenüber. Versuche nicht, die Antworten in die eine oder andere Richtung zu drängen. Vielleicht hast du in deinem Leben eine Menge genascht, eine lange, besonders denkwürdige und angenehme Zeit. Vielleicht weckt das Naschen diese Erinnerungen. Der Zweck, sich der Entscheidungen bewußt zu werden, auf die du deine Handlungen gründest, liegt nicht darin, die eine oder andere Entscheidung oder Handlung einer vorgefaßten Meinung entsprechend zu ändern. Vielmehr sollst du für dich selber herausfinden, ob bestimmte Entscheidungen noch Bedeutung für dich haben und ob die Handlungen, auf denen sie basieren, gut für dein Leben sind.

Wenn das Essen auf dem Tisch steht, setze dich zu deinen Gästen. Schau dir das Essen an, das du vorbereitet hast; schau es dir richtig an. Du hast es geplant und zubereitet; jetzt kannst du zur Ruhe kommen. Wenn du hungrig bist, häufe auf deinen Teller, was du möchtest und iß es. Wenn du nicht hungrig bist, entscheide, wie du am besten mit der Situation umgehen kannst. Du kannst ein wenig von zwei oder drei Sachen probieren. Oder du kannst einfach sagen: «Ich habe gerade keinen Hunger.» Was du auch tust, tue es so, daß du dich nicht beraubt fühlst und dich nicht, wenn alle gegangen sind, in der Küche bei den Essensresten wiederfindest.

Wenn alle gegangen sind und es ist Essen übriggeblieben, hast du verschiedene Möglichkeiten. Du kannst: 1. morgen abspülen; 2. noch am Abend nach der Party abspülen.

Aber paß auf! Wenn du dich beraubt fühlst (d. h. wenn du das Essen nicht wirklich genossen hast oder nicht gegessen hast, was du wolltest oder schon vor der Mahlzeit so satt warst, daß du nicht mitessen konntest), besteht in dieser Zeit große Gefahr, einen Eßanfall zu bekommen. All diese leckeren Sachen schauen dich an. Und keiner ist da, der beobachtet, wieviel du ißt.

Einige Vorschläge, um die magnetische Kraft zu bannen, die dich in die Küche zieht:

• Wenn alle gegangen sind, nimm dir Zeit für dich. Tu etwas Beruhigendes, etwas Erfreuliches. Mache einen Spaziergang, nimm ein Bad. Setz dich in den Schaukelstuhl, lies eine Illustrierte oder einen Roman. Lenke deine Aufmerksamkeit vom Essen ab, indem du dir klarmachst, daß du auch an anderen Dingen Vergnügen findest.

• Wenn du hungrig bist (nicht nur hungrig sein willst), stelle dir auf deinem eigenen Teller etwas zusammen, setz dich an den Tisch und iß, nicht im Stehen und nicht von fremden Tellern.

• Wenn du nicht hungrig bist, aber entschlossen zu essen, nimm zwei oder drei kleine Häppchen, aber von einem sauberen Teller; setz dich an den Tisch und iß.

• Wenn du nicht hungrig bist, dich aber beraubt fühlst und essen willst, denke daran, daß du all dieses Essen in deine Küche geschafft hast, um es zu essen, wenn du hungrig bist. Und das wird eher sein, als du denkst.

Wenn du zu einer Party oder zu einem Essen eingeladen bist...

• Trage ein Kleidungsstück, das Taschen hat, damit du mit deinen Händen noch etwas anderes tun kannst, als nach Essen zu greifen.

● Wenn du ausgehungert bist, bevor du gehst, iß eine Kleinigkeit, um dem Hunger die Spitze zu nehmen (es ist nie gut, den Hunger so groß werden zu lassen, daß du alles mögliche ißt. Vielleicht triffst du bei deinen Gastgebern ein und stellst fest, daß das Essen erst in zwei Stunden serviert wird!).

● Wenn es ein Büfett gibt, geh hin und schau dir die Speisen an. Was sagt dir unmittelbar zu? Falls du neugierig wirst, frage, wie die Speisen zubereitet sind. Die Leute freuen sich normalerweise, wenn jemand ihre Arbeit würdigt, und erzählen gern, wofür sie bei der Zubereitung Zeit gebraucht haben. Beginne, dir eine Portion von drei verschiedenen Sachen auf den Teller zu häufen. Du kannst dir mehr holen, wenn du willst, aber fange mit drei an. Auf diese Weise kannst du dich auf den Geschmack der unterschiedlichen Speisen konzentrieren, während du dir selbst die Botschaft vermitteln kannst, daß du deinen Hunger im Zaum halten kannst, statt von ihm überwältigt zu werden.

Setzte dich irgendwohin, wo du essen kannst, statt zu reden; du wirst später noch genug Zeit zum Reden haben. Jetzt solltest du nur das Essen schmecken und genießen. Du mußt dich nicht allein in eine Ecke verkriechen und allen anderen den Rücken zukehren, aber du kannst bewußt Gespräche und Ablenkung einschränken mit dem Ziel, dir selbst das ungeteilte Vergnügen des Essens zu gestatten.

Wenn du immer noch hungrig bist, nachdem du deinen Teller leergegessen hast, hole dir mehr. Aber beschränke dich wieder auf drei Sachen. Vielleicht lehnst du diese rigide Begrenzung ab, aber bitte versuche es. Es macht eine unübersichtliche und möglicherweise überwältigende Situation übersichtlich. Es gibt dir etwas, worauf du zurückgreifen kannst, wenn da ein mit Speisen beladener Tisch steht, du nicht weißt, womit du anfangen sollst und am liebsten alles aufessen möchtest. Du kannst dir nehmen, sooft du willst und möglicherweise alles probieren, was dir zusagt. Aber fange langsam an.

● Wenn das Essen am Tisch serviert wird und dir die Speisen nicht besonders zusagen... Es gibt keine verbindlichen Regeln für das Essen in Gesellschaft. Es gibt Leute, die beleidigt sind, wenn du nicht alles ißt; andere empfinden die Zurückweisung von Essen als persönliche Zurückweisung, als ob man mit dem Nein zu ihrem Essen auch nein zu ihnen sagt. Mit diesen Leuten ist nicht einfach umzugehen, besonders wenn es gerade wichtiger für dich ist, dich um dich selbst zu kümmern als um andere. Manchmal bedeutet für sich selbst sorgen ein Nein zu einem anderen Menschen (wie in diesem Fall), und plötzlich entdeckst du, daß keiner von euch deshalb zusammenbricht. Manchmal bedeutet es, sich auf einen Kompromiß einzulassen, ein wenig zu nehmen und davon nur eine kleine Menge zu probieren.

Was du auch tust, denke daran, es ist dein Körper, du mußt mit den Folgen all dessen weiterleben, was du in ihn hineinstopfst. Du kannst wählen, und wenn du es vorziehst, etwas zu essen, was du nicht wirklich magst, so triffst du diese Entscheidung aus Gründen, über die du nachgedacht und die du abgewogen hast. Wenn du hinterher grollst oder ärgerlich bist, vergegenwärtige dir noch einmal, daß du nicht zum Essen gezwungen warst, sondern dich so entschieden hast und zu dem Zeitpunkt waren deine Gründe vernünftig und angemessen.

• Nach dem Essen, sei es ein Büfett oder eine Gesellschaft bei Tisch, suche dir einen interessanten Gesprächspartner für ein Thema, das nichts mit Essen zu tun hat. Beschließe im voraus, daß du zwei oder drei neue Leute kennenlernen willst, und überlege dir phantasievolle Wege, sie anzusprechen.

Ein gemeinsames Essen ist für viele von uns die einzige Art, Zeit mit unseren Freunden, unserer Familie und unseren Arbeitskollegen zu verbringen. «Laß uns essen gehen.» – «Wie wär's mit einem Mittagessen?» – «Warum nicht einmal wieder zusammen frühstücken?» Bei gemeinsamen Mahlzeiten finden Versöhnungen statt, werden längst fällige Verbindungen geknüpft, Trennungen entschieden, bedeutende geschäftliche Entscheidungen getroffen. In solchen Fällen ist es ziemlich schwierig, fast abwegig, fortwährend an Nehmen, Kauen, Schlucken zu denken, dem Geschmack des Essens nachzuspüren und zu registrieren, wie es sich in deinem Körper anfühlt. Aber auch wenn das gemeinsame Essen vorrangig berufliche oder persönliche Beziehungen fördern soll, dürfen wir nicht vergessen, daß, während dieses ganze Hin und Her stattfindet, wir auch unseren Körper füttern. Und unser Körper kennt nicht den genauen Unterschied zwischen einer Nahrung, die absichtslos, und einer, die mit Aufmerksamkeit verzehrt wird.

Zur Erinnerung: Nahrung ist zum Schmecken, Essen und Nähren da. Sie ist kein Ersatz, wenn du nicht weißt, wie ihr auf anderem Wege zusammenkommen könnt. Zusammen essen ersetzt nicht das Zusammensein. Wenn es der Hauptzweck eines Treffens ist zu reden, Zeit miteinander zu verbringen, sich über gemeinsame Interessen auszutauschen, dann gibt es andere, effektivere und weniger dick machende Möglichkeiten.

Wenn ich anfange, mit den Teilnehmerinnen eines Workshops zu arbeiten, fällt es ihnen zunächst schwer herauszufinden, wann sie hungrig oder satt sind und was sie wirklich essen wollen, wenn sie allein sind. Wenn sie mit anderen zusammen sind, wird es doppelt verwirrend, weil sie zusätzlich durch Gespräche und Interaktionen abgelenkt werden. Wie schon erwähnt, halte ich es für wichtig zu lernen, allein zu essen. Nicht nur deshalb, weil das Alleinsein ein Wert für sich ist, sondern weil es ruhiger dabei zugeht und weil es leichter ist, die leise Stimme des Körpers zu hören, wenn nicht noch viele andere Stimmen sprechen.

Wenn du mit anderen ißt, verändert sich deine Aufmerksamkeit. Sie ist nicht mehr nur auf eine innere Erfahrung gerichtet – auf den ständigen Wechsel, den Schmecken, Schlucken und Befriedigtsein in Mund und Körper hervorrufen –, sondern wird zu einer Erfahrung, die sowohl innerlich als auch äußerlich ist: Sie wendet sich neben den Empfindungen deines Körpers auch deinem Zusammensein mit anderen Menschen zu.

Als ich anfing zu essen, was ich wollte, als ich begann, auf die Nahrung und meinen Körper zu achten, war es mir oft unmöglich, mit anderen zu essen. Ich konnte mir nicht vorstellen, daß ich das Essen wirklich schmecken würde und herausfinden könnte, wann ich genug hatte, und gleichzeitig meine Aufmerksamkeit auf Interaktionen richten konnte.

Viele Klientinnen stellen die gleiche Schwierigkeit fest. Anfangs erfordert es eine Menge Konzentration, sich auf Nahrung einzustellen, wenn man allein ißt; zusammen mit anderen wird es noch schwieriger, aber nicht unmöglich.

Du mußt dir ein paar Dinge merken, wenn du mit anderen zusammen ißt. Eines davon ist, daß diese Erfahrung sich deutlich vom Alleinessen unterscheiden wird. Es ist unrealistisch zu erwarten, daß du dem Vorgang des Essens ebensolche Aufmerksamkeit widmen wirst. Beim Essen mit anderen hat die Beziehung Vorrang, die gegenseitige Anteilnahme. Und weil diese Anteilnahme nicht weniger wichtig ist als Alleinsein und Alleinessen, zählt sie in diesem Augenblick und trägt ihre eigenen Freuden in sich.

Wenn du mit anderen ißt, lege dein Besteck ab und zu während der Mahlzeit nieder und widme deine ganze Aufmerksamkeit dem, was sonst noch passiert. Auch solltest du dich zu einer bestimmten Zeit entschuldigen und die Toilette aufsuchen, um Abstand vom Essen und dem ganzen Trubel zu gewinnen, um dich zu fragen, wie du dich fühlst, ob du noch mehr essen willst. Du mußt für dich herausfinden, wie du die heikle Balance halten kannst zwischen dem gemeinsamen Essen und dem Verlust deines Ich.

Das Brot brechen mit Freunden oder der Familie symbolisiert, in einem tieferen Sinn, gemeinsam das Wunder des Lebens zu erfahren. Wir brauchen wirklich Nahrung, um zu leben. Nahrung ernährt unsere Zellen, spendet Energie, Vitalität und Glanz. Vor ein paar Wochen erkrankte ich an einer schweren Grippe. Ich hatte Fieber, Husten, eine Halsentzündung. Das war wohl das erste Mal in meinem Leben, daß ich den Appetit verlor. Als die Tage vergingen und ich immer noch nicht essen konnte, fühlte ich mich schwächer und schwächer, wurde gleichgültig, interessierte mich weder für irgendwelche Dinge noch für die Menschen, an denen ich sonst leidenschaftlich Anteil nahm. Ich erkannte (wieder), wie sehr Hunger ein Zeichen von Leben ist und daß, wenn wir den Appetit auf Essen verlieren, unser Appetit auf Leben ebenfalls schwindet. Es machte mich sehr traurig, mich an die Zeiten zu erinnern, als ich meinen Hunger verfluchte, ihn wegwünschte, mir wünschte, ich könnte eine von denen sein, die Nahrung beiseite schieben, die in kritischen Zeiten ihren Appetit verlieren. Nun war ich eine von denen, und ich fühlte mich wie tot, weil ich mich nicht bewegen konnte und weil mich nichts interessierte. Ich wollte meinen Hunger zurückhaben.

Wenn wir essen, nehmen wir an einer Handlung teil, die das Leben bejaht. Und wenn wir an einer gemeinsamen Mahlzeit teilhaben, machen wir diese Handlung zu einem Ritual: Wir sind hungrig, wir leben, wir sind mit anderen zusammen.

# 8. Körpertraining und die Waage

> «Liebes Kaugummi,
> ich bin froh, daß du mein Freund bist. Ich wiege 88
> Pfund. Wenn ich die nächste Woche kein Abendbrot
> esse, könnte ich vielleicht 5 Pfund abnehmen. Mit 83
> Pfund sehe ich bestimmt viel hübscher aus. Bis spä-
> ter.»
> *Mein erster Eintrag in mein erstes Tagebuch, als ich elf*
> *Jahre alt war.*

## Das mindestens Fünf-mal-die-Woche-Syndrom

Als ich ungefähr elf oder zwölf Jahre alt war, fand ich es nicht mehr
lustig, draußen zu spielen – Fangen, Seilspringen, Himmel und Hölle,
Verstecken. Nun spielte ich lieber mit Barbie und Ken, träumte davon,
Robbie Levy zu küssen, und fragte mich, wie Robert Alsworth im
Schlafanzug aussah. Ich wurde das, was meine Mutter als «dicken
Brocken» bezeichnete. Während der ganzen High-School-Zeit haßte
ich Gymnastik. Gymnastikhosen fand ich häßlich, und ich erfand jede
Entschuldigung, um meinen Körper nicht bewegen zu müssen.

Als ich 25 war, machte mich meine Freundin Alice mit der Tänzerin
Leif Anderson bekannt, die Tanzklassen im Stil von Isadora Duncan
anbot: freifließende und ausdrucksvolle Bewegung, bei der die Musik
die Schritte bestimmt. Leifs Tanzklassen brachten meinem Körper Anmut und Kraft durch Bewegung nahe. Seither habe ich ständig an Tanz-
kursen teilgenommen und die ganze Skala vom Steptanz über afrikani-
schen Tanz bis Aerobic durchlaufen.

Ich liebe es, meinen Körper zu bewegen.

Außer wenn ich es nicht liebe.

In einer neuen Gruppe sagte eine der Teilnehmerinnen: «Bevor ich
diese Blaseninfektion bekam, nahm ich fünfmal die Woche an einem
Aerobic-Kurs teil. Dann sagte mir mein Arzt, daß ich so lange nicht
trainieren dürfe, bis die Krankheit ausgeheilt sei. Das dauerte drei Wochen, und ich nahm nicht ein Pfund zu. Ich muß nie wieder trainieren.»

Ich erwiderte: «Das ist in Ordnung. Du mußt nicht. Wenn du nur trainierst, um nicht zuzunehmen, dann gibt es weniger anstrengende Möglichkeiten, dieses Ziel zu erreichen.»

Aber ich erinnerte mich an jenen Abend vor ein paar Monaten, als sie mich anrief, erschrocken über ihre körperliche Schwerfälligkeit; sie konnte sich nicht vorstellen, daß irgend etwas anderes als Essen ihr helfen könnte, sich besser zu fühlen. Ich riet ihr, gelegentlich aus dem Haus zu gehen und sich zu bewegen, es mit Laufen, Radfahren oder Tanzen zu versuchen. Und sie meldete sich für einen Aerobic-Kurs an, der dreimal die Woche stattfand. Als ich sie das nächste Mal traf, war sie begeistert von ihrem neuen Körpergefühl: Sie fühlte sich leicht, und sie fühlte sich stark.

Aber zwischen damals und diesem Abend in der Gruppe war offensichtlich etwas falsch gelaufen.

Das gleiche passiert den Frauen mit ihrem Körper immer wieder. Es ist ein Teil ihres ewigen Strebens nach Schlankheit. Was wir auch tun, sobald es mit unserem Körper zusammenhängt, wird es übersetzt in: «Nun ja, es tut mir gut, aber stell dir vor, wie viel besser es täte, wenn ich mich noch mehr anstrengte und an den Hüften ein paar Zentimeter abnehmen würde.»

Wenig ist gut, mehr ist besser; denn wenn wenig gut ist, bringt mehr vielleicht weniger Fett.

Körpertraining ist ein Köder, Diäthalten ist ein Köder; beide versprechen das Schlanksein, wenn du dich genau an das Programm hältst. In kurzer Zeit verwandelt sich die Erlösung (vom Elend der Kleidergröße für «Vollschlanke»), die das Training verspricht, in alltägliche Gefangenschaft. Nicht länger ein Verlangen, wird das Training eine Notwendigkeit, von der dein Wohlbefinden abhängt.

Wir täuschen uns selbst, wenn wir die Diät aufgeben und statt dessen trainieren; wir glauben, wir haben uns befreit. Tatsächlich haben wir nur die eine Art von Starrheit gegen eine andere eingetauscht.

Wenn das Training mehr ein Müssen als ein Wollen wird, dann drängst du den starken und gesunden Teil weg: die Freude. Du machst es zu einem Ausdauertest, zu einer weiteren Verpflichtung in der langen Folge von widerwillig getätigten Handlungen, die du erledigen mußt, weil du schlank sein willst; du mußt trainieren, um schlank zu sein.

Körpertraining hat viele physische und psychologische Vorteile: Herzkreislauf-Fitness, gesteigerte Ausdauer, Gefühle von Stärke und

Kraft. An Tagen, an denen ich mich depressiv und lethargisch fühle, richtet mich der Tanzunterricht auf, bringt mein Blut in Wallung; ich fühle mich wieder lebendig. Aber unweigerlich nähert sich der Tag, an dem ich müde bin oder beinahe krank, zuviel zu tun habe oder eine Verabredung, die genau in die reguläre Trainingszeit fällt, und schon ist der Gedanke da: «Ich muß heute tanzen. Ich habe gestern abend zuviel gegessen. Ich muß 500 Kalorien verbrennen.»

Das ist zwanghaft. Ich höre nicht auf meinen Körper oder darauf, wie ich mich fühle, sondern zwinge mich, treibe mich mit Gewalt an, was wenig mit der Realität des gegenwärtigen Augenblicks zu tun hat. Zwang – das ist die Angst, daß alles – mein Aussehen, mein Wohlbefinden, meine Beziehungen – vom Training an sechs Tagen in der Woche abhängt.

Als ich keine Diäten mehr machte, konnte ich mir nicht vorstellen, wie ich leben sollte ohne das Regiment einer Diät. Ich fürchtete, mein Leben würde auseinanderbrechen, wenn ich es nicht mit einer Diät zusammenhielte. Ich fühlte mich verloren. Und an einem Tag ohne Tanzkurs fühle ich mich genauso verloren. Ich frage mich, was ich statt dessen tun werde, wieviel ich zunehmen werde.

Die Gefahr des zwanghaften Trainierens besteht darin, daß wir anfangen, uns auf etwas anderes als Maßstab für gut und böse zu verlassen, als auf uns selbst. Wir sind gut, wenn wir trainieren, und böse, wenn wir es nicht tun. Wenn wir abnehmen wollen, müssen wir härter trainieren. Wenn wir nicht abnehmen, uns aber von Körperübungen abhängig gemacht haben, rebellieren wir dagegen und lassen es für ein oder zwei Wochen ganz.

Die Gefahr liegt darin, daß wir uns die Wahlmöglichkeit nehmen lassen. Und unsere schwer erarbeitete Kraft. Immer wenn ich merke, daß ich mich zu sehr mit meinem Tanzkurz identifiziere und mich abhängig mache, sage ich mir energisch, daß mein Leben weitergehen wird und daß ich nicht zusammenbreche oder 100 Pfund zunehme, wenn ich ein paar Tage, eine Woche oder sogar einen Monat nicht trainiere, daß ich mehr bin als meine Figur und daß ich selbst dann, wenn ich zunehme, in Ordnung wäre. Befreiung spüre ich genau dann, wenn ich meine Zweifel niedergerungen habe und sagen kann: Stimmt, ich habe die Chance verpaßt, heute 500 Kalorien zu verbrennen, Kalorien, die sich auf mein Gewicht auswirken werden, Gewicht, das mich unattraktiver und elender macht, aber für mich sorgen bedeutet heute, nicht zu trainieren, und deshalb trainiere ich nicht.

Dies sind die Warnsignale, die auf zwanghaftes Trainieren hinweisen:

- Du bist so an deine Trainingsroutine gewöhnt, daß selbst wichtige Ereignisse störend auf dich wirken. Du paßt dein Leben dem Training an, statt das Training deinem Leben einzugliedern.
- Was du ißt oder nicht ißt, machst du davon abhängig, ob du trainierst oder nicht.
- Du fühlst dich nicht «richtig» oder «vollständig» oder «gut», außer du trainierst.
- Du trainierst auch dann, wenn du krank oder müde bist.
- Es fällt dir immer schwerer, dich zu deinem Trainingskurs zu schleppen. Du überlegst dir, wie du aussteigen kannst; du hoffst, du bekommst eine Lugenentzündung, du magst die Leute nicht, die mit dir zusammen trainieren; du möchtest dem Lehrer ins Gesicht schlagen.

Wie man mit diesen Warnsignalen umgeht:

- Höre auf sie. Sie sind ein Zeichen dafür, daß etwas nicht stimmt.
- Geh ein oder zwei Tage nicht zum Training. Geh statt dessen spazieren oder setz dich eine Stunde in den Schaukelstuhl und tu gar nichts, oder lies ein aufmunterndes Buch.
- Nachdem du geschwänzt hast, mache dir deutlich, daß du nicht plötzlich 10 Pfund zugenommen hast, obwohl du am Tag vorher keine 500 Kalorien verbrannt hast. Achte weiter darauf.
- Vergegenwärtige dir, was du außer einem Körper noch alles bist. Mache eine Liste: «Ich bin...», und erlaube es nicht, daß sich auch nur ein negatives Urteil über deinen Körper einschleicht. Falls du es vergessen haben solltest: Du bist wertvoll, du kümmerst dich um dich, du veränderst dich – um nur ein paar Eigenschaften zu nennen.
- Iß, wenn du hungrig bist, iß, was du willst, hör auf, wenn du befriedigt bist. Denke daran, daß dein Körper dich nicht zerstören will und nicht gleich völlig durcheinandergerät, sobald deine Wachsamkeit nachläßt. Vertraue darauf, daß ihr beide auf die gleichen Ziele hinarbeitet – deine Gesundheit, dein Glück, deinen Frieden.

# Das Ich-weigere-mich-ein-Jane-Fonda-Klon-zu-sein-deshalb-bewege-ich-nicht-einmal-meinen-kleinen-Finger-Syndrom

Wenn Sara und ich zwei Straßen entfernt von unserem Ziel parken, ist das für sie mindestens hundert Straßen zu weit. Sara hat überhaupt kein Verständnis für dieses ganze Theater mit dem Bewegungstraining. Ihre Mutter, sagt sie, habe nie trainiert und ein herrlich gesundes Leben gelebt. Sie meint, daß Training die Leute neurotisch macht. Sie meint, daß viele Frauen nur deshalb trainieren, weil sie dann mehr essen können. Und «das macht dann zusammen zwei Zwänge – Training und Essen – statt des einen».

Ich stütze meine Ellbogen auf den Küchentisch, noch im Gymnastikanzug und -trikot, während Sara sich über Bewegungstraining ausläßt. Ich verstehe, warum sie so fühlt. Ich habe ja immerhin auch zwischen meinem elften und 25. Lebensjahr gedacht, daß jeder, der rennt, obwohl er gehen kann, ein Verrückter sei. «Aber», erkläre ich Sara, «Training tut gut. Es rückt die kleinen lästigen Dinge in die richtige Perspektive. Ich kann loslassen, ich kann alle meine seelischen und physischen Energien einsetzen, so daß ich mich hinterher wie geläutert fühle.»

Wenn ich abends um halb sechs meinen Kurs besuche, nachdem ich den Tag über geschrieben habe und bevor ich abends eine Gruppe leite, dann ist das Training so anstrengend, daß mein Denken völlig in den Hintergrund tritt. Ich gerate in einen rein physischen, nahezu animalischen Zustand, schwitze, atme, schwitze, atme; ein Zustand, in dem Worte nicht zählen. Nach dem Kurs fühle ich mich, als wäre mir ein zweiter Tag geschenkt worden, weil ich neue Energie gesammelt habe. Ich mag das Gefühl, mit meinem Körper zu arbeiten; und das ist kein Vorwand und hat nichts mit Schlankerwerden zu tun. Ich mochte das auch als Kind: Seilspringen, Volleyball und Fangen spielen. Aber als Heranwachsende hielt ich Sport für unweiblich und burschikos. Mädchen in Mini-Röckchen schauten zu, klatschten Beifall vom Rand des Sportplatzes, während die Jungen rannten und schwitzten und Vertrauen in ihre physische Kraft entwickelten und die Freuden der Anstrengung kennenlernten, der Versuch, bis an die physischen Grenzen zu gehen.

Als ich mit 25 Jahren anfing, meinen Körper zu bewegen, war das in einem Kurs, der mich ermutigte, meine körperlichen Impulse und

Wünsche – bewegen, tanzen, fliegen – zu respektieren. Langsam lernte ich das Gefühl schätzen, daß mein Körper kräftiger wurde, beobachtete, wie sich Muskeln bildeten. Ein wachsendes Gefühl der Stärke begleitete diese Veränderungen; ich fühlte mich mit meinen Armen und Beinen besser verbunden: Wir konnten uns nun als Einheit bewegen. Ich wurde die Freundin meines Körpers.

Wenn ich, statt in meiner Bewegungsfreude unterstützt und ermutigt zu werden, in einem Aerobic-Kurs gelandet wäre, in dem der Lehrer sich über wabbelige Oberschenkel und Joghurt-Taillen ausgelassen hätte, während wir zum hundertstenmal eine Bauchübung wiederholten – ich hätte mich sicherlich entmutigt und kritisiert gefühlt wegen meines Körpers und wäre nicht wieder hingegangen.

Freude an der Bewegung lernt man nur durch eigene Erfahrung kennen. Es reicht nicht, wenn dir jemand sagt: «Das ist gut für dich.» Wenn du dich nur unter seelischen und physischen Qualen überwinden kannst, dann vergiß es für eine Weile. Oder nimm dir Zeit, verschiedene Bewegungsarten auszuprobieren. Sportarten sind so unterschiedlich wie Nahrungsmittel, und vielleicht findest du etwas, das für dich «summt».

Ich begrüße den gegenwärtigen Aufschwung des Sports bei Frauen, aber ich habe das Gefühl, daß die Verbindung zwischen Fitness und Schlanksein durchbrochen werden muß. Wenn du trainierst, um schlank zu werden, impliziert das: So wie du jetzt bist, bist du nicht gut genug. Das erzeugt eine Menge kritischer Urteile, die möglicherweise zu Frustration und Hoffnungslosigkeit führen und zu der Entscheidung, das Ganze zu vergessen. Negative Urteile führen nie zu langfristigen Veränderungen. Wenn du trainierst, weil du dich jetzt blendend und gesund fühlst, dann wirst du auch nicht in irgendwelche Probleme verwickelt werden. Du bewegst dich, weil du dich selbst magst. Das ist der Unterschied zwischen Selbstbestrafung und Fürsorge für dich, so wie du jetzt bist.

## Einige Vorschläge für die Saras dieser Welt

– Du brauchst dich nicht wie eine Aussätzige zu fühlen, weil du keinen Sport treiben magst, auch wenn alle anderen es begeistert tun. Du solltest im Gegenteil stolze Genugtuung darüber empfinden, als aktiver Sportgegner in unserer joggenden Welt zu leben.

- Die einzige Möglichkeit, die Vorteile des Trainierens kennenzulernen, besteht darin, daß du es häufiger versuchst als fünfzehn Minuten alle sechs Monate.
- Fang langsam an und mit einer Sportart, die dir zusagt.
- Das Training soll Spaß machen, während du es tust, nicht erst, wenn es überstanden ist.
- Sei vorsichtig mit Kursen, die Schlanksein betonen. Vermeide, zu kritisch mit dir zu sein und dich in eine asketisch gestaltete Umgebung zu begeben.
- Wenn du dich trotz allem nicht sportlich betätigen willst, dann zwinge dich auch nicht länger dazu.

## Waagen gehören ins Fischgeschäft

Diese Geschichte von der Waage erzähle ich in meinen Gruppen; sie spricht für sich:

Meine Freundin Sue ist schlank. Bedenkenlos ißt sie doppelte Butterbrote oder fritierte Calamaris und trinkt flaschenweise Coca-Cola. Sie arbeitet in einer Arztpraxis, wo sie sich gelegentlich auf die Waage stellt. Eines Tages wog sie fünf Pfund weniger als beim letzten Wiegen. Sie war sehr erfreut darüber, und in ihrer Mittagspause bewunderte sie ihr Spiegelbild in den Schaufenstern, kaufte sich ein neues Kleid und belohnte sich mit einem kalorienreichen Mittagessen. Am nächsten Tag erzählte ihr der Arzt, bei dem sie arbeitete, daß die Waage falsch gehe – um acht Pfund zuwenig anzeige. Sue hatte also nicht nur die fünf Pfund nicht abgenommen, nein, sie hatte drei Pfund zugenommen. Als sie mich anrief, waren ihre Kleider plötzlich eng geworden, und sie spürte eine Speckrolle um die Taille. «Ich muß eine Diät machen», jammerte sie, «unvorstellbar, wie fett ich bin!» Das sagte eine schlanke Frau, eine, die grundsätzlich zufrieden mit ihrer Figur ist.

Wenn die Waage einen solchen Einfluß auf sie hat, wenn die Waage ihr Körpergefühl von einem Tag auf den anderen so radikal verändern kann, dann stelle dir die seelischen und emotionalen Wechselbäder vor, in die eine Waage jemanden stürzt, der weniger zufrieden ist.

Die Waage hat die Macht, einen deprimierenden Tag in einen strahlenden zu verwandeln oder einen strahlenden in einen trüben. Wenn wir uns auf die Waage stellen, dann sagen wir: «Los, Maschine, sag mir, wie ich mich heute fühlen soll.»

Wir haben die Waage zum Richter über Wert und Wahrheit gemacht. Wenn wir «böse» waren, gibt's kein Leugnen, weil es sich auf der Waage zeigt. Wenn wir «gut» waren, zeigt die Waage die Belohnung. Die Waage ist wie Gott; sie weiß alles.

Eine Waage ist jedoch nur eine Waage – ein kaltes, lebloses Stück Metall –, so lange, bis wir ihr Macht verleihen. Wir machen sie zu einem Instrument, das uns sagt, ob wir uns heute mögen dürfen oder nicht. Und wir verhalten uns entsprechend, indem wir die gesellschaftlichen Vorstellungen von gut und richtig, von niedrigerem Gewicht statt höherem akzeptieren und dadurch, daß wir uns Tag für Tag wieder wiegen. Als ob dir die Paßform deiner Kleider nicht sagt, ob du zu- oder abgenommen hast. Als ob du Strafe brauchst, um dich zum Abnehmen zu zwingen. Als ob du kein fühlender, denkender, fähiger Mensch wärst, der für sich selbst entscheiden kann, wie sein Tag aussehen soll und wie er sich fühlt.

Wirf die Waage weg.

Oder klebe dein Idealgewicht darauf; wenn du dann fragst, ob du dich heute gut fühlen darfst, wird die Waage immer antworten: «Ja, natürlich.»

## 9. Vom Wünschen: Was du dir selbst nicht zugestehst, kannst du auch nicht verlieren

«Wenn ich dick bin, achten mich die Leute nicht. Aber wenn ich schlank bin, werden sie Angst vor mir haben, weil ich dann perfekt bin.

*Teilnehmerin in einem Breaking Free-Workshop*

«Weil Honig zu essen etwas so Besonderes war, gab es einen Augenblick unmittelbar vor dem Essen, der besser war als das Kosten selbst, aber er wußte nicht, wie man das nannte.»

*Aus: The House at Pook Corner*

Dieses Kapitel handelt vom Wünschen, dem Verlangen nach alldem, was wir nicht haben. Was wir nicht haben und von dem wir meinen, daß es uns, wenn wir es hätten, Glück, Vollkommenheit und Liebe brächte.

Ein Haus, ein Auto, eine Beförderung. Ein Mensch – in einer liebevollen und emotional aufbauenden Beziehung.

Ein attraktiver Körper, ein schlanker Körper.

Es gibt nur einen schmalen Grad zwischen der Notwendigkeit, Träume zu haben und sie wichtig zu nehmen, und der Verzerrung solcher Träume, zwischen träumen und in einer Phantasiewelt leben – ein Leben zu führen, das sich immer einen Schritt neben der gegenwärtigen Realität abspielt.

Wenn wir wünschen, können wir davon träumen, wie es sein wird, wenn sich der Traum erfüllt. Wenn wir wünschen, erschaffen wir einen Traum, den Anfang, die Mitte und das Ende. Wie haben die Kontrolle.

Im Leben sind natürlich die Träume der anderen mit all ihren Ängsten und Ärgernissen die Kehrseite der Medaille. Wenn wir unser Leben mit Wünschen zubringen, träumen wir davon, wie es sein wird, wenn wir genau das bekommen, was wir wollen, ohne enttäuscht zu werden. Ohne Risiko, ohne Verwundbarkeit, ohne die Möglichkeit, verletzt zu werden.

Wenn wir unser Leben jetzt leben, mit dem, was wir schon haben (die andere Seite des Wünschens), verlieren wir die Kontrolle. Dinge, die wir lieben, gehen verloren, zerbrechen oder werden gestohlen. Menschen verlassen uns. Menschen sterben. Sobald wir die Kostbarkeit dessen erkennen, was wir besitzen, erkennen wir, daß wir es eines Tages verlieren können.

Wir wünschen, schlank zu sein.

Es besteht ein gewaltiger Unterschied dazwischen, weniger zu wiegen und weniger wiegen zu wollen. Schlanksein gestattet uns, daß wir uns gut fühlen, hübsch finden. Schlanksein ändert unsere Kleidergröße und damit unsere Garderobe. Schlanksein bringt uns den Menschen näher, vielleicht auch der langersehnten Liebesbeziehung. Schlanksein gibt uns Glaubwürdigkeit. In einer Traumvorstellung vom Schlanksein hörst du auf zu begehren und wirst statt dessen begehrt. Und dann geschieht etwas, was du nicht eingeplant hast – du verlierst die Kontrolle.

Was geschieht, wenn sich unser Körper verändert, aber nicht unsere Vorstellungen?

Als ich 120 Pfund wog, träumte ich davon, 90 Pfund zu wiegen, und in meinem Traum war ich elegant, gelassen und sinnlich. Ich war selbstsicher; ich kleidete mich ausgefallen. In meiner Phantasie befähigte mich das Schlanksein, mich auf andere Bereiche meines Lebens zu konzentrieren, Bereiche, die ich mit 120 Pfund wegen meiner intensiven Beschäftigung mit meinem Gewicht vernachlässigte.

Dann nahm ich 30 Pfund ab, und statt elegant, gelassen und sinnlich zu werden, wich ich jeder menschlichen Nähe aus. Ich trug Sackkleider, die meine Arme und Brüste versteckten. Mein schlankes Ich war nur ein Traum; ich hatte nicht erwartet, daß es geboren würde, und ich hatte es nicht auf die alltägliche Erfahrung vorbereitet, nur auf herausragende Ereignisse. Mein schlankes Ich wußte, wie es einen Raum betrat, wie es lächelte, Charme versprühte und Aufmerksamkeit erregte, aber es wußte nicht, wie es redete, arbeitete, fühlte.

Als ich 30 Pfund abgenommen hatte, fühlte ich mich, als hätte man mir die Haut abgezogen, meine Nerven, Muskeln und Knochen bloßgelegt. Ich war empfindlich, verwundbar, hatte ständig Angst.

Anderthalb Jahre später hatte ich 55 Pfund zugenommen, und meine Abscheu und meine Häßlichkeit waren ein geringer Preis für meine Erleichterung: Ich wußte wieder, wer ich war. Mein Gewicht gab mir meine Rolle wieder; es stattete mich mit der Persönlichkeit aus, die mir vertraut war wie ein alter Schuh und die ich für alle Niederlagen in meinem Leben verantwortlich machen konnte, während ich weiter von dem Erfolg träumen konnte, den ich hätte, wenn ich wieder schlank wäre.

Für dich sieht Schlanksein natürlich ganz anders aus. Du wirst fähig sein, damit umzugehen; du wirst wissen, daß du schlank bist, wenn du schlank bist, und du wirst glücklich sein. Du wirst Kleider tragen, die deine Schlankheit geschmackvoll unterstreichen. Die intensive Beschäftigung mit deinem Körper wird aufhören, und du wirst fähig sein, dich auf andere Bereiche in deinem Leben zu konzentrieren. Und du wirst elegant, gelassen und sinnlich sein.

Genau das aber ist das Entscheidende am Wünschen: der beharrliche Glaube daran, daß sich dein Leben ändern wird, sobald du bekommst, was du willst – ganz gleich, ob es dafür einen Beweis gibt oder nicht. Dies wird selten so offensichtlich wie bei Leuten, die zwei-, drei- oder viermal in ihrem Leben deutlich abgenommen haben. Obwohl sie Schlanksein entweder schwierig finden oder doch nicht so, wie sie es erwartet haben, und daraufhin die verlorenen Pfunde wieder zunehmen, streben sie beharrlich immer wieder dieses Ziel an – sobald sie es erreicht haben, wird mit Sicherheit alles besser sein. Sie schreiben es bestimmten Umständen zu (die sich seither geändert haben), daß sie ihr Gewicht nicht halten konnten, aber beim nächstenmal wird alles anders.

Wir wollen das Wünschen, nicht die Erfüllung.

Während der ersten Gruppensitzung, wenn die Mitglieder die Geschichte ihrer Pfunde und ihrer Gefühle erzählen, zeigt sich ihr Wunsch abzunehmen in seiner ganzen unglaublichen Leidenschaft. Sie beschreiben diesen Wunsch nach Schlankheit mit «das Leben genießen», «intensiv», «überwältigend», «die Sache, neben der alles andere verblaßt» – Worte, mit denen man gewöhnlich eine Liebesaffäre oder den Sinn des Lebens beschreibt.

Der Wunsch, schlank zu sein, drängt die Realität an den äußersten Rand, wertet sie vorübergehend ab, bis das wirkliche Ich, das eigentliche Ich, sein Gesicht zeigen kann. Während Schlanksein-Wollen mit Worten wie genußvoll, leidenschaftlich und wählerisch verbunden wird, hat Schlank-Sein mit aufstehen, Kaffee trinken und zur Arbeit gehen zu tun. Es ist erfreulich und angenehm, wenn du in dein neues

Abendkleid schlüpfst, aber du mußt auch Rechnungen bezahlen, Geschirr spülen, ein ganzes Leben meistern. Du mußt immer noch lernen, wie du Liebe geben und Kompromisse schließen kannst, wie du es schaffst, nein zu sagen oder eine Niederlage zu riskieren. Du wirst dich immer noch nach dem Sinn deiner inneren Konflikte fragen müssen; und zwangsläufig kann jemand, den du liebst, dich auch enttäuschen. Während all der Jahre, in denen du schlank sein wolltest, hast du dein Leben angehalten, hast ein Polster zwischen dich und die Bereiche des Lebens geschoben, die du nicht unter Kontrolle hattest. Der Wunsch, dünn zu sein, bewahrte dich vor der Ungerechtigkeit des Lebens; Kummer, Trauer und Leid über das Leben hast du ummünzen können in Kummer, Trauer und Leid über dein Übergewicht.

Wenn du dein Leben mit Wünschen vergeudest, wirst du niemals seine Wirklichkeit erfahren.

Es erfordert großen Mut zuzugeben, daß du, obwohl du «dafür sterben würdest, schlanker zu sein», möglicherweise gar nicht wirklich schlank sein willst. Das Wünschen verliert seine verführerische Kraft, wenn du erkennst, daß es dich eher gefangenhält, als dich zu befreien. Wenn du das Schlanksein als das ansiehst, was es wirklich sein wird – nicht nur ein schlanker Körper, sondern ein Leben, das mit all seinem Glanz und Elend in der Gegenwart gelebt werden will und nicht in den Träumen von einer goldenen Zukunft –, dann wird das Wünschen verstummen.

Eine Frau aus einer Gruppe fragt: «Wo hört das Streben auf und fängt das Wünschen an?» Wie unterscheidet sich unsere tiefe Sehnsucht nach dem vollständigsten und befriedigendsten Ausdruck unseres Selbst vom Wünschen?

Streben, scheint mir, ist das intuitive Wissen, daß der Schlüssel für unsere Vollständigkeit in dem liegt, was wir in uns erblicken, aber noch nicht berührt haben. Streben ist verbunden mit dem Teil deines Ichs, der über dich hinausreicht, bis an den Lebensfaden, der die Menschen miteinander verbindet. Streben ist ein Ausdruck des Mutes und der Verwundbarkeit; Wünschen ist ein Akt der Isolation und Furcht.

Für viele von uns ist der Wunsch nach Schlankheit wie ein Streben, entstanden aus dem Bedürfnis, unser bestes Selbst zu verwirklichen, die Energien, die in unserer Besessenheit eingeschlossen sind, für unsere Arbeit und unsere Beziehungen zu befreien. Aber der Akt des Wünschens ist in sich selbst zu mächtig und zu umfassend, so daß er uns eher isoliert als erweitert.

Wenn ich die Mitglieder einer Gruppe bitte zu schätzen, wieviel Zeit sie mit Wünschen verbringen, dann rangieren die Antworten zwischen 50 und 95 Prozent ihres Lebens. Wenn sie sterben, haben sie mindestens ihr halbes Leben als Schattendasein gefristet, mit Wünschen, ohne etwas zu haben – sie sterben, ohne gelebt zu haben.

Gestern machte ich bei Sonnenuntergang einen Strandspaziergang. Ich ging auf dem harten Sand, direkt am Wasser, und erinnerte mich daran, was Josef Goldstein (Autor von ‹The Experience of Insight›) einmal gesagt hat:

«Wir sind süchtig. Wir denken, wir müssen wünschen. Wir denken, wir müssen überwältigt werden von Gefühlen, Sehnsüchten und Leidenschaften, um uns lebendig zu fühlen, während dies –» und er deutete auf seinen Körper – «ein unglaublich komplexes und faszinierendes Energiesystem ist. So wie es ist. Ohne etwas hinzuzufügen.» Als ich weiterging, leuchteten die Lichter am Uferweg auf und überfluteten die Küste mit einem Schimmer von glänzendem Gold. «Wenn wir genießen, was wir haben», sagte Goldstein, «dann tauschen wir den Pusch, den es bedeutet, jeden Tag Coca-Cola zu trinken, gegen die Subtilität und Sanftheit des grünen Tees ein.»

## Wünschen und Haben

Auf der praktischen Ebene ist es zunächst wichtig zu untersuchen, was für ein Gefühl es ist zu wünschen. Welche Phantasien weckt es, und wie halten dich diese Phantasien gefangen in der endlosen Spirale des Immer-mehr-Wünschens? Es ist notwendig, daß du die Bestandteile des Wünschens ehrlich und aufmerksam untersuchst und beobachtest, wie es sich fortsetzt.

• Stellt eine Liste auf. Wenn du nicht in einer Gruppe bist, mache diese Liste entweder mit Freundinnen oder in einer Art Selbsthilfegruppe. Bitte jemanden, die Sätze laut zu sagen; antworte auch laut. Wenn die Antworten anderer auf dich zutreffen, schreibe sie in deine Liste. Was nicht auf dich zutrifft, laß weg. Denke nicht lange nach und zensiere nicht. Dies ist kein Test, du tust das nur für dich.

Nimm dir ungefähr fünfzehn Minuten Zeit, um die folgende Liste zu vervollständigen:

1. Dinge, die ich mir wünsche, aber nicht besitze… (ein neues Auto, einen schlanken Körper, einen anderen Beruf, eine neue Beziehung, ein Kind).
2. Dinge, die ich mir gewünscht und auch bekommen habe…
3. Wünschen ermöglicht mir…
   Was geben dir Wunschvorstellungen? Wie helfen sie dir? Sind sie Ziele, auf die du ständig hinarbeitest? Erfreuliche Phantasien? Schützen sie dich vor Enttäuschungen, indem sie dich in Phantasievorstellungen eingeschlossen halten?
4. Wie würde sich mein Leben ändern, wenn ich diese Dinge bekäme…
   (Überlege in Ruhe und für dich.) Gehe deine Liste durch und schreibe zu jedem Wunsch kurz, was passieren würde, wenn er in Erfüllung ginge. Sei genau. Und ehrlich. Wenn du das Gefühl hast, daß du ein Kind willst, weil du glaubst, daß du dann zum erstenmal in deinem Leben richtig lieben wirst, daß ein Kind dich vervollständigen wird, schreibe das. Halte nichts zurück, ganz gleich, wie verträumt, romantisch oder albern deine Vorstellungen klingen mögen. Es ist besser, sie zu Papier zu bringen und anzuschauen, als sie als vage, versponnene Eindrücke in sich zu bewahren.
5. Wie hat sich mein Leben verändert, jetzt, wo ich habe, was ich mir wünschte?
   (Überlege ebenfalls in Ruhe.) Notiere besonders alles, was dir längerfristig Glück gebracht hat.

Wenn du diese Listen erstellt hast, schaue sie dir sorgfältig an. Prüfe Realität und Phantasie. Denke über Leute nach, die du kennst und die die Dinge, die du dir wünschst, bekommen haben. Sind sie glücklich? Haben sie das, von dem du meinst, daß es dir etwas bringen würde? Was ist mit dem, was du schon hast? Erfüllt es, was du erhofft hast? Für wie lange? Was geschah mit dem Wünschen in dem Augenblick, als es zum Haben wurde? Denkst du, beim nächstenmal wird das anders sein? Wie?

Sprich über deine Gedanken und Entdeckungen in der Gruppe. Haben andere ähnliche Erfahrungen gemacht?

Was kannst du über das Wünschen aus eigener Erfahrung herausfinden?

• Nimm eine wünschende, verlangende Körperhaltung ein. Setze dich auf einen Stuhl und denke an etwas, das du dir wirklich wünscht, etwas, von dem du sicher bist, daß es dich glücklich macht. Strecke Arme und Hände weit danach aus – greife danach. Greife. Weiter.

Halte diese Postition.

Wie lange kannst du sie aushalten? Warum? Wie fühlen sich deine Arme, dein Rücken? Wie steht es um dein Gleichgewicht? Wie stark fühlst du dich, wenn du nach etwas greifst?

Ist es jemals bequem, wenigstens am Anfang?

Dies ist die Haltung, die du emotional einnimmst, wenn du etwas intensiv willst.

Es tut weh.


• Morgen, wenn du aufwachst, denke daran, daß dein Körper schön ist, so wie er ist. Was passiert? Sage dir den Tag über, daß du schon hast, was du dir wünscht. Was jetzt? Wohin wendet sich deine Aufmerksamkeit? Was tritt an die Stelle des Wünschens? Wie sieht der Morgen aus, wenn du dir nicht immer etwas wünschst, was du nicht haben kannst? Der Nachmittag? Der Abend? Wie klingt der Tag aus, wenn das Wünschen fehlt?

# 10. Vom Haben

«Ich hatte in den letzten fünfzehn Jahren nur ein einziges Mal mein Idealgewicht und aß nur eine winzig kleine Mahlzeit, um es zu halten, und fühlte mich so schlecht wie heute. Schlechter.»
*Teilnehmerin an einem Breaking Free-Workshop*

«Ich würde dafür sterben, noch einmal so schlank zu sein wie vor fünf Jahren, als ich dafür gestorben wäre, noch schlanker zu sein.»
*Teilnehmerin an einem Breaking Free-Workshop*

Bei jeder öffentlichen Lesung von ‹Feeding the Hungry Heart› werde ich gebeten, den Abschnitt über Michael zu lesen, einem Freund, der mir, über eine Schüssel Fettucini gebeugt, sagte, er fände mich unattraktiv, weil ich zu fett sei. Ich erwiderte ihm, daß das meiner Ansicht nach sein Problem sei, nicht meins, und was er sich überhaupt einbilde, so klein und dick, wie er sei. Dann lachen und applaudieren alle. Sie freuen sich, daß ich es Michael freundlich, aber eindeutig gegeben habe. Sie wissen, wie das ist, wenn einem jemand sagt, man sei zu fett.

Die Geschichte mit Michael fand eine Fortsetzung: Sechs Monate später sah ich ihn zum erstenmal wieder nach dem Fettucini-Erlebnis; ich hatte 15 Pfund abgenommen, und er merkte das gar nicht. Michael, der mir gesagt hatte, ich sei zu fett, hatte nicht bemerkt, daß ich sehr schlank war. Das Wissen, daß ich so schlank war, wie ich nur sein konnte, und das Empfinden, daß er auf mich wie eh und je reagierte, waren erleichternd und schmerzvoll zugleich. Erleichternd, weil es bestätigte, was ich bislang über Attraktivität gedacht hatte, aber nicht überprüfen konnte: daß es die Art ist, wie ich gehe, spreche, lache, mich ausdrücke, denke, zuhöre, die darüber entscheidet, ob mich jemand attraktiv findet oder nicht. Die Art zu mögen, wie jemand sein Leben lebt und wie sein oder ihr Leben dein Leben berührt, das, so scheint mir, bildet die Grundlage für Attraktivität. Als ich Michael wiedersah, erkannte ich, daß es nichts gab, das ich tun konnte, um ihn stärker anzuziehen. Er fühlte sich einfach nicht angezogen von dem, was ich war und wie ich lebte. Und so erleichternd es auch war, eine intuitive Annahme durch Erfahrung bestätigt zu wissen, so war es doch auch schmerzhaft. Denn wenn es nicht nur mein Körper war, dann war es etwas noch weniger Kontrollierbares an mir, das er unattraktiv fand. Etwas in den Fasern meiner Existenz, genauso ein Teil von mir, wie die Farbe meiner Augen und die Beschaffenheit meiner Haare.

In dieser Nacht schaute ich zu Hause lange in den Spiegel und versuchte herauszufinden, was Michael so unattraktiv fand. Ich prüfte meine Haut und meine Augen, mein Haar und meinen Mund. Ich ging auf den Spiegel zu und zurück. Ich lächelte, schaute, lachte. Warum fand er mich nicht attraktiv? Der Schmerz war heftig, und ich schlief weinend ein. Ich wollte nicht Michael, ich wollte attraktiv sein.

Seit damals hat sich, obwohl ich nach allen vernünftigen Maßstäben eigentlich dünn genug war, um nicht als übergewichtig eingestuft zu werden, diese Situation mehrere Male mit verschiedenen Menschen wiederholt – mit potentiellen Freunden genauso wie mit Liebhabern. Jedesmal ist der Schmerz heftig. Jedesmal schreit eine Stimme in mir: «Was stimmt nicht mit dir?» Und jedesmal führt der Schmerz zu dem verrückten Versuch, jemanden überzeugen zu wollen, daß er mich lieben müsse – eine Herausforderung voller Not und Beklemmung. Wenn ich verliere, bin ich nicht liebenswert; wenn ich gewinne, ist mein Selbstbild gerettet. Die Einsätze sind sehr hoch bei diesem Spiel; ich kämpfe um die Erlaubnis, mich selber mögen zu dürfen.

Als ich 145 Pfund wog war das anders. Ich war vorbereitet. Wenn ich abgelehnt wurde, wußte ich warum. Als ich 145 Pfund wog, wurde mein Fett abgelehnt – nicht ich. Mein Fett, das mich umschloß, mich schützte, mich verbarg, aber das war nicht ich. Ich war da drin. Ich war sanft, verletzlich und sexy. Und ich war schlank. Ich war ein wunderbares köstliches Geheimnis. Wenn sich mir auf einer Party niemand näherte, lag das daran, daß niemand das Geheimnis kannte, daß niemand mich sehen konnte hinter all dem Fleisch. Nicht weil sie das Geheimnis endeckt hatten und sich dennoch abwandten. Nicht wie bei Michael.

An einem Nachmittag – zu der Zeit war ich dicker als jetzt – lag ich mit zwei Freundinnen auf dem Bett. Wir unterhielten uns, und dabei schoß mir durch den Kopf, wie mutig sie doch waren, so schlank zu sein. Als offenbarten sie in ihrer Schlankheit das Knochengerüst ihres Selbst. Sie trugen ihr Inneres nach außen gewandt, wo es jeder sehen und es entweder akzeptieren oder ablehnen konnte. Ich fragte mich, ob sie wußten, wie mutig sie waren. Ich fragte mich, ob ich je wieder so mutig sein könnte.

Als ich 145 Pfund wog, hatte ich mich unter Kontrolle. Die Leute konnten mich nicht ablehnen; ich hatte mich bereits selbst abgelehnt. Ich wußte, ich war zu fett. Ich wußte, ich war unattraktiv. Sie konnten mich gar nicht weniger mögen als ich mich selber mochte. Jedesmal wenn ich mich abgelehnt fühlte, fing mich mein Ich auf, die Vision dessen, was ich hinter all dem Fett war. Wie das Netz unter dem Drahtseil verhinderte es, daß ich in die Tiefe stürzte und zerschmettert am Boden lag. Wenn sie mich wirklich erkennen würden, dann wäre alles anders, dann hätten sie andere Gefühle. Wenn ich schlank wäre, würden sie mich lieben.

Das Fett war mein Freund. So sehr ich wollte, daß es verschwand, ich brauchte es. Das Schwerste daran war, das zuzugeben. Soweit ich mich erinnern konnte, hatte ich geglaubt, daß nur Leute ohne Willensstärke fett waren. Nur Leute, die sich selber unglücklich machen wollten, waren fett. Nur gepeinigte Seelen waren fett. Nachdem ich Susi Orbachs ‹Antidiätbuch›* gelesen hatte, dachte ich, daß mein Kampf gegen die Pfunde ein Hinweis auf emotionale Probleme war, die, obwohl sie sich im Eßverhalten ausdrückten, im Grunde wenig damit zu tun hatten. Obwohl ich das gern glauben wollte, hörte es sich doch zu gut an; wenn das nun die Stimme der Vernunft war, die mir helfen wollte, für den Rest meines Lebens fett zu bleiben? Wenn ich nun entdeckte, daß mein Fett so hilfreich war, daß ich es nicht loslassen konnte?

Aber dann erkannte ich, daß die Wahl nicht lautete: fett bleiben oder schlank werden, sondern: Bewegung oder Stillstand. Bewegung bedeutet, daß ich mein Selbstbild ändere, nicht mehr denke, ich sei geknebelt und fehlerhaft, sondern glaube, ich sei gesund und bei Verstand. Stillstand verlangt nichts von mir. Ich muß mich nicht ändern, kein Risiko eingehen, keine gesellschaftlichen Wertungen und Vorstellungen hinterfragen. Diese Einstellung verlangt nicht, daß ich schlank werde – nur, daß ich mir weiter wünsche, schlank zu werden. Sie erlaubt mir, mich weiter in Selbsthaß und -zweifel aufzureiben. Sie verlangt nichts, genau wie Shylock nichts von Antonio verlangt. Nur ein Pfund Fleisch aus seinem Körper.

Das Risiko, dich zu befreien, beinhaltet das Risiko, so an dich zu

* München 1978

135

glauben, daß du sagen kannst: «Gut. Das ist wahr, ich habe all diese Jahre damit verbracht, Diät zu halten und unglücklich über mein Gewicht zu sein. Und obwohl es fast absurd erscheint zu denken, daß es zweckmäßig gewesen sein könnte, nicht abzunehmen (es war ein solcher Kampf, und ich wollte so gern abnehmen), bin ich bereit, diese Möglichkeit zu erwägen.»

Zwanghafte Esser haben Angst vor sich selbst. Sie haben Angst, weil sie denken, ihre Art zu Essen steht im krassen Gegensatz zu dem, was sie wollen. Sie starren ausschließlich auf das Leid, nicht schlank zu sein. Wenn ich andeute, daß ihr Gewicht auch einen vernünftigen und hilfreichen Aspekt hat, werden sie mißtrauisch.

Gestern abend sagte jemand in der Gruppe: «Am Ende des Tages gehe ich alle meine Erfahrungen durch und verwerfe die meisten, weil ich immer denke, wie anders sie wären, wenn ich schlanker wäre. Wenn ich eine erfreuliche Begegnung mit jemandem hatte, denke ich: Sie meinen mich nicht wirklich; ich bin nicht schlank genug, um attraktiv, kompetent oder einfühlsam zu wirken. Wenn es eine schmerzhafte Begegnung war, denke ich: Wenn ich schlank wäre, wäre sie anders verlaufen. Sie hätten das nicht so getan, gesagt oder empfunden. Es ist sehr traurig.»

Ja, das ist es.

Aber es hat auch einen Sinn. Es ist hilfreich in einer Weise, die wir uns nicht eingestehen. Bei Betrachtung der Verhaltensweisen, die neurotisch und gehemmt erscheinen, haben wir die Wahl: Einerseits können wir annehmen, daß wir wirklich neurotisch und gehemmt sind, andererseits, und das ist meine Entscheidung, können wir glauben, daß das, was neurotisch scheint, bei genauerer Prüfung ein Verhalten offenbart, das einen Sinn hat in dem Zusammenhang, in dem es geschieht.

Eine nahe Freundin von mir «kämpft», so ihre eigenen Worte, «mit sieben Pfund». Als ich sie gestern besuchte, sagte sie: «Ich erkenne mich nicht wieder, wenn ich in den Spiegel schaue. Ich kenne diesen Körper nicht, er ist so dick. Meine Kleider sind zu eng; ich schäme mich, Leute zu treffen, die ich kenne, und Leuten zu begegnen, die ich nicht kenne.»

Sie erzählt von Mitchell, dem Mann, von dem sie sich gerade getrennt hat. «Er fand meinen Bauch und meine Beine zu dick. Er wollte nicht, daß ich so viel aß. Nimm zehn Pfund ab, sagte er, und du siehst phantastisch aus.» Eines Nachts, als sie gerade eine Schüssel Popcorn leeraß, hörte sie sein Auto in der Einfahrt. Aus Angst, ertappt zu werden, versteckte sie die Popcorn-Schüssel unter ihrem Bett.

Zwei Monate waren vergangen, seit sie sich getrennt hatten. In der Zeit, als sie zusammen waren, hatte sie sieben Pfund zugenommen, und sie sagt heute: «Ich weiß nicht, wie ich sie wieder loswerde. Ich esse gern. Die Mahlzeiten sind das einzige am Tag, worauf ich mich freuen kann. Aber es ist ungerecht – andere Leute essen doppelt so viel wie ich und nehmen nicht zu.»

Sie lernte Mitchell in einer Bar kennen; sie gingen zusammen nach Hause, verbrachten die Nacht zusammen, und bald darauf waren sie unzertrennlich. Eine «Beziehung» hatte angefangen. Aber sie war nie einfach. Er war Mitglied einer religiösen Sekte; sie war nicht daran interessiert, dort einzutreten, was er mißbilligte. Mit seiner Karriere ging es abwärts, mit ihrer aufwärts. Er mochte ihren Körper nicht, teilte nicht ihre intellektuellen Interessen und drängte sie, «dem Pfad» zu folgen. Ihre Liebe begann, entwickelte sich, und gegen Ende zeigte sie sich nur noch im Bett. «Ich werde das nie wieder tun», sagte sie, «jemanden wählen, der nur einen Teil von mir akzeptiert. Er wollte entsprechend seiner eigenen spirituellen Vorstellungen und nach seinem Körperbild leben; ich konnte das nicht. Aber ich bin so allein ohne ihn.»

Was haben die sieben Pfund damit zu tun?

Eine Menge.

Vor ein paar Monaten mögen die sieben Pfund ihren Zorn auf Mitchell ausgedrückt haben: «Entweder du liebst mich, so wie ich bin – alles an mir – oder nichts. Ich kritisiere dich nicht wegen deines kahlen Kopfes. Ich sage nicht: Oh, Mitchell, du verlierst deine Haare. Ich fände es besser, wenn du es nicht tätest! Aber ich möchte auch nicht wegen meiner Beine oder Hüften kritisiert werden.»

Heute mögen die sieben Pfund sagen: «Du hast ihn schließlich verlassen, und wir halten dich davon ab, daß du wieder mit jemandem ins Bett steigst, den du nicht kennst. Wir halten dich davon ab, daß du dich in jemanden verliebst, ehe du genug Zeit hattest, ihn erst einmal zu mögen. Das letzte Mal war zu schmerzhaft, um das zu wiederholen. Es tut uns leid, daß du so schlecht mit uns klarkommst, aber wir möchten lieber, daß du mit uns eine schwere Zeit hast als mit einem anderen Mann.»

Die sieben Pfund können auch sagen: «Du bist allein. Du hast gerade mit jemandem gebrochen, den du liebtest, du lebst allein in einem neuen Haus, du bewirbst dich um neue Jobs; Nahrung ist das einzige, was du hast und was dir gut schmeckt. Laß uns für eine Weile bei dir. Wenn du uns nicht länger brauchst, wirst du uns loswerden. Kampflos.»

«Aber selbst, wenn das stimmt, und das tut es sicherlich», sagte meine

Freundin, «es ist verdammt schwer, in so einer Übergangssituation allein zu sein und sich auch noch fett zu fühlen.»

«Das ist es», antwortete ich. «Aber wenn du ein Kind weinend am Straßenrand findest, würdest du hingehen, es anschreien und nach ihm treten?»

«Nein», sagte sie ruhig. «Ich würde es in den Arm nehmen, es wiegen und streicheln.»

Wir versuchen nicht mit Absicht, uns das Leben noch schwerer zu machen als es ohnehin schon ist.

Wenn es so aussieht, als täten wir das, wird es Zeit, noch einmal genauer hinzuschauen.

Ich ermutige meine Klientinnen, davon auszugehen, daß das, was sie tun, auch wenn es leidvoll und gehemmt erscheint, hilft, auch wenn das nicht offensichtlich ist. Ihre Aufgabe ist dann nicht, sich zu bestrafen und sich selbst zu ändern, sondern zu erkunden, wie sie besser für sich sorgen können. Die Richtung ändert sich: Von «Ich verletze mich selbst» zu «Ich helfe mir selbst». Als drehe man die Scheibe im Kaleidoskop; die bleiben die gleichen, aber die Muster ändern sich völlig.

Wenn du von der Annahme ausgehst, daß das, was du tust, dir hilft, dann beginnst du, deinen Instinkten und deinem Bedürfnis nach Selbstschutz zu vertrauen. Du umarmst dich, du wiegst dich, du streichelst dich.


## Das Kaleidoskop drehen

Es gibt einen riesigen Berg von gesellschaftlichem Widerstand gegen die Vorstellung, daß Übergewicht einem sinnvollen Zweck dienen könnte. Der Druck, schlank zu sein, und die Herrlichkeit, die Schlanksein verspricht – das gilt als einzige Wahrheit und Wirklichkeit. Aber warum nicht die Blickrichtung ändern? Warum nicht nach dem Wert der Zeit, des Geldes und der Aufmerksamkeit fragen, die wir in das Ziel investiert haben, schlank zu werden, und die erschreckende Möglichkeit in Erwägung ziehen, daß wir Jahre unseres Lebens damit verbracht und Tausende Mark ausgegeben haben, um eine Lösung zu finden, die immer nur so weit reichen konnte wie unsere Erfahrung und unser Bedürfnis nach Selbstschutz.

Uns geht es wie Dorothy in ‹The Wizard of Oz›: «Wenn ich je wieder

nach den Sehnsüchten meines Herzens suche, dann brauche ich nicht
weiter zu schauen als in meinen eigenen Hinterhof, denn wenn sie da
nicht sind, dann habe ich sie nie richtig verloren.»

Der eigene Hinterhof. Laßt uns dort anfangen.

## Das schlanke Ich/das dicke Ich:
## Welches von beiden bist du?

Als ich am allerdicksten war und auch jetzt, wo ich mir schlanker vor-
komme, verhält sich das Bild von meinem dicken Ich zu meinem
schlanken Ich wie die Nacht zum Tag. Das schlanke Ich geht nicht
einfach, es schwebt in den Raum. Sanft und sexuell, warm und bezwin-
gend. Sprühend, glitzernd, unterhaltsam. Mein schlankes Ich wird begehrt, bewundert, umschwärmt. Mein schlankes Ich will nichts, was es
nicht hat oder haben kann. Mein schlankes Ich ist eine Tänzerin. Sie ist
selbstvergessen, unpolitisch, interessiert sich nur für Kleider, Klatsch
und Kerle.

Mein dickes Ich steht mit beiden Beinen fest auf der Erde, gleicht
Baumstämmen. Es ist in sich abgeschlossen, genügsam, eine Welt für
sich. Es ist still. Asexuell. Es ist Schriftstellerin, arbeitet für Atom-
stopp, für den Umweltschutz, für die Rechte der Frauen. Es hat Tiefe,
Pflichtbewußtsein, Ausdauer. Es lebt allein, fühlt sich hoffnungslos
und für immer häßlich.

Diese Vorstellungen beruhen teilweise auf Erfahrung. Als ich fünfzehn oder sechzehn Jahre alt war – mitten in meinen magersüchtigen
Zeiten –, war Schlanksein gleichbedeutend mit konsumorientiert,
selbstbezogen. Ich verwendete meine Attraktivität als Visitenkarte.
Mein Innenleben schätzte ich nicht, weil ich gar nicht wußte, daß ich
eins hatte.

Später, gegen Ende Zwanzig, war ich bereit, nach innen zu schauen,
stellte mir Fragen, und ich fand sinnvolle Arbeit. Es war wohl kein
Zufall, daß ich in dieser Zeit 55 Pfund zunahm. Ich glaubte nicht, daß
ich gleichzeitig schlank und ernsthaft sein konnte, schlank und kompetent, schlank und ehrlich. Meine alten Erfahrungen, die Frauenbilder in
der Werbung und im Fernsehen überzeugten mich unbewußt, daß
Schlanksein Schönheit, Männer und Sex bedeutet. Mir wurde klar, daß
diese Bilder mein Verhalten prägten, und, indem ich sie überprüfte,

konnte ich sie ändern. Ich erkannte, daß irgendwo zwischen diesen beiden Bildern ein Mensch leben konnte.

● Wer ist dein dickes Ich? Was tut es? Wie fühlt es sich? Was braucht es?

Beschreibe auf ein oder zwei Seiten dein «dickes Ich». Speziell seine Kleidung, seinen Gang, seine Haltung, seine Ausdrucksweise. Was fängt es mit seiner Zeit an? Wie fühlt es sich unter anderen Leuten? Hat es intime Beziehungen? Ist es witzig, ernsthaft, sexy, klug?

Wenn du diese Übung in einer Gruppe machen willst, verwende eine Liste: «Das dicke Ich ist...» Zensiere deine spontanen Antworten nicht. Überlegt zusammen. Achte auf Einzelheiten und auf allgemeine Aspekte. Schreib so lange weiter, bis du keine Antworten mehr findest.

● Wer ist dein schlankes «Ich»?

Entwirf ein Bild von deinem schlanken «Ich», entweder in einem Text oder in einer Liste, wieder möglichst detailgetreu. Wie verhalten sich die Leute ihm gegenüber? Was für Kleider trägt es? Wie verhält es sich auf einer Party? Was hat es für Bedürfnisse, für Wertigkeiten?

● Wenn du beide Porträts vollendet hast, vergleiche sie. Wie unterscheiden sie sich? Sind ihre Bedürfnisse austauschbar? Welches Porträt beschreibt dich so, wie du sein willst? Woher weißt du, wer du bist?

Eine Frau aus einem Workshop schrieb:

| Mein dickes Ich ist | Mein schlankes Ich ist |
| --- | --- |
| ein Einsiedler | unermüdlich |
| versteckt sich | männerfixiert |
| zornig | selbstverleugnend |
| bedürftig | kokett |
| leidend | sexuell ansprechbar |
| arbeitet hart | |
| ungesellig | |

Ihr dickes Ich und mein dickes Ich ähneln sich wie Zwillinge. Wie bei vielen anderen Frauen wird Dicksein assoziiert mit ruhig und allein sein, ohne gesellschaftliche Verpflichtungen, ohne *small talk*, mit der

Erlaubnis, unglücklich zu sein, nein sagen zu dürfen –, die ganze Zeit. Schlanksein dagegen assoziiert: voller Energie, sexuell, im Mittelpunkt der Aufmerksamkeit stehen – die ganze Zeit.

Wenn du das Gefühl hast, daß du, sobald du schlanker bist, nicht mehr nein sagen kannst (zu sexuellen Angeboten oder zeitlicher Beanspruchung), dann ist das Abnehmen erschreckend. Auch wenn du dir ständig erzählst, wie wichtig dir das Schlankwerden ist; du wirst einfach nicht so essen, wie es jemand tut, der wirklich abnehmen will, also essen, wenn du Hunger hast und bis du befriedigt bist. Wenn die Quantität deiner Nahrung deine Ängste besänftigt, für dich sorgt, dir gestattet, dich sicher zu fühlen, dann wirst du sie nicht reduzieren, weil schlanker sein hübscher ist.

Vorstellungen und Assoziationen über dein dickes und dein schlankes Ich sind Vorstellungen und Assoziationen, die möglicherweise zum Teil auf Erfahrung beruhen. Sie mögen einst gestimmt haben. In deiner Jugend hat dich vielleicht die Aufmerksamkeit der Jungen erschreckt, und du hast festgestellt, daß sie dich in Ruhe ließen, wenn du dicker warst. Du fühltest dich sicher und geschützt. Vielleicht hast du diese Erfahrung vergessen, aber den Eindruck, das Eßverhalten und das Übergewicht zurückbehalten.

Unsere Vorstellungen und Assoziationen werden genährt von den Medienbildern schlanker Frauen. Wenn du schüchtern und still bist, aber gern gesellig und überschwenglich wärst, bist du die perfekte Zielscheibe für die Fernsehgestalten und die Mannequins, in denen geschickt schlanke Frauen mit wünschenswerten Eigenschaften in beneidenswerten Situationen kombiniert werden. Dir wird glauben gemacht, daß du all das haben wirst, was sie haben – gesellschaftlichen Schliff, attraktive Männer, eine zufriedenstellende Karriere –, wenn du aussiehst wie sie. Wenn du schlank bist.

Zwei heimtückische Fallgruben sind hier angelegt. Die eine: Du gibst deinem Körper ein Eigenleben, eine eigene Persönlichkeit und dir, umgekehrt, nicht genügend Macht. Du, nicht dein Körper, bist schüchtern, und du, nicht dein Körper, hat die Macht, den Mund aufzumachen und zu reden. Sicher: Schlanker sein bringt einen Zuwachs an Selbstvertrauen und das wieder mehr gesellschaftliche Ungezwungenheit. Aber nicht immer. Wenn du von Natur aus still bist, wenn du keine Parties magst, ist es selbst nach einer gewaltigen Gewichtsabnahme unrealistisch, eine plötzliche und gewaltige Persönlichkeitsveränderung zu erwarten.

Die zweite Falle hat mit der ersten zu tun: die Abtrennung und Zuweisung bestimmter Eigenschaften an Schlanksein und Dicksein, der Schwarzweiß-Kontrast von zum Beispiel kokett und energisch sein im Gegensatz zu leidend und bedürftig. Wenn du solche willkürlichen Trennungen machst, glaubt du oft tatsächlich irgendwann daran. Du glaubst dann, daß du als schlanke Frau nicht bedürftig sein kannst. Ganz gleich, wie du aussiehst, du bist ein Mensch und wirst deshalb manchmal bedürftig sein. Wenn Schlanksein dir keinen Raum läßt für das, was du bist und bleiben möchtest, warum dann schlanker werden? Wer möchte denn ständig kokett und energiegeladen sein? Der Druck solcher Verhaltensmodelle, ihre Zuweisung nach Körperumfang, dulden keinen Widerspruch und keine Veränderung. Es ist möglich, energisch und bedürftig zu sein, kokett und leidend. Wenn du nicht abnimmst, weil du dann dem Bild nicht entsprichst, das du brauchst oder willst, auch wenn du schlanker bist, ist es wichtig, daß du diese getrennten Eigenschaften wieder miteinander vereinst. Es gibt keine Einschränkungen der Persönlichkeit für jemanden, der sich mit seinem Gewicht wohl fühlt.

Du kannst zurückhaltend, kokett und bedürftig sein, heute, morgen oder nächste Woche; du mußt nicht warten, bis du schlanker bist, um das zu sein, was du sein willst. Normalerweise lautet die Erwiderung in den Gruppen daraufhin: «Sicher, aber wer flirtet schon mit einer übergewichtigen Frau?» Die Antwort: eine Menge Männer.

Auch in meinen schwergewichtigsten Zeiten fanden mich die Leute attraktiv, wenn ich selbst mich attraktiv fand. Sicher, es mag Männer gegeben haben, die mich anziehender gefunden hätten, wenn ich weniger gewogen hätte. Aber, wenn ich hätte wählen sollen, mein Leben mit einem dieser Typen zu verbringen – was wäre passiert, wo wären sie gewesen, wenn ich krank geworden wäre, meine Haare verloren hätte, schwanger geworden wäre und 35 Pfund zugenommen hätte?

Attraktivität liegt in dem, was jemand von sich hält, in seiner Bereitschaft, auf dich zuzugehen. Glenn Close sagte in seinem Interview: «Oft finde ich mich wirklich nicht hübsch. Ich denke, mein Gesicht ist wandelbar... Mein Aussehen liegt in den Veränderungen meiner Gesichtszüge, nicht im Stillstand.»

Schlanke Körper werden schnell langweilig.

• Zwei Listen, die die Vorteile des Übergewichts genau beschreiben:

1. Dicksein ermöglicht mir...
2. Schlanksein bedeutet, ich kann nicht...

Nimm dir Zeit, in einer Gruppe oder allein diese Listen zu vervollständigen. Deine Antworten werden dir genau sagen, wie du mit deinem Gewicht umgehst, was es für dich ausdrückt, wie es für dich sorgt.

• Nachdem du ein Porträt des dicken und des schlanken Ich gezeichnet hast, zeichne ein Porträt, in dem du die Eigenschaften verbindest. Nimm dir mindestens eine halbe Stunde Zeit zum Nachdenken, und dann schreibe eine ausgeglichene und durchdachte Beschreibung der Eigenschaften, die du unabdingbar für dein Wohlbefinden hältst. Fange an, dir das Gefühl zu vermitteln, daß die Fähigkeit, zu gewandt oder zurückhaltend zu sein, und jeder andere geistige oder emotionale Zustand nicht ausschließlich von deinem Körperumfang abhängen. Die selbe Frau, die die beiden Listen auf Seite 140 verfaßte, schrieb:

«Ich kann schlanker sein und hart arbeiten. Ich kann Schmerzen fühlen, egal, wie ich aussehe. Ich kann jederzeit das Gefühl haben, mich verstecken zu müssen und mich zurückziehen. Ich muß nicht dick sein, um ohne Sexualität und ohne Liebhaber zu leben. Ich möchte die Freiheit haben, all das zu sein, wann immer ich es spüre.»

• Fertige eine Liste von all den Dingen an, die du erst tun willst, wenn du schlank bist. Überschreibe sie mit «Ich warte darauf, schlank zu sein, um...» Diese Liste ist gewöhnlich sehr lang. Berücksichtige auch so banale Sachen wie einen Gürtel tragen oder eine Bluse in den Rock stecken oder öffentlich Schokolade essen. Und wichtigere Sachen wie Kleider kaufen, die du magst, einen alten Freund wiedersehen – auf was alles wartest du, bist du schlank bist?

• Wenn du diese Liste erstellt hast, fang an, zwei «schlanke» Sachen pro Tag zu tun. Falls du magst, können das für ein paar Tage zwei gleiche Sachen sein. Aber dann gehe zu anderen, möglichst riskanteren Aktivitäten über. Verhalte dich wie eine Person, die sich wohl fühlt in ihrem Körper. Beobachte, was mit deinem Gang passiert, und der Art, wie du spülst, wie du sitzt, wie du redest, wie du ißt.

● Gib dem dicken Ich einen Namen und schreibe einen Dialog zwischen ihm und dir (nimm dir dafür mindestens zwei Stunden Zeit, denn du brauchst länger, als du erwartest, um zur Ruhe zu kommen und deine Stimme von der Stimme des dicken Ich zu unterscheiden). Sprich diesen Teil an, frage, was er will, was er braucht, wie er für dich sorgt.

Erzähle ihm, wie du dich mit ihm fühlst. Laß dein Herz sprechen. Wenn du wütend bist, sei wütend. Wenn du traurig bist, sei traurig. Aber stelle den Kontakt her zu dem, wovor du bisher ausgewichen bist und was du so lange abstoßend gefunden hast: dem Teil von dir, der ißt und ißt und ißt. Der Dialog wird dir helfen, eine Beziehung zu ihm herzustellen. Er wird dir helfen, eine Verbindung zwischen den beiden Teilen in dir zu schaffen, die ehemals füreinander einstanden. Du hast einen potentiellen Freund in diesem Teil. Zusammen seid ihr ein starkes Team.

## 11. Urteil und Bewußtheit: Gefangene Vögel singen nicht

> «Wenn ich mich nicht selbst verurteilte, wäre mein
> Leben in Ordnung, und wenn mein Leben in Ord-
> nung wäre, wüßte ich nichts mit mir anzufangen.»
> «Von hinten schaue ich mich gern an. Hinten habe ich
> keinen dicken Bauch.»
> *Teilnehmerinnen an einem Breaking Free-Workshop*

Wenn ich die Teilnehmerinnen in einem Workshop bitte, alle Urteile zu
zählen, die sie täglich fällen, kommen sie in der nächsten Woche und
berichten, daß sie nach einer halben Stunde aufgehört haben zu zählen,
weil die Anzahl der Urteile nicht mehr zählbar war.

Wir denken in Urteilen, wir reden in Urteilen, wir handeln nach
Urteilen. Meinungen sind Urteile, Entscheidungen sind Urteile.

In vielen Situationen sind Urteile notwendig. Unser tägliches Leben
erfordert vielfältige Entscheidungen, und Entscheidungen erfordern
Urteile darüber, was besser ist, angemessener, gesünder, effektiver. Urteile sind notwendig für unser physisches und emotionales Überleben.

Wenn das Herz beteiligt ist, bewirken negative Urteile oft genau das
Gegenteil. Wenn geurteilt wird, gibt es Härte, Widerstand und Ausein-
andersetzung, Ziehen und Zerren und Kämpfen. Solange es Urteile
gibt, setzt sich zwanghaftes Verhalten fort.

Vor acht Jahren begegnete meine Freudin Ashley einem Mann, verliebte sich in ihn und heiratete ihn. Bei ihrer dritten Verabredung sagte
er ihr, sie sei zu fett. In den vergangenen sieben Jahren hat Ashley sieben Pfund zugenommen.

Donna, eine Frau aus meinem Workshop, trifft sich mit einem
Mann, der ihr immer wieder sagt, er fände sie viel anziehender, wenn
sie 20 Pfund abnehme. «Wenn er mich nach einem Treffen abends zu
Hause absetzt», sagt sie, «gehe ich geradewegs in die Küche und stopfe
mich voll. Es treibt mich in den Wahnsinn. Seit er mir gesagt hat, ich
sollte 20 Pfund abnehmen, habe ich 10 zugenommen. Ich möchte, daß

er mich anziehend findet. Ich liebe ihn, aber ich mag ihn nicht, wenn er mir sagt, ich sollte abnehmen.»

Wenn unser Verhalten streng verurteilt wird – ob von uns selbst oder von anderen, schließt sich in uns ganz leise eine Tür. Es ist, als legtest du die Arme über den Kopf, um dich vor Schlägen zu schützen; du willst nicht verletzt werden.

Wenn Donnas Liebhaber ihr sagt, sie müsse abnehmen, zieht sie sich zurück; sie spürt, daß in seinen Vorstellungen kein Raum für etwas Widersinniges ist: Obwohl sie weiß, daß sie, vom gesellschaftlichen Ideal aus betrachtet, übergewichtig ist, fühlt sie sich dennoch sehr zerbrechlich: eine Kindfrau, voller Zweifel, die Nahrung braucht, um sich zu schützen, um Menschen von sich fernzuhalten. Sie kann ihm nicht länger vertrauen, weil sie spürt, daß er – wenn sie sich selbst verlöre, nicht mehr wüßte, wie es mit ihr weitergehen sollte, ihr nicht den Weg weisen würde, der nach Hause führte. Sie spürt, daß er nicht für sie da ist, daß seine Vorstellung von ihr seinen eigenen Träumen angepaßt ist, nicht ihren. So fängt Donna an, sich vor ihm zu schützen, ist kurz angebunden, zuckt zusammen, wenn er sie berührt.

Wenn an deinem Verhalten herumgekrittelt wird, geht sofort der Kampf los. Wir fühlen uns angegriffen, wir schlagen zurück.

Die Urteile von Donnas Liebhaber spiegeln seine Probleme wieder, nicht ihre. Aber weil sie befangen und verletzlich ist, fühlt sie sich durch seine Äußerungen über ihr Gewicht persönlich angegriffen. Ihr emotionales Überleben steht auf dem Spiel – jemand sagt ihr, sie sei nicht gut genug, so wie sie ist – und sie schlägt zurück. Sie wählt ihre Waffe strategisch geschickt, greift zu dem einzigen, das den Angreifer verwunden wird – Fett.

Wenn ihr Liebhaber merkt, daß Donna zunimmt – nicht abnimmt, ist *er* verletzt und wütend. (Zählen seine Gefühle nicht? Hat er ihr nicht gesagt, daß er sie nicht anziehend findet?) Jetzt fühlt *er* sich angegriffen, und sein emotionales Überleben steht auf dem Spiel. So schlägt er zurück mit der Waffe, die wiederum seine Gegnerin verwunden wird: Er verurteilt ihren Körper. Beide fühlen, daß der andere nicht zuhört und kein besonderes Interesse hat. Sie fangen an, statt Brücken zu schlagen, Mauern um sich herum aufzubauen. Unüberwindbar erscheinen sie von außen, innen bröckeln sie auseinander. Die Einsamkeit ist schrecklich, auch wenn sie nachts nebeneinander liegen. Vielleicht ist sie dann am verheerendsten in der Dunkelheit, wenn die Wärme und das Aneinanderschmiegen ihrer Körper die Differenzen des Tages nicht mehr überdecken können.

Ich glaube nicht, daß es einen Weg gibt, das Urteilen grundsätzlich abzuschaffen; darum geht es auch nicht, aber ich denke, wir sollten uns diesen Prozeß bewußter machen. Wir können daran arbeiten, uns selbst nicht länger mit unseren Urteilen zu identifizieren. Nur weil wir uns eine Meinung über uns oder andere bilden, heißt das noch lange nicht, daß diese Meinung richtig ist. Genausogut können wir uns auch von der Identifikation mit den Meinungen anderer über uns lösen. Nur weil jemand uns unattraktiv findet, bedeutet das noch nicht, daß wir es sind.

Wenn mir jemand vorwirft, ich sei eine unaufmerksame Zuhörerin, stößt mich das nicht in abgrundtiefe Selbstzweifel. Ich weiß, daß ich meist eine gute Zuhörerin bin. Ich weiß das, weil mir das immer wieder bestätigt worden ist und weil ich spüre, daß meine Aufmerksamkeit konzentriert und intensiv ist. Weil ich mein Selbstwertgefühl nicht verteidigen muß, kann ich meine Aufmerksamkeit auf die Person richten, die diese Bemerkung macht. Ich kann sie fragen, ob ich sie verletzt habe mit etwas, was ich getan habe. Ich kann überprüfen, ob ich etwas gesagt oder nicht gesagt habe, das sie veranlaßt hat, meine Fähigkeit als Zuhörerin zu kommentieren. Ich kann mich darauf konzentrieren, was sie über sich selbst ausdrücken will hinter dem verschwommenen Urteil über mich.

Hinter jeder «Du»-Äußerung steht eine «Ich»-Äußerung.

«Du bist eine unaufmerksame Zuhörerin» läßt sich übersetzen in: «Ich brauche mehr Aufmerksamkeit.»

«Du wärest wesentlich attraktiver, wenn du 20 Pfund abnehmen würdest», heißt dann: «Ich habe Angst, dir zu nahezukommen.»

Ashleys Mann hat in den acht Jahren ihrer Beziehung genörgelt und gezetert. Erst wollte er nicht monogam leben; dann wollte er nicht mit ihr zusammen leben; dann wollte er nicht heiraten; jetzt will er keine Kinder. Ähnliche Muster spielte er mit anderen (schlankeren) Frauen in seinem Leben durch. Er hat Angst vor Nähe. Manchmal gibt er das zu. Aber meist sagt er Ashley, daß er seine Gefühle wegen ihres Gewichts zurückhält (ungeachtet der Tatsache, daß ihr Sexualleben für beide befriedigend ist).

Der Mann hat Angst. Wie die meisten von uns. Liebeslieder bereiten uns nicht vor. Nichts und niemand hat uns auf das große Erschrecken vorbereitet, mit einem Menschen Auge in Auge zusammen zu leben, ohne Masken. All das, was du keinem zeigen wolltest – deine Ängste, deine Verwirrung, deine Bedürfnisse –, wird sichtbar. Wenn ihr beide gewillt seid, euch diesem Unbehagen zu stellen, euch zu offenbaren, kann euch das helfen, euch näherzukommen, wohlwissend, daß es keine Garantien gibt. Der Mann, den du liebst, kann dich verlassen oder sterben.

Wenn Ashleys Mann sagt «Du bist fett» statt «Ich habe Angst», befreit er sich von der Aufgabe, tiefer in sich selbst hineinzuschauen (in sein Innerstes, sein Zentrum). Er delegiert die Verantwortung für seine Unfähigkeit an Ashley; er sagt: «Es ist dein Fehler; du mußt es besser machen.» Ashley mag ihm glauben oder nicht. Wenn sie ihm wirklich glaubt, daß er sie mehr lieben wird, wenn sie schlanker ist, wird das Ergebnis ein endloser, unbefriedigender Schlagabtausch sein. Sie wird zornig, weil er sie nicht so liebt, wie sie ist; er wird zornig, weil sie nicht abnimmt; und weil keiner von beiden an die Wurzel des Übels geht, werden sie weiter aufeinander einschlagen, bis die Beziehung zerbricht.

Patti kam in einen Breaking Free-Workshop, nachdem sie zwanzig Jahre versucht hatte abzunehmen. «Mein Mann», sagte sie, «mag keine dicken Frauen und erzählt mir ständig, daß unser Sexualleben viel besser würde, wenn ich abnähme.» Während zweier achtwöchiger Kurse nahm Patti 35 Pfund ab. Und ihrem Ehemann gefiel das gar nicht. Plötzlich hatte er die Frau seiner Träume und konnte nicht aufwachen. Sie stritten sich, schliefen in getrennten Räumen. Sie war verwirrt und zornig. «Dafür habe ich mich zwanzig Jahre fast umgebracht.» Er war bitter und grollte. («Du hast dich verändert», sagte er, «du bist nicht mehr so lieb wie früher.») Nun gehen sie zum Eheberater und hoffen, die zwanzig Jahre voller Angst und Ärger entwirren und sich den wirklichen Problemen stellen zu können, die sie in «Pattis Gewichtsproblem» umbenannt hatten und deshalb ignorieren konnten.

Unsere Fähigkeit zu lieben, Intimität zu ertragen, hängt von der Freiwilligkeit ab, mit der wir uns selbst liebevoll durch unser Unbehagen und unsere Ängste leiten. Wenn wir innerlich an Mauern stoßen, können wir sie erklimmen? Wenn deine Beine zum Klettern nicht kräftig genug sind, läßt du dich entmutigen? Geben wir anderen die Schuld, sagen ihnen, sie seien fett? Oder besuchen wir einen Bergsteigerkurs?

Ashley hat neun Pfund zugenommen.
Donna hat jede Nacht einen Eßanfall.
Urteile erzeugen Konflikte, Verhärtung, Rebellion. Wo verurteilt wird, geht zwanghaftes Verhalten weiter.

Gestern besuchte ich einen Aerobic-Kurs. Die Leiterin trägt Größe 36 und wiegt 120 Pfund. Sie erinnert mich an eine Löwin, geschmeidig, schlank, gewandt. Sie ist schlank, ohne mager zu sein, muskulös, aber nicht maskulin.

Vor dem Unterricht ging ich in den Laden für Sportkleidung und traf dort die Leiterin im Umkleideraum. Sie probierte ein Trikot an und sagte: «Ich bin heute richtig fett.» Die Verkäuferin rief aus: «Sie? Fett? Hören Sie bloß auf.» Die Leiterin erwiderte: «Ich bin's. Schauen Sie da...», und sie kniff einen Millimeter Fleisch ihrer Taille zusammen.

Ich ging in den Übungsraum und betrachtete meinen Körper im Spiegel. Meine Hüften wuchsen wie Pyramiden vom Boden, meine Taille war dick, meine Arme wabbelig. Ich schleppte mich durch den Kurs, und zu Hause marschierte ich schnurstracks zum Kühlschrank.

Ein Urteil ist wie ein andauerndes hohes, tonloses Schreien. Es tut in den Ohren weh. Erst versuchst du, dir die Ohren zuzuhalten. Dann willst du den Raum verlassen. Bald wirst du verrückt; du wirst alles tun, um das Schrillen in deinem Kopf abzustellen.

Essen stellt es ab. Essen lenkt dich von dem Schrillen ab und richtet deine Aufmerksamkeit aufs Schmecken. Essen entlastet dich von alldem, wofür du dich verurteilst, bis du dich wegen des Essens verurteilst. Essen gebietet Einhalt, bis das Urteilen wieder in Gang kommt. Also gebietet Essen letztlich doch keinen Einhalt.

Nichts kann ein Urteil stoppen, außer dem Bewußtsein, daß es Urteile sind. Gegen ein Urteil kannst du nicht ankämpfen und gewinnen. Es ist wie bei einer Pflanze, die du beschneidest: Sie wächst noch ausladender und üppiger nach. Wenn ich mir selber sage, ich sei fett, dann ist meine Reaktion darauf, daß ich nicht weniger esse, sondern mehr.

Urteile provozieren ein ganzes Bündel von Gefühlen, Eindrücken und Vorstellungen, auf die wir reagieren. Das, was wir aus den Urteilen folgern, setzt sich spiralförmig fort bis in Selbstzweifel und den Verlust des Selbstwertgefühls. Ich kann nicht sagen: «Geneen, du kriegst dicke Beine, warum nimmst du nicht ab?» ohne einen Sturm von Gefühlen zu wecken, die ich mit Dicksein assoziiere, und auf diese Gefühle reagiere ich, indem ich schnurstracks zum Kühlschrank marschiere. Diese Gefühle sind der stumme Schrei. Die Stimme, die sagt: «Du bist dick. Du bist häßlich. Du bist wertlos.» So schmerzhaft, daß ich nach ihr schlagen will.

Wir wollen als ganze Menschen wahrgenommen und behandelt werden. Wir möchten für Eigenschaften geschätzt werden, die nicht gleich sichtbar sind, wenn wir die Straße entlanggehen. Aus gutem Grund: All das – unsere Gefühle, unsere Fähigkeit zu geben, zu empfangen, zu vermitteln, uns zu ändern, unsere Intelligenz – braucht Zeit und Kraft, um sich zu entwickeln und zu vertiefen. Ohne sie sind wir wie Ostereier, glänzend verpackt und eingefärbt, aber innen leer. Wenn jemand uns sagt, oder wenn wir selbst uns sagen, daß nur äußerer Glanz und Dekoration zählen, fühlen wir uns abgewertet, nicht wahrgenommen. Und dann reagieren wir, indem wir genau das Gegenteil von dem tun, wofür wir gerade verurteilt worden sind.

Das Herz verschließt sich, wenn ihm ein Ultimatum gestellt wird, und ein Urteil ist, in welcher Form auch immer, ein Ultimatum. «Wenn du abnehmen würdest, fände ich dich attraktiver», ist eine verschlüsselte Version von: «Solange du nicht abgenommen hast, werde ich dich nicht uneingeschränkt lieben.» Niemand kann das hören, ohne darauf zu reagieren.

Wir ändern uns ständig; so viel ist sicher. Aber wir können uns nicht anderen zuliebe ändern. Wir können nicht einfach abnehmen oder tibetanische Mönche werden, es sei denn, Ziel und Absicht dieser Veränderung entsprechen unseren eigenen Überzeugungen und Träumen, es sei denn, wir fühlen uns wirklich akzeptiert und verstanden von dem Menschen, der uns darum bittet. Aber auch dann ändern wir uns für uns. Wir verändern uns, um jenem flüchtigen Schimmern näher zu kommen, jenem Aufblitzen, das uns zeigte, was wir werden könnten, wenn wir uns erlaubten, uns voll zu entfalten. Wir ändern uns, weil wir sonst ignorant und kindisch werden, uns verhärten.

Urteile führen keine Veränderungen herbei.

Veränderung wächst wie eine Pflanze; langsam, ohne Zwang, versehen mit den lebenswichtigen Nährstoffen Liebe und Geduld und dem festen Willen, in Zeiten der Stagnation auszuharren.

Wenn du dich ändern willst, dann mußt du lernen, liebevoller mit dir und den anderen umzugehen.

Bewußtheit, im Gegensatz zum Urteilen, ist eine Art umfassender und gelassener Aufmerksamkeit, mit der du beobachtest, was du tust, ohne dich an eine bestimmte Richtung zu zwingen.

Bewußtheit nimmt wahr, nichts weiter. Wenn du nach Hause kommst, nicht hungrig bist, aber den Kühlschrank ansteuerst, ist Bewußtheit die Stimme, die sagt: «Mein Herz rast, meine Hand greift in den Kühlschrank. Die Nahrungsmittel wandern in meinen Mund. Ich kaue, schlucke, stecke mir mehr in den Mund. Druck im Magen. Kaltes Essen. Schmeckt nach nichts. Mehr essen. Schmeckt immer noch nach nichts... Was ist los?»

Die verurteilende Stimme sagt: «Einfach unglaublich, was du da wieder machst. Was ist los mit dir? Du wirst es nie lernen, nicht? Gehst los, schaufelst dir Essen in den Mund; schau dich an, du bist ekelerregend. Du sagst, du willst darauf achten, was du ißt und jetzt das! Willst du immer dicker werden? Bald kannst du nur noch Walle-Walle-Gewänder tragen.»

Urteile schüchtern dich ein, treiben dich in die Enge. Sie treiben dich so lange, bis dich eine andere Stimme, die Stimme der Rebellion, wieder zurücktreibt: «Ich kann machen, was ich will. Mein Körper gehört mir. Ich hatte einen schweren Tag. Dolle Sache, wenn ich für den Rest meines Lebens Walle-Walle-Kleider tragen muß. Kümmert mich doch nicht, ich will essen.»

Bewußtheit provoziert keinen Kampf, kein Geschrei, kein Ultimatum. Bewußtheit befreit von zwanghaftem Verhalten, denn sobald du dir bewußt wirst, daß du dich zwanghaft verhältst, tust du es nicht mehr.

Zwanghaftes Verhalten ist, wie schon der Name sagt, automatisch gedankenlos. Wir greifen zur Nahrung, Alkohol oder Drogen, wenn wir uns betäuben wollen, ausklinken wollen, aus uns heraus wollen. Der Wert des Zwanghaften liegt darin, daß wir von einem Unbehagen loskommen. Und seine Tragik ist, daß wir uns selbst nicht von Unbehagen lösen können, ohne uns von unserem Leben zu entfernen.

Wir brauchen keine Tricks, um abzunehmen, weder besondere Diäten noch besondere Nahrungsmittel. Wir müssen uns nur entscheiden, ob wir uns von unserem Leben entfernen oder an ihm teilhaben wollen. Bewußtheit bedeutet, daß du dich selbst begleitest, dir selber Gesellschaft leistest, solange du lebst.

Bewußtheit und Zwanghaftigkeit können nicht im gleichen Moment nebeneinander bestehen. Wenn du ein Licht anzündest, ist es nicht länger dunkel. Ganz gleich, wie zwanghaft du bist, ob du dich dreißig Jahre überfüttert hast oder dreißig Minuten; sobald dir bewußt wird, daß du dich überißt, ist es kein Eßanfall mehr.

Für mich war der erschreckendste Aspekt des zwanghaften Essens das Gefühl, besessen zu sein. Wenn ich mich überaß, war es, als bemächtigte sich ein Dämon meines Körpers. Meine Bewegungen wurden mechanisch, ich war willenlos. Ich fühlte mich wie hypnotisiert, wie in Trance. Alles, was mir sonst wichtig war, wurde bedeutungslos.

Mein Bedürfnis nach Nahrung war so drängend, daß ich jeden umgerannt hätte, der sich mir in den Weg gestellt hätte.

Später, nach dem Eßanfall, konnte ich mich wieder entspannen. Mein Blick war nicht mehr getrübt, meine Beziehungen wurden wieder normal. So glücklich ich war, wieder bei mir zu sein, ich hatte Angst. Meine Persönlichkeit schien so gespalten, daß ich mich fragte, ob ich verrückt sei.

Zwanghaftes Verhalten zeichnet sich durch eine schreckliche Abwesenheit deines Selbst aus. Als hättest du die Stadt verlassen, als hätte ein Sturm dein Haus zerstört; du kommst zurück und siehst die furchtbare Verwüstung. Voller Angst, daß der nächste Sturm jeden Moment loswüten könnte, unterwirfst du dich einem starren und strengen Diätregiment. Wenn man der umfassenden Verheerung eines Eßanfalls ausgeliefert war, scheint die Vorstellung, daß nur Bewußtheit gegen zwanghaftes Essen hilft, so als wolle man wilde Elefanten mit einer Mausefalle fangen.

Wenn Zwanghaftigkeit gekennzeichnet ist durch die Abwesenheit des Selbst, zeichnet sich Bewußtheit aus durch die beständige, unaufdringliche Anwesenheit des Selbst. Und genau dieser Unterschied verändert die gesamte Natur zwanghaften Verhaltens. Wenn du beobachtest, was du tust, verhältst du dich einfach nicht mehr so, wie du es tust, wenn du dich nicht beobachtest (oder dich verurteilst, dich betäubst). Bewußtheit geht an die Wurzel der Zwanghaftigkeit, sie entschärft die Sprengkraft deiner Handlungen. Wenn du dich betäuben willst, dir aber dessen bewußt wirst, bist du wieder bei dir selbst. Wenn du ißt und dir bewußt sagst: «Unglaublich, was du da tust, ekelerregend», dann hast du dich aus dem Teufelskreis befreit, auf dein Urteil reagieren zu müssen.

Bewußtheit bedeutet eine neue Perspektive im Hinblick auf diesen sonst unerträglichen Teufelskreis. Du bist stärker als die Nahrungsmittel auf deinem Tisch und die Urteile über deinen Körper. Bewußtheit bringt dieses Wissen zurück.

Auch wenn du dich betäuben willst, wenn du fest entschlossen bist; Bewußtheit ändert die Einstellung. Du fühlst dich nicht länger so, als kehrtest du nach einem verheerenden Sturm zurück in die Stadt. Du bist nicht länger ein Opfer, der Gnade deiner Begierden ausgeliefert, die in dir wüten. Du hast eine Entscheidung getroffen: Die Entscheidung zu essen, obwohl du nicht hungrig bist. Das darfst du. (Jeder ißt zwanghaft; der Unterschied zwischen dir und den anderen besteht darin, daß die anderen essen und dann zur Tagesordnung übergehen, während du dir den ganzen Tag verdirbst. Der Unterschied liegt nicht in der Handlung, sondern in der Einstellung.) Wenn du dich bewußt für zwanghaftes Essen entscheidest, gibst du dir die Chance, das ganze Feld der Zwanghaftigkeit zu erkunden – wie du dich fühlst, ob du es genießen kannst, ob du es wieder tun willst – und du lernst für das nächste Mal.

Bewußtheit wertet Zurückhaltung nicht höher als Verwöhnung. Bewußtheit fragt danach, ob du wahrnimmst, was du fühlst und ob du tatsächlich das Vergnügen verspürst, das du dir erhofft hast.

Bewußtheit geht davon aus, daß du lernen, wachsen, deine Flügel ausbreiten und fliegen willst. Und daß du in großen, offenen Räumen üben mußt, und am Anfang auch, daß du stürzen und stolpern wirst. Aber wenn du dich nicht entmutigen läßt, wenn du aus jedem Sturz etwas lernst, dann wirst du bald wissen, wie man fliegt.

Negative Urteile gehen davon aus, daß du weder das Verlangen noch die ausreichende Motivation hast, vom Boden loszukommen. Sie unterstellen, daß du, wenn du großen Freiraum hast, auf dem Boden herumkriechen wirst, Zeit verschwenden wirst, zusammenbrechen wirst.

Wissen sie nicht, daß sich wilde Elefanten auf freiem Feld ganz leichtfüßig bewegen?

## Übung braucht viel Zeit

● Zähle die Urteile, die du täglich fällst. Fange an, sobald du morgens die Augen geöffnet hast. Was ist deine erste Meinung? Deine zweite? Notiere tagsüber, worüber du urteilst: über die Kleider der Leute, ihren Gang, ihren Gesichtsausdruck – über deine Kleider, deinen Gang, deinen Gesichtsausdruck. Wahrscheinlich hast du zu allem und jedem eine Meinung und wirst sie auch weiterhin haben. Aber Meinungen sind nur Meinungen, keine unverbrüchlichen Wahrheiten. Du kannst entweder registrieren, wie sie kommen und gehen, und sie nicht so ernst nehmen, oder du kannst an alles glauben und entsprechend handeln. Was ist angenehmer?

● Jedesmal wenn du etwas beurteilst, füge dem Urteil hinzu: «Der Himmel ist blau.» Wenn du meinst, jemand habe sich egoistisch verhalten, dann füge hinzu: «Der Himmel ist blau.» – «Einfach unglaublich, wie dick meine Oberschenkel sind. Der Himmel ist blau. Was für ein häßliches Auto. Der Himmel ist blau. Sie sollte wirklich keinen Bikini tragen. Der Himmel ist blau. Ich werde wohl nie aufhören, so zu essen, hoffnungsloser Fall. Der Himmel ist blau.»

Diese stumme Beifügung zu einem Urteil neutralisiert dessen Sprengkraft. Sie macht dir deutlich bewußt, daß du tatsächlich urteilst und daß keine Veranlassung besteht, sich davon überrumpeln zu lassen.

• Achte sorgfältig auf deine körperlichen Empfindungen, wenn du beurteilt wirst. Sie sind meist offensichtlich, wenn du von außen beurteilt wirst, wenn jemand kommentiert, was du sagst, tust oder ißt. Was passiert in deinem Magen, deiner Brust?

• Achte sorgfältig auf deine emotionalen Empfindungen, wenn du beurteilt wirst. Was ist dein erster Gedanke oder dein spontanes Gefühl? Fühlst du dich aufgehoben oder geliebt? Möchtest du dein Verhalten ändern, um ihm oder ihr zu gefallen? Wie fühlst du dich mit dir? Möchtest du essen?

• Stell dir vor, eine Freundin liebt und respektiert dich. Was passiert, wenn du etwas tust, was sie nicht mag? Wie teilt sie dir ihre Unzufriedenheit mit? Sagt sie, sie wird dich nicht mehr lieben, wenn du dich nicht änderst? Droht sie dir, oder äußert sie sich in einer Weise, die es dir erlaubt, deine Handlungen, ihre Gefühle und deine Reaktion auf beides zu betrachten? Fühlst du dich in die Ecke bedrängt, oder spürst du Bewegungsfreiheit?

• Stelle in einer Liste alle Gelegenheiten zusammen, bei denen du dich auf Grund eines Urteils geändert hast, sei es auf Grund eines eigenen Urteils oder des einer anderen Person.

• Denke zurück an Zeiten, in denen du dich langfristig verändert hast. Schreibe die drei wichtigsten haltungs- oder verhaltensmäßigen Veränderungen in den letzten zehn Jahren auf und beschreibe die Situationen, in denen sie stattfanden: die Menschen, die bei dir waren, ob du gerade arbeitetest oder nicht, was du tatest, fühltest, dachtest. Fanden die Veränderungen statt, während du dich umsorgt und sicher fühltest oder überfielen sie dich, weil dir gedroht wurde?

Kannst du den Prozeß der Veränderung genau beschreiben? Hast du dich verurteilt, weil du nicht so warst, wie du sein wolltest, und hast du dann versucht, dein Verhalten zu ändern? Entsprangen die langfristigen Veränderungen der Angst, nicht gut zu sein (ein schlechter Mensch) – oder entwickelten sie sich aus dem intuitiven Wissen um deine Fähigkeiten?

• Unterteile ein Blatt Papier in zwei Hälften. Links schreibe «Urteil» – rechts «Gegenurteil». Greife ein Urteil heraus, das du häufig über dich fällst. Schreibe es in die linke Spalte. Nun setze dem Urteil etwas entgegen. Wenn du zum Beispiel schreibst: «Meine Hüften sind zu breit.» Was ist deine unmittelbare Erwiderung? «Ja, sind sie.» Dann schreibe das. Schreibe noch einmal: «Meine Hüften sind zu breit.» Und antworte nun: «Ja, aber nicht so sehr breit.» Oder: «Sie sind zu breit, und deshalb mag mich keiner.» Schreibe weiter, bis das Gegenurteil mindestens neutral ist.
Mache diese Übung zehn Tage lang. Möglicherweise entdeckst du, daß ein Urteil relativ ist, subjektiv, das Produkt eines Augenblicks. Lerne mit deinen Urteilen so umzugehen, daß du nicht automatisch auf Sie reagieren mußt.

• Überlege dir einen Namen für deine urteilende Stimme. Wie könnte sie heißen? Stell dir vor, du sprichst mit ihr. Frage, was sie will, was sie fürchtet. Frage, wie sie versucht, dir zu helfen. Jedesmal, wenn du merkst, daß du dich selbst beurteilst, sprich sie mit Namen an. Sage: «Hallo, da bist du ja wieder. Was ist los?» Führe einen inneren Dialog, ein offenes und freundliches Gespräch zwischen den Stimmen, die scheinbar entgegengesetzten Zwecken dienen. Ich glaube, du wirst herausfinden, daß sie alle das gleiche wollen. Sie wollen, daß du glücklich bist – aber wissen nicht, welches der beste Weg ist. Du mußt es ihnen verraten.

• Wenn dich jemand verurteilt, bitte ihn, damit aufzuhören. Immer wieder werden solche Situationen in den Workshops thematisiert. Die Teilnehmerinnen verlassen eine Sitzung, begeistert von der Fähigkeit, sich selbst und ihre Nahrung mit Achtung behandeln zu können. Während der Woche werden sie dann unweigerlich mit Kommentaren über ihr Eßverhalten konfrontiert. Sie essen Schokoladentorte; sollten sie nicht besser Möhrenscheibchen knabbern? Meine Klientinnen reagieren auf solche Kommentare mit Schweigen oder zustimmendem Gemurmel und essen weiter Schokoladentorte.

Die Urteile anderer Leute sind oft ein Spiegel ihrer eigenen Unfähigkeit, sich selbst zu akzeptieren, nicht ein Hinweis darauf, daß du zu kurz kommst. Urteile über andere sind Urteile über einen selbst; wer unzufrieden ist mit seinem eigenen Gewicht, wird sich deines Gewichts besonders bewußt. Wer Angst hat, Schokoladentorte zu essen, ist beunruhigt, wenn er dich Schokoladentorte essen sieht, weil seine eigenen Ängste mobilisiert werden und das Verlangen, das gleiche zu tun, was du tust. Sie möchten den äußeren Anlaß ihrer Beunruhigung wegdrängen – dich.

Erinnere dich, ein Urteil ist die Meinung einer Person, subjektiv und aus einer bestimmten Situation erwachsen. Jemand sieht dich an und bewundert deine schöne Haut; ein anderer kritisiert den Pickel auf deiner Stirn. Weil der Vorgang des Urteilens so tückisch und automatisch ist, wirst auch du von Zeit zu Zeit sein Gegenstand. Wenn du mit dem Essen experimentierst, wie es normalerweise nicht üblich ist, hagelt es mehr Kommentare als gewöhnlich. Sage dir sofort, daß diese Leute von sich reden und nicht von dir. Füge ihren Urteilen hinzu: «Der Himmel ist blau», und sage ihnen freundlich, aber bestimmt, daß ihre Kritik dir nicht hilft, dich zu verändern. Dann, falls du magst, drehe den Spieß herum – mache dir ein Kompliment.

• Wenn du über dich selbst urteilst, laß dich nicht dazu verleiten, dieses Urteil zu widerlegen und laß dich nicht auf seine Folgerungen und deine entsprechenden Gegenreaktionen ein. Du solltest zwei Möglichkeiten ausprobieren:

Frage dich, was wirklich los ist. Wenn ich mich fett fühle, ist das gewöhnlich ein zuverlässiger Hinweis darauf, daß mich etwas nicht Greifbares und nicht Vertrautes irritiert. Sich-fett-Fühlen ist eine Maske. Es ermöglicht mir, mich hinter einem altvertrauten Problem zu verstecken und hält mich davon ab, an den Ursprung eines gegenwärtigen und weniger vertrauten Leids zu gelangen. Sei nächstes Mal genauer: Untersuche die verschiedenen Komponenten dieses Gefühls. Wenn du dich sagen hörst: «Ich bin fett», frage dich, weshalb du dich fett fühlst – wegen deiner Arbeit, deiner Kinder, deiner Freunde, wegen etwas, was du gesagt oder nicht gesagt hast? Stelle dir das Sich-fett-Fühlen als eine Metapher vor, die lediglich ein Ausdruck für alles mögliche Unerfreuliche ist und nicht für eine Situation steht, die mit deinem Gewicht zusammenhängt und die du in Ordnung bringen mußt, indem du sie änderst.

Als zweite Möglichkeit kannst du deine Urteile der Reihe nach numerieren. Immer wenn du das Gefühl hast «Ich bin fett» oder «Ich bin wertlos», bezeichne es mit «Urteil 3456» und dann kümmere dich nicht weiter darum. Beim nächsten Urteil zähle weiter. Wenn du eine Million erreicht hast, fange wieder von vorn an.

## 12. Selbstvertrauen

> «Für mich ist es immer noch besonders schwierig an-
> zuerkennen, daß es gut ist, wenn ich mir sage: ‹Ich bin
> es wert.›»
> «Meine große Furcht ist, daß ich denke, da ist nie-
> mand in mir, keine zuverlässige oder unabhängige
> Stimme.»
> *Teilnehmerinnen an einem Breaking Free-Workshop*

Ich habe entdeckt, daß das Schreiben eines Buches viel gemeinsam hat mit der Art, wie man Eßprobleme löst. Entweder läßt du dich von der Furcht antreiben, daß du es nie schreiben wirst, wenn du dich nicht dazu zwingst; oder aber du bist überzeugt, daß du es schreiben willst und wirst, auch wenn es manchmal so aussieht, als schreibst du es nicht. Der eine Weg ist so schwierig wie der andere: Beide erfordern Beharrlichkeit und Pflichtbewußtsein. Welchen Weg du wählst, hängt davon ab, wie du leben willst. Willst du Angst vor dir haben, oder willst du dir vertrauen?

Ich dachte, ich hätte mich entschieden – bis eine Freundin mich auf meine Art des Schreibens aufmerksam machte: Ich wache auf, dusche, frühstücke und setze mich an meinen Schreibtisch, sechs Stunden am Tag, sechs Tage die Woche. Dann besuche ich einen Tanzkurs, dann leite ich einen Workshop, dann gehe ich schlafen. Sonntags gebe ich mir frei. Zweimal in den letzten sechs Wochen war ich krank, jedesmal zwei Wochen lang. Letzten Dienstag sollte ich einen Vortrag in einer Klinik halten; am Montag erwachte ich müde und voller Überdruß. Ich be-schloß, ein paar Stunden an meinem Buch zu arbeiten und den Vortrag am Nachmittag zu schreiben. Ich versuchte, Sätze zu bilden – Subjekt, Prädikat, Objekt. Mir fielen keine Worte ein. Ich versuchte es wieder. Nichts. Eine Stunde saß ich da, zum Zerreißen angespannt. «Ich schaffe das nicht», dachte ich. «Bis April dieses Buch schreiben, Workshops leiten in Santa Cruz, Los Angeles, Boulder, New Orleans, New York, Boston, New Haven, Dallas und außerdem noch meine Beziehungen am Leben halten. Ich schaffe es nicht.» Ich fühle mich wie ein Satz Ke-gel, alle sind perfekt aufgestellt, bis auf einen: Dieser eine Kegel, nämlich der zusätzliche Druck, einen Vortragstext schreiben zu müssen, fällt, und alle anderen fallen mit um. «Eine falsche Bewegung», erinnerte ich mich an eine Äußerung einer Frau, «ein Bissen vom falschen Essen, und der Tag ist gelaufen. Ich esse alles, was mir unter die Augen kommt.» Ein Kegel.

«Was ist wichtiger», fragte meine Freundin, «das Buch zu schreiben oder dein Leben zu leben, während du es schreibst?»

«Was ist wichtiger», frage ich die Frauen eines Workshops, «der Gewichtsverlust oder deine Gefühle, während du abnimmst?»

«Diese Frage ist unfair», erwidere ich meiner Freundin. «Ein paar Monate Druck; danach kann ich ausspannen.»

«So wie beim Lernen für die Abschlußprüfung», sage ich. «Du steckst deine ganze Energie ins Lernen, und dann hast du es hinter dir. Eine Ausnahmesituation», sage ich.

«Nur noch diese Diät», sagen die Frauen. «Jetzt nehme ich ab; das dauert einen Monat, vielleicht zwei, und dann fangen wir an zu essen, was wir wollen, und arbeiten die emotionalen Probleme auf.»

«Wie beim Lernen für die Abschlußprüfung?» frage ich. Ja, sagen sie, wenn wir erst abgenommen haben, dann können wir uns gut genug fühlen, um uns auf andere Sachen zu konzentrieren. Nach der Ausnahmesituation.

«Und was passiert, wenn du jetzt einmal ausspannst?» fragt meine Freundin. «Wenn du dir ein bißchen Flexibilität in deinem Arbeitsplan erlaubst, was passiert dann?»

«Ich kann nicht», sage ich.

«Entweder ich schreibe das Buch nach einem Arbeitsplan, der keinen Raum läßt für Stimmungswechsel, Leistungskurven oder Eingebungen, oder das Buch wird nie fertig.»

«Was passiert, wenn ihr jetzt anfangt?» frage ich die Teilnehmerinnen. «Wenn ihr euch erlaubt, alles zu essen, was ihr wollt, was passiert dann?»

«Das können wir nicht», sagen sie.

«Entweder nehmen wir ab mit einer Diät, die keinen Raum läßt für Stimmungswechsel, besondere Bedürfnisse oder die Weisheit des Körpers, oder wir nehmen niemals ab.»

«Weshalb nicht?» fragt meine Freundin.

«Weshalb nicht?» frage ich die Frauen.

«Deshalb», sagen wir.

Unser Hunger ist so groß; unser Hunger ist alt. Unser Hunger ist wild. Wenn wir ihn nicht fesseln, einsperren, zum Schweigen bringen, wird er uns verschlingen, und wir werden die Welt verschlingen.

Der Hunger, der befreit werden will. Der Hunger, der umherschweift in den Höhlen unseres Körpers. Der Hunger, nicht nur nach Nahrung, sondern auch nach Nähe, Trost, Sexualität, befriedigender Arbeit, Eingrenzung, Selbstverwirklichung. Der Hunger, der nie sprechen durfte. Der Hunger, der vor Jahren geknebelt wurde, bevor wir uns wehren konnten, bevor wir fragen konnten warum. Die Botschaften, die wir über uns und unseren Körper erhielten, über unseren Hunger: Wir seien zudringlich, verlangten zuviel, würden fett, krank und hinfällig werden, wenn wir äßen, was wir wollten. Und wenn wir täten, was wir wollten, täten wir gar nichts, wären wertlos, zerstörten uns selbst.

Ob wir uns keinen Keks gönnen, oder ob wir nach einem ganzen Beutel Plätzchen immer noch kein Ende finden, wir sind immer dieselben. Wir sind Frauen, die sich vor sich selbst fürchten, Frauen, die vom Hunger bei lebendigem Leib verspeist werden.

Immer wieder finden Frauen Krankheiten – selbst schwere – «in Ordnung, weil ich dann nichts essen kann». Lenore erzählte in der Gruppe, wie ihre Großmutter an Krebs starb und daß ihre Mutter die Bemerkung machte, wie «wunderbar dünn» die Großmutter geworden sei und daß sie «nie besser ausgesehen habe». Lenore sagte: «Meine Großmutter verlor ihre Haare, sie hatte furchtbare Schmerzen, aber sie war dünn. Und meine Mutter war neidisch.»

Welch bittere Ironie, daß in unserer Kultur Frauen so weit gekommen sind, Hunger mit dem gleichzusetzen, was uns schadet, statt mit dem, was uns belebt. Wir begrüßen alles, was uns hilft, den Appetit zu verlieren – sogar den Tod.

Sich selbst vertrauen heißt auch, den Hunger zu wollen, Hunger nach Nahrung, Intimität, Trost, Selbstverwirklichung.

Die Verneinung, nicht die Anerkennung des Hungers zerstört uns.

Wir alle haben Hunger nach irgend etwas.

Abby sagte in einem Workshop: «Wann wird dieser Hunger enden? Jede Woche kaufe ich verbotene Nahrungsmittel ein. Horte sie im Haus – eine Packung Eiskrem hielt sich eine Woche. Und manchmal esse ich alles auf. Aber woher weiß ich, daß ich nicht immer weiter esse und esse, woher weiß ich, daß ich vielleicht abnehme, wie kann ich das wissen?»

Sie kann es nicht wissen. Das ist das Risiko. Es kann sein, daß sie nie aufhört, daß sie weiteressen wird, bis sie 200 Pfund wiegt, bis sie nicht mehr durch die Tür paßt, nicht mehr auf einem Stuhl sitzen kann und nicht mehr in den Bus kommt. Dieses Risiko geht sie ein, wenn sie anfängt, sich selbst zu vertrauen – daß sie entdeckt, sie kann keine eigenen Entscheidungen treffen; ihr muß gesagt werden, was sie tun, sagen, anziehen und essen soll – sonst zerstört sie sich selbst. Sie entdeckt vielleicht, daß das, was sie schon lange von sich geglaubt hat, wahr ist: Sie ist eine in der langen Reihe von unersättlichen Frauen.

Als ich anfing, ohne Diät zu leben, war ich schon so schwer wie nie zuvor, und ich aß immer noch Schokoladentorte, Kekse und Eiskrem vor den Augen der Familie und der Freunde. Keiner verstand, was ich tat. Zuweilen war ich mir selbst nicht sicher, ob ich es verstand. Ich hatte keinen Beweis, nur den Glauben, daß ich so besser für mich sorgte. Ich war dick und wurde dicker. Ich arbeitete nicht, hatte kein Geld und keinen Ort zum Leben. Ich wußte nicht, was ich wollte. Meine schlimmsten Befürchtungen wurden wahr: Ich wollte mich wieder in eine Diät flüchten, die mir Halt gab, jemanden haben, der mir sagte, was ich tun sollte. Aber etwas noch stärkeres als die Furcht trieb mich weiter: das Verlangen nach Wissen, nach Vertrauen. Stärker als die Furcht war mein Verlangen danach, nicht länger in Furcht leben zu müssen.

Die schlimmste Phase dauerte ein Jahr: Ich war dick und aß Eiskrem. Wenn jetzt die Leute in meine Workshops kommen und nach zwei Wochen sagen: «Ich kann das nicht, ich habe zu große Angst», erkenne ich ihre Furcht wieder. Und ich dränge sie weiterzumachen. Angst signalisiert nicht, du sollst aufhören. Daß du dich ängstigst, bedeutet nicht, du kannst dir nicht vertrauen. Nur mußt du dabei liebevoll, tolerant und geduldig mit dir umgehen. Du kannst und mußt deine Angst prüfen, feststellen, welche Stimmen sie enthält und diese an der Realität überprüfen. Du hast schon genug Jahre in Angst zugebracht.

Die Gesellschaft lehrt uns, uns selbst zu mißtrauen. Sie lehrt uns, daß wir Diät halten müssen, um abzunehmen. Die Gesellschaft mahnt uns, uns selbst zu fürchten. Dies ist Neuland und erfordert Pioniergeist.

Dein Wunsch, dir selber zu vertrauen, muß stärker sein als dein Wunsch, schlank zu sein, weil es keine Garantien gibt. Dies ist keine Diät; dies ist das Leben. Ich kann dir nicht versprechen, daß du 10 Pfund pro Woche abnimmst, wenn du auf dich hörst. Du magst entdecken, daß du gerade jetzt gar nicht abnehmen willst. Und wenn du gerade jetzt nicht abnehmen willst, wirst du es auch nicht, ob mit oder ohne Diät. Wenn du weißt, daß du nicht abnehmen willst, brauchst du auch nicht so zu tun, als versuchtest du es, und mußt dich nicht bestrafen, wenn du versagst. Dir vertrauen bedeutet, daß du gewillt bist, die Wahrheit über dich herauszufinden – und schon den Weg zu dieser Wahrheit schätzenlernst.

Kann ich mir selber trauen?

Ich denke zurück an Big Sur. Ich lebte in einem wenige Quadratmeter großen Häuschen, ohne heißes Wasser, Dusche oder Badezimmer. Die Sonne war stechend heiß, die Berge schroff und bedrückend. Ich wußte nicht, was ich tun sollte, wie ich meinem Leben einen Sinn geben sollte. In jenem Sommer las ich Sylvia Plath, ihre Gedichte und Briefe an ihre Mutter. Ich lag auf dem Bett, auf dem weichen Quilt meiner Großmutter; vor der offenen Tür wogten violette und goldene Stiefmütterchen im Wind. Ich könnte eine Flasche Salzsäure trinken, dachte ich, oder mich mit meinem Auto in den Abgrund stürzen. Ich wußte in jenem Sommer nicht einmal, ob ich leben wollte.

Jetzt weiß ich es.

Das ist eines der Dinge, denen ich vertrauen kann.

Ich kann darauf vertrauen, daß ich mich nicht umbringen will.

Was noch? Worauf kann ich sonst vertrauen?

Ich kann darauf vertrauen, daß ich mir vertrauen möchte und mich manchmal fürchten werde. Ich kann darauf vertrauen, daß ich auf des Messers Schneide leben will: Auch wenn es schmerzhaft wird, will ich erforschen, warum ich tue, was ich tue und wie ich andere Wege finden kann. Ich kann darauf vertrauen, daß ich zuhören kann. Ich darf darauf vertrauen, daß ich Schokolade mag. Ich kann darauf vertrauen, daß ich im Augenblick mein Bestes gebe. Ich kann darauf vertrauen, daß mein Hunger nicht bodenlos ist. Ich kann darauf vertrauen, daß ich gern tanze. Ich kann darauf vertrauen, daß ich wütend, ängstlich, ungeduldig und überwältigt sein werde und weiterhin das tun werde, was mich wütend, ängstlich, ungeduldig macht und zuweilen überwältigt. Ich kann darauf vertrauen, daß Wut, Angst, Ungeduld und Überwältigtsein enden werden.

Früher dachte ich, daß mein Hunger so groß und alt sei, daß, wenn ich je auf ihn hören würde, wenn ich mir je erlaubte zu essen, soviel ich wollte, dann würde ich in meiner Küche anfangen und mich durchessen durch Santa Cruz, San Francisco, Kalifornien, Oregon, den Mittelwesten und weiter nach Osten. Jetzt esse ich ein Thunfisch-Sandwich. Und bin satt.

Früher dachte ich, mein Hunger sei so wild, daß, wenn ich je auf ihn hörte, wenn ich mir je erlaubte zu tun, was ich wollte, dann würde ich nie mehr arbeiten. Ich würde bis in den Nachmittag hinein schlafen, in Illustrierten blättern, zum Essen ausgehen – den Winter in Griechenland und den Sommer in Maine verbringen.

Dann schrieb ich ein Buch.

Und nun schreibe ich ein zweites.

## Auf den Grund gehen

Manchmal, wenn ich unter Einsamkeit und Trauer leide und von jemandem gehalten werden möchte, fürchte ich, ich werde jeden, er mir nahekommt, verschlingen, aufsaugen. Ich mag mich nicht so bedürftig sehen, und ich mache mich nicht gern so verletzbar, wie ich es bin, wenn ich um etwas bitte. Ich schäme mich meiner Bedürftigkeit, meiner Schwäche. Deshalb verstecke ich mich hinter Schweigen oder einem Lächeln. Ich sage mir, ich komme allein damit klar. Ich sage mir, es geht vorüber. Das tut es aber nicht. Und dann denke ich: Keiner liebt mich um meiner selbst willen; wenn sie die Größe meines Hungers kennen würden, würden sie weglaufen. Ich nehme mir übel, wie sehr ich anderen zuhöre, wenn sie über ihren Hunger reden. Ich ziehe mich zurück, und dadurch vergrößere ich die Einsamkeit, von der ich mich nur allzugern befreien möchte.

Das gilt auch für den Hunger nach Nahrung. Wenn ich mir nicht zutraue, ein bestimmtes Nahrungsmittel nicht mehr zu essen, wenn ich mir nicht zutraue, das zu nehmen, was mich befriedigt, ohne den ganzen Rest auch gleich zu verschlingen, dann verzichte ich auf dieses Nahrungsmittel. Aber der Hunger danach verschwindet nicht; er bleibt, und ich mache ihn schlimmer, indem ich ihn mit meiner Angst vermische. Was eine einfache, gradlinige Handlung zur Befriedigung meines Hungers sein könnte, verwandelt sich in eine Folge von Hin- und Hergezerre (ich kann nicht / ich möchte es / ich kann nicht / ich will es / ich kann nicht / ich will es auf jeden Fall haben), dem möglicherweise ein Eßanfall folgt.

Wenn du genau hinschaust, wirst du eine ähnliche Dynamik in allen Hungergefühlen entdecken: das Erkennen, die Scham, der Widerstand, es zu befriedigen, die Hartnäckigkeit des Hungers, die Furcht, er sei unendlich, der Groll darüber, daß niemand deinen Hunger sieht oder befriedigt. Und so wird aus einer Person, die sich hungrig fühlt, eine, die von diesem Hunger gepeinigt wird.

Wenn ich mich dann endlich überwinde und darum bitte, gehalten zu werden, dauert es gewöhnlich eine Viertelstunde, bis der Schmerz nachläßt. Manchmal dauert es eine Stunde.

Wenn ich mich endlich entschließe zu essen, was ich will, bin ich nach einer Portion satt. Manchmal nach zweien.

Der schwierige Teil ist die Entscheidung zu bitten, zu verlangen, zu befriedigen. Wenn ich nicht bitte, handle ich aus der Überzeugung, daß etwas mit mir nicht stimmt, weil ich bedürftig bin. Wenn ich bitte, handle ich aus der Überzeugung, daß ich ein hinreichend guter Mensch bin, und obwohl mich in diesem Augenblick meine Bedürftigkeit und meine Angst davor in die Schwärze des Weltraums zu schleudern scheinen, bin ich mehr als meine Bedürftigkeit.

Bitten fällt nicht leicht. Jedesmal ziehe ich mich aus diesem Wirbel der Bedürftigkeit, forme Worte und zwinge mich, sie auszusprechen. Wenn die Worte ausgesprochen sind, ist das Schlimmste geschafft. Sagt jemand nein, bin ich enttäuscht, manchmal verletzt, aber niemals völlig vernichtet. Meine Isolation und meine Angst vor immerwährender Bedürftigkeit wurden schon durch den bloßen Akt des Bittens durchbrochen.

Essen, was du willst, erfordert Mut. Du mußt glauben, daß dein Hunger enden wird; du mußt glauben, daß du gut genug bist, um zu bekommen, was du willst: Essen, was du willst, ist ein Weg, dir zu sagen, daß du an dich glaubst, daß du nicht länger ängstlich zu sein brauchst. Essen, was dir gefällt, ist ein Teil der vielschichtigen Notwendigkeit, dir selbst zu vertrauen; zu vertrauen, daß das, was du willst, dich befriedigen und nicht zerstören wird.

• Einige Fragen, die du dir stellen solltest. Setz dich ruhig hin. Nimm dir eine halbe Stunde Zeit und antworte so wahrhaftig wie möglich.

Worauf hast du Hunger?

Wie fühlst du dich, wenn du bedürftig bist?

Wie fühlst du dich, wenn andere Menschen dich brauchen?

Denke zurück an die Zeit, als du sehr hungrig nach etwas warst – nach einer Umarmung, einem bestimmten Nahrungsmittel – und es dann bekommen hast. Wieviel davon war nötig, um dich zu befriedigen?

Hattest du je einen nicht endenden Hunger?

Unterscheiden sich deine Vorstellungen von dem, was du brauchst, von der Realität?

● Schreibe alle Dinge auf, denen du vertrauen kannst: Kleinigkeiten (Dinge, die du magst, immer gemocht hast, wie getrocknete Aprikosen), Wichtiges (daß du zuhören kannst, wenn Freunde dich brauchen), Bedeutsames (daß du leben willst, wachsen willst, du selbst werden willst oder auch nicht).

Was macht jemanden zu einer vertrauenswürdigen Person? Paßt diese Beschreibung auf dich?

● Bitte eine Woche lang jeden Tag jemanden um einen Gefallen. Du mußt dich deswegen nicht schämen; wir alle sind bedürftig, auch die, die nicht so erscheinen. Entweder verbergen sie es oder sie sind es nur im Augenblick nicht. Überlege, wen du bittest und worum du bittest. Fang vorsichtig an, mit guten Freunden oder in der Familie. Achte sorgfältig darauf, was in dir vorgeht: Angst, Widerstand, Erleichterung. Wie fühlst du dich, wenn du bittest?

Übe bitten. Vereinbare mit einer guten Freundin, daß ihr euch frei heraus um alles bitten könnt, aber auch frei heraus «nein» sagen dürft. Wenn du innerhalb dieser Woche um nichts gebeten hast, bitte jetzt. Auch wenn es sich um etwas ganz Banales handelt, wie um ein Telefongespräch von fünf Minuten mit einer Freundin, die nicht gern telefoniert.

Schlimmstenfalls kann auf deine Bitte jemand mit «nein» antworten. Das ist schmerzlich. Aber beim Bitten findet etwas statt, das länger anhält als der Schmerz: die Bestätigung deines Selbstwertes. Wenn du bittest, hast du entschieden, daß du dafür gut genug bist.

Wir können darauf vertrauen, daß Hunger sich von Tag zu Tag wandelt. Mal sind wir bedürftig und mal sind wir es nicht. Manchmal können wir geben, manchmal nicht. Wir haben ständig wechselnde Rollen. Wir sind Gebende, Nehmende und wieder Gebende. Wir können darauf vertrauen, daß Hunger endet, daß er nur unendlich erscheint, wenn wir mitten drin stecken. Unendlich wird er, wenn wir uns weigern, ihn wahrzunehmen.

Ramona meinte, sie könnte niemals essen, was sie wollte, denn dann würde sie nie aufhören. «Ich bin so hungrig», sagte sie, «nach all diesen Jahren des Diäthaltens, daß ich die Welt verschlingen möchte. Und nicht nur das – ich kann es auch.»

Ich fragte sie, welche Nahrungsmittel sie dick machten und welche sie so lange essen könnte, bis sie die Welt verschlungen hätte.

«Schokoladentorte», sagte sie, «eine spezielle Sorte.» Ich riet ihr, in die Konditorei zu gehen und diese Schokoladentorte zu kaufen. Und sie dann zu essen.

In der nächsten Woche erzählte sie uns: «Ich saß am Tisch vor dieser ganzen Schokoladentorte. Ich wollte sie restlos aufessen. Dann aß ich ein großes Stück. Und aus irgendeinem Grunde war das genug.»

## 13. Umwirb dich, freunde dich mit dir an, verzeihe dir

> «Wenn niemand mich für etwas Besonderes hält, heißt das, daß ich tatsächlich niemand Besonderes bin?»
>
> *Teilnehmerin an einem Breaking Free-Workshop*

Das größte Leid, das sich Eßsüchtige zufügen, sind nicht die Eßanfälle, das Übergewicht oder der Anblick, den man im Badeanzug bietet. Das größte Leid sind nicht einmal die Blicke der anderen, die Bemerkungen über deinen Körper. Das größte Leid ist die Art, wie du diese Erlebnisse interpretierst, was du denkst, das sie von dir als Person offenbaren.

«Fett sein ist das absolute Versagen», schrieb ich einmal in mein Tagebuch. «Egal, was ich sonst noch bin. Fett sein wertet alles ab.»

Das heißt, wenn ich fett bin, zählen meine Werte nicht, meine Liebe, mein Lachen. Wenn ich fett bin, zählt gar nichts.

Als meine Verlegerin den ersten Entwurf von ‹Feeding The Hungry Heart› las, strich sie überall «Selbsthaß» aus und ersetzte es durch «Selbstverleugnung». «Selbsthaß klingt so hart», sagte sie. «Nein», sagte ich, «nicht hart genug.»

Der Abscheu, den eine Person, die dick ist oder sich dick fühlt, sich selbst gegenüber empfindet, ist verzehrend, wütend, zerstörerisch. Ich erinnere mich, daß ich ein Messer an meinen Körper setzen, mir das Fleisch herunterschneiden und dünn zurückbleiben wollte. Blutend, aber dünn. Ich hatte das Gefühl, in meinem Fett zu ersticken, und ich mochte das nicht. Was ich auch nicht mochte, war das Gefühl, daß ich mich selbst vergeudete, daß alle meine Begabungen als Autorin, Lehrerin, Freundin, Geliebte, Tänzerin begraben lagen unter zig Fettschichten. Ich mochte nicht weiter davon träumen, was ich alles tun würde, wenn ich nur schlank wäre und dabei dick bleiben. Ich wollte mich auseinanderreißen, Knochen um Knochen.

Es gibt kein Wort, das zu hart ist, um zu beschreiben, was das Gefühl, fett zu sein, mit einer Frau macht.

Sie kommen in die Breaking Free-Workshops, und sie schlagen auf sich ein, treten sich, machen sich klein. Sie kommen und denken, sie hassen sich selbst, weil sie fett sind. Und sie kommen und erwarten, hoffen, beten, daß ich eine Antwort habe, daß ich ihnen sagen kann, wie sie schlank werden können. Wenn ich das Undenkbare sage – daß sie anfangen müssen, sich selbst zu lieben, so wie sie jetzt sind – ohne ein Pfund zu verlieren –, schauen sie mich an, als hätte ich den Verstand verloren.

«Du meinst, das da soll ich lieben?» fragen sie und deuten auf ihren Körper.

«Du bist du», sage ich, «das ist nicht nur dein Körper. Das bist du.» Kopfschütteln.

«Das bin nicht ich», sagen sie. «Das ist mein Fett. Ich bin da innen drin. Ich muß das Fett loswerden, um zu meinem Selbst zu finden.»

«Das bist du», sage ich, «du kannst dich nicht selbst loswerden; du kannst dich nur selbst akzeptieren.»

«Wenn ich abgenommen habe», sagen sie, «dann kann ich mich selbst lieben.»

«Wenn du dich jetzt nicht selbst lieben kannst», sage ich, «dann wirst du dich auch dann nicht selbst lieben.»

Sie kaufen mir das nicht ab. Unvorstellbar: diesen Fettkloß lieben, dieses schwerfällige, plumpe, haltlose Wesen?

Heute ist der 28. Februar. Abgabetermin für mein Buch ist der 1. April, und ich fühle mich fett. Monatelang habe ich an diesem Schreibtisch gehockt und geschrieben, bin vom Schreibtisch aufgestanden und habe gegessen. Jeweils kleine Happen, eine Möhre, einen Keks, eine Brezel. Ich habe gegessen, um etwas zu zerbeißen, um die Stille zu brechen, nicht weil ich hungrig war. Meine Kleider sitzen etwas knapper; sicher habe ich ein Pfund zugenommen, vielleicht zwei. Aber das macht nichts. Ich fühle mich fett. Und wenn ich mich fett fühle, stimmt gar nichts.

Ich spreche mit Sara darüber. Sie sagt, daß sich mich liebt. Sie sagt, ich sähe nicht so aus, als hätte ich zugenommen. «Aber», sagt sie, «selbst wenn, dann ist das kein Weltuntergang. Du bist immer noch du. Fünf Pfund hier oder da machen keinen Unterschied.»

Ich spreche mit meiner Mutter. Sie rät mir, morgens ein gekochtes Ei zu essen, nachmittags einen Salat und abends ein Stück Fisch und Gemüse. «Rate mir nicht, was ich essen soll, Mom», sage ich. «Das ist es nicht, was ich hören will.» Jetzt tröstet sie mich; die Pfunde werden schwinden, wenn das Buch fertig ist.

Ich fühle mich fett. Und wenn ich mich fett fühle, verkehrt sich mein Weltbild. Meine Wahrnehmung der Realität ändert sich völlig. Ich sehe nur noch dick oder dünn. Ich vergleiche mich mit jeder schlanken Frau im Lebensmittelladen, in der Bank, an der Tankstelle. In meinem Tanz-kurs starre ich auf die Körper der Frauen und frage mich, was sie wohl essen und warum ihre Hüften so schlank bleiben. Mein Gefühl für mich selbst ist verschwommen: Ich bin mir nicht sicher, wer ich bin. Gefühle, Worte und Handlungen verlieren ihre Frische, ihre Bedeutung. Ich be-wege mich träge wie in einer Betäubung. Andauernd entschuldige ich mich für mich. Mit 5 Pfund, 20 Pfund oder 40 Pfund Übergewicht, ich fühle das gleiche: Wenn ich fett bin, ist immer Nacht.

Ich denke an Gesichter, während ich hier sitze und schreibe. Ich denke an Luna letzten Donnerstag abend, an ihre Tränen, ihren Zorn: «Ich kann nicht aufhören, mich selbst zu hassen. Ich kann nicht. Ich weiß, daß ich mich eher mögen kann, wenn ich dünn bin.»

Ich schaue an meinem Körper herunter und merke, daß ich langsam untergehe. Wenn sogar ich in diesem Selbsthaß versinke, nach fünf Jah-ren Arbeit mit diesem Programm, nachdem ich Bücher geschrieben, Workshops geführt und Lesungen gehalten habe – wie schwierig muß das für jemanden sein, der zum erstenmal in die Gruppe kommt. Lunas Gesicht, ihre Tränen.

«Wie kann ich mich mit mir anfreunden, wenn ich so aussehe», sagt sie. «Und wenn ich anfange, mich mit meinem Übergewicht zu lieben, was wird mich motivieren, dünner zu werden?»

Wir stehen wieder am Anfang.

Was kommt zuerst?

Erst dich selber mögen und deshalb wollen, daß du für dich sorgst (mit Nahrung, Beziehungen) oder erst abnehmen und dich dann mögen?

Ich sage, du mußt dich erst selbst mögen.

Ich sage das, ich, die ich mich siebzehn Jahre meines Lebens verab-scheute, weil ich nicht dünn war. Obwohl ich während vieler dieser Jahre dünn war. Das machte keinen Unterschied.

Ich sage das, weil sie alle mit der gleichen Geschichte in einen Breaking Free-Workshop kommen: Luna war früher auch schon einmal schlank. Mochte sie sich das mehr? «Nein», sagte sie, «nicht richtig.» Wie denn auch? Wie können wir diesen haltlosen, plumpen Fettkloß mögen? Wie können wir lieben, was wir hassen? Wie nur?

Früher träumte ich von dem Körper, den ich haben würde, wenn ich erwachsen wäre: Ich würde sehr groß und sehr schlank sein. Lange, schlanke Beine und kleine Brüste haben. Mein Haar würde dick und lockig sein, meine Augen dunkel und geheimnisvoll.

Dann wurde ich erwachsen. Und ich konnte mich nicht an die Tatsache gewöhnen, daß das nun alles sein sollte: Diese Beine wurden nicht länger, dieses Haar wurde einfach nicht dicker, diese Augen wurden nicht dunkler. All die Jahre, die ich unter meiner Bettdecke in meinem rosaweißen Schlafzimmer gelegen hatte, davon träumend, wie ich aussehen würde, wenn ich erwachsen wäre – und das war es nun!

Ich träumte auch von dem Mann, den ich lieben würde, wenn ich erwachsen wäre: Er würde groß sein, stark, dunkel. Sein Gesicht markant, mit Schnurrbart. Sein dickes schwarzes Haar kräuselte sich sanft über seinem Hemdkragen. Seine Augen würden so grün sein wie das Meer vor dem Sturm.

Das letzte Mal verliebte ich mich in einen Mann, der gerade fünf Zentimeter größer war als ich. Er hatte überall Sommersprossen auf seinem hellhäutigen Körper. Sein Haar – das, was noch übrig war – war rot; es reichte nicht, um sich über dem Kragen zu kräuseln. Ich glaube, seine Augen waren blau, aber ich weiß es nicht mehr genau. Er war so kurzsichtig, daß er seine Brille auch beim Liebemachen tragen mußte.

Ich liebte ihn. Ich liebte ihn trotz und dann wegen seines Aussehens.

Auch als er fünf Pfund zunahm und sein Bauch über der Hose hing, hörte ich nicht für einen Moment auf, ihn zu lieben.

Sie ist in mir, diese Liebe. Es ist in mir, so zu lieben, obwohl und dann weil das Aussehen nicht meinem Ideal entspricht, ein Aussehen, das mich zuerst wirklich nicht zur Liebe verlockte.

Kann ich diese Liebe nehmen und auf mich lenken, meine Hüften, meine Oberschenkel? Kann ich mich selbst mit der Loyalität und Großzügigkeit lieben, die ich anderen gegenüber zeige?

Zu Anfang jedes Breaking Free-Workshops machen wir eine Übung mit geschlossenen Augen. Gestern abend bat ich die Teilnehmerinnen, ihre Hände auf eine Stelle ihres Körpers zu legen, die sie nicht mögen. Niemand rührte sich. Es schien sehr lange, bis eine die Hände auf ihre Oberschenkel legte. Das Rascheln ihres Kleids, als sie sich bewegte, veranlaßte eine andere, ihre Hände auf ihren Bauch zu legen. Dann legte eine weitere Frau ihre Hände auf ihre Brüste. Mehr und mehr Frauen legten ihre Hände auf ihre Hüften, ihre Oberschenkel, ihr Gesicht, ihren Hintern. Ich forderte sie auf, zärtlich zu diesem Teil ihres Selbst zu sein.

Einige ließen ihre Hände sanft auf ihrem Körper liegen, andere streichelten sich. Als sie ihre Augen öffneten, weinten drei Frauen:

«Es ist mir nie in den Sinn gekommen, zärtlich zu meinen Oberschenkeln zu sein; das macht mich so traurig.»

«Ich laufe durch die Gegend, hasse meinen Bauch und will, daß er verschwindet. Aber für einen Moment, als ich ihn berührte, war es einfach mein Bauch – nichts Hassenswertes.»

«Meine Brüste sind ein Teil von mir, ein Teil von mir. Ich habe sie so lange gehaßt, und während dieser ganzen Zeit haßte ich mich selbst.»

Wir hassen unseren Körper. Als ob wir ihn mit der bloßen Intensität unseres Hasses zwingen könnten, sich zu verändern. Wir behandeln uns selbst und unseren Körper, als ob Liebe zerstörte und Haß heilte.

«Ich möchte nicht anfangen, dieses Fett zu mögen», sagte eine Frau. «Wenn ich das tue, was wird mich dann noch motivieren abzunehmen?»

«Nichts», erwiderte eine andere. «Nichts.»

Ich fuhr mit dem Bus durch San Francisco; hinten saß eine fette Frau und aß hastig und verstohlen aus einem Einkaufsnetz, das mit Schokoriegeln, Hamburgern, Würstchen gefüllt war. Innerhalb von zehn Minuten hatte sie drei Schokoriegel, einen Hamburger und ein Würstchen gegessen. An einem Fahrtziel schien sie nicht interessiert. Ich hatte das Gefühl, sie fuhr im Bus, um essen zu können. Ob sie so lange fahren würde, bis ihr Beutel leer war? Ob sie sich mehr Nahrungsmittel kaufen und in einen anderen Bus einsteigen würde? Als ich aus dem Bus stieg, wickelte sie einen weiteren Hamburger aus; die Bustür schloß sich hinter mir, ich stand an der Straßenecke und weinte.

Manche Frauen in meinen Gruppen sagen mir, daß sie Angst davor haben, immer weiter zu essen und immer dicker zu werden, wenn sie sich selbst mögen und sich nicht zu Veränderungen zwingen. Dann erzähle ich ihnen von dieser Frau. «War es Liebe, die diese Frau im Bus festhielt?» frage ich. «War das eine Frau, die sich selbst mochte?»

Wir meinen, daß Veränderung durch Gewalt und Versagung erfolgt und daß Liebe zu uns selbst zu Stillstand und Gleichgültigkeit führt. Wir haben Angst, uns so zu mögen, wie wir sind. Wir fürchten, die Frau zu werden, die ewig in Bussen herumfährt und Hamburger und Schokoladenriegel aus dem Einkaufsnetz ißt.

Denke über Freundschaft nach: Wie fühlst du dich mit einem guten Freund, was erwartest du von einem Freund, was gibst du einem Freund, was hörst du, wenn ich sage: «Freunde dich mit dir selber an»?

Es ist wichtig, wenn wir solche gebräuchlichen Ausdrücke wie «sich selber mögen» oder «sich mit sich anfreunden» verwenden, daß wir sie jenseits aller Klischeevorstellungen neu bestimmen, die Bedeutung finden, die diese Wörter für dich haben. Wenn du meinst, daß du dich nicht ändern wirst, wenn du dich selbst magst, frage dich, was das heißt.

Ist es wahr, daß du dich nicht änderst, wenn du gemocht wirst?

Außer der Angst, zu selbstzufrieden zu werden, wenn wir uns selbst akzeptieren und mögen, zeigt sich in den Workshops noch eine andere Angst, wenn ich dazu ermuntere, sich selbst zu lieben: Daß es da gar nicht genug Liebenswertes gibt. Wenn man die Frauen fragt, was mit ihnen nicht stimmt, dann führen sie lange, ausführliche Listen auf. Fragt man sie, was wertvoll an ihnen ist – tiefes Schweigen.

Das Gefühl der Wertlosigkeit ist bei Eßsüchtigen vorherrschend. Sie halten sich für schlecht, nicht liebenswert, faul, selbstsüchtig und meinen, daß sie die Wahrheit über sich selbst hinter einer freundlichen, gebenden, glücklichen und strahlenden Person verstecken müssen.

Vielleicht.

Aber wenn sie das tun, dann tut das jeder.

‹Backstage at the Kirow› ist ein Film über die Einstudierung des Balletts ‹Schwanensee›. Eine Freundin, die den Film sah, meinte: «Wer will schon sehen, wie der Ballerina Riemchen reißen, oder das Quietschen ihrer Ballettschuhe hören und sehen, wie ihr der Schweiß von der Stirn rinnt? Wer möchte wissen, welche harte Arbeit das ist. Ich möchte die Schönheit sehen, nicht die Mühsal.»

Nicht ich. Ich mühe mich. Und ich will das Mühen und die Schönheit in anderen sehen. Ich mühe mich, und wenn ich nur die Anmut und Schönheit bei anderen Leuten sehe, dann denke ich, mit mir stimmt etwas nicht. Ich bilde mir ein, ihnen fällt das Leben leicht; sie sind von Natur aus anmutig, freundlich, großzügig, schlank. Keine dieser Eigenschaften fällt mir einfach zu. Irgend etwas stimmt nicht – mit mir.

Immer wenn ich Sara glühend von einer Person vorschwärme, die ich kennengelernt habe, sagt sie: «Hört sich großartig an.» Dann, nach einer Pause: «Und welche Probleme hat sie?» Es liegt auf der Hand, daß ich die Antwort nicht kenne, aber ihre Erwiderung rückt meine Verherrlichung in die richtige Perspektive. Sie zwingt mich, mir zu vergegenwärtigen, daß jeder Mühe mit sich hat – jeder hat Alpträume, jeder weint, fühlt sich elend, ist selbstsüchtig, faul und biestig.

Wir sehen nicht die Mühen der Leute, die wir bewundern, der Leute, die wir achten. Wir sehen nicht, wie Filme gemacht werden, die Konkurrenz der Darsteller untereinander, die Erschöpfung am Ende des Tages. Wir sehen nicht den Schweiß der Fotomodelle, die sechs Stunden im heißen Scheinwerferlicht posieren. Wir sehen die Personen des öffentlichen Lebens nicht mit ihren Ehepartnern. Wir sehen nicht, wie sie morgens aufwachen. Wir sehen sie nicht, wenn sie sich übergeben müssen, eine Grippe haben, weinen, sich grämen. Wir sehen nur das, was bei ihren Mühen herauskommt, das Ergebnis harter Arbeit. Wir sehen sie gesund, strahlend, erfolgreich. Wir können nicht in sie hineinschauen. Aber wir schauen ständig in uns hinein, vergleichen unser Inneres mit ihrem Äußeren. Und das ist ein unfairer Vergleich.

Nach der Veröffentlichung von ‹Feeding the Hungry Heart› bekam ich einen Brief von einer Studienkollegin; sie schrieb:

«Als ich entdeckte, daß du ein Buch geschrieben hast, litt ich sehr, …empfand ein Gefühl von Zorn und Nichtigkeit darüber, daß mein gegenwärtiges Ich so weit zurückgeblieben war auf dem Weg, den ich ebenso wie du gehen wollte. Ich war eifersüchtig auf die Leichtigkeit, mit der du deine Gruppen zu füllen schienst, eifersüchtig auf deine wundervolle Prosa. Ich fühlte auch, daß du dich intensiver mit Problemen beschäftigt hattest als ich… Ich habe bisher solche Lust an Erkenntnissen gehabt, doch nun, wo ich eine Gleichaltrige sehe, nicht etwa eine Vierzigjährige, nein, eine Gleichaltrige, die vielmehr erkannt hat, fühle ich mich erschreckt und beginne an mir selbst zu zweifeln.»

Ihr Brief erreichte mich Mitte August. Seit Juli hatte ich versucht, mit dem neuen Buch anzufangen. Jeden Tag war ich mit der Angst aufgewacht, nicht schreiben zu können, und jeden Tag wuchs die Angst. Ich fühlte mich unfähig, blockiert, unkreativ. Ich wollte aus der Haut fahren, eine andere werden; und dann erhielt ich den Brief von einer, die das wollte, von dem sie glaubte, ich hätte es.

Die Herrlichkeit der anderen und die eigene Wertlosigkeit sind relativ. Sie werden gewöhnlich durch den Vergleich mit jemandem bestimmt, dessen Mühen nicht sichtbar sind.

Wenn ich die Selbstsucht, die ich von mir kenne, mit der sichtbaren Großzügigkeit anderer vergleiche, ist die Kluft dazwischen unermeßlich. Aber ich weiß, ich vergleiche meine schwärzeste Stunde mit ihrer strahlendsten, mein privates Gesicht mit ihrem öffentlichen. Meine

Studienfreundin hatte sich ein Bild von mir und meinem Schreiben gemacht und verglich dieses Bild mit ihren eigenen nicht verwirklichten Träumen und dem Wissen um ihr Zukurzkommen. Sie stellte sich vor, daß meine Workshops sich ohne Anstrengung füllten und daß Nahrung kein Thema mehr sei in meinem Leben. Aber das Bild, das sie sich von mir machte, war nicht ich; ich saß an meinem Schreibtisch und kämpfte mit Worten. Ich brauchte manchmal Nahrung, um meinen Schmerz zu besänftigen. Ich sorge mich immer, ob ein Workshop sich füllt. Ich entsprach gar nicht ihrer Vorstellung von mir; dennoch wertete sie sich durch diese Vorstellung selber ab, war eifersüchtig und leidend.

Wertlosigkeit ist relativ. Sie hängt davon ab, was du in anderen siehst und wie du dich damit vergleichst. Sie hängt davon ab, wie du interpretierst, was über dich gesagt wird. Sie hängt auch von deiner Bereitschaft ab, die Definition deiner Persönlichkeit zu erweitern und ein besseres Verhältnis zu dir selbst zu suchen.

Eine Beziehung zu dir selbst stellst du genauso her wie zu jedem anderen Menschen, den du schätzt und liebst. Erst kommt das Umwerben: sich kennenlernen, miteinander flirten, sich aneinander freuen. An diesem Punkt ist es für Liebende genug, einfach zusammen zu sein – sich in die Augen zu sehen, Hand in Hand zu gehen, Liebe zu machen am Nachmittag.

Die meisten von uns haben das mit Liebhabern erlebt, daher wissen wir, wie es geht, aber wir haben es nie mit uns selbst gemacht. Wir brauchen diese Zeit für uns, auf jeden Fall, diese Bereitschaft, uns kennenzulernen, uns zu entdecken und dann zu schätzen, was uns erfreut.

In Breaking Free-Workshops wächst bei vielen Frauen die Angst davor, stark zu sein, sobald sie anfangen, sich selbst zu umwerben. Wenn sie anfangen, sich selbst zu schätzen, so wie sie sind, anstatt sich ständig zu beschimpfen und zu versuchen, sich zu ändern, dann fangen sie auch an, sich stärker und selbstsicherer zu fühlen. Und wenn sie sich stärker und selbstsicherer fühlen, überflutet sie eine Welle von Freude und Kraft, ausgelöst durch ihr wachsendes Selbstwertgefühl. Aber schon tauchen Ängste auf, teils aus eigener Erfahrung, teils aus vorweggenommenen Befürchtungen: Wenn sie sich erlauben, so stark zu sein, wie sie sein können, verschrecken sie Freunde, Liebhaber und Kollegen. Die anderen Frauen werden sich abwenden. Die Männer werden peinlich berührt sein.

Noch bevor sie ihre Chance nutzen, kanalisieren diese Frauen ihre Kraft (die Fähigkeit, nein zu sagen, Grenzen zu setzen, um das zu bitten, was sie wollen), indem sie ihren Körper ablehnen und damit oft auch sich selbst. Du kannst dich unmöglich selbstsicherer und kraftvoll fühlen, wenn du in dem Augenblick, wo du die Möglichkeit dazu hast, dein Fleisch herunterschneidest und dich selbst blutend, aber dünn, zurückläßt.

Sich mit sich selbst befreunden, sich Zeit nehmen, um zu entdecken, was uns freut, schätzenlernen, was und wer wir schon sind, das sind die ersten Schritte, um unsere persönliche Kraft zurückzufordern.

Wenn du dich mit dir befreundest, entdeckst du, daß jemand zu Hause ist, nachdem du Jahre vergeblich an die Tür geklopft hast, und das ist sehr ermutigend.

## Freunde dich mit deinem Körper an

Wir fangen mit unseren Hüften an, unseren Oberschenkeln, unserem Po, und wir fangen jetzt an. Es gibt keinen Grund, länger zu warten. Es wird nicht leichter. Wenn du kritisch hinschaust, findest du überall Makel: Fette Oberschenkel werden nicht schlanker, schlanke Oberschenkel haben Cellulitis. Wenn du kritisch hinschaust, dann gibt es keinen perfekten Körper. Warte nicht länger, daß dir jemand die Erlaubnis gibt, dich zu mögen. Das kann niemand für dich tun.

• Wähle einen Teil deines Körpers, den du nicht magst. Lege deine Hand darauf, streichle ihn, massiere ihn, sei zärtlich. Bisher bist du ihn nicht losgeworden, konntest ihn weder wegwünschen noch weghassen. Versuche, mit ihm zu sprechen.

Versuche zu erfahen, was er von dir möchte. Berühre ihn so wie die Brust eines Vogels. Ruhig, vorsichtig, sanft.

• Sieh deine Garderobe durch und sortiere alle Kleider aus, die du nicht magst oder die dir nicht stehen. Vor allem die engen, in die du dich hineinzwängen mußt, und die, die stehen, wenn du sitzt. Werde sie los. Gib sie weg oder packe sie in einen Koffer, damit du sie nicht jeden Tag vor Augen hast und dich fragst, wann du dünn genug sein wirst, um sie wieder tragen zu können. Verabrede einen Kleidertausch mit deinen Freundinnen; bitte sie, die Kleider mitzubringen, die sie nicht mehr tragen. Breitet die Kleider auf dem Boden aus. Schaut sie euch an, probiert sie reihum an. So könnt ihr alle mit einem neuen Teil nach Hause gehen.

● Kaufe dir ein paar neue Kleider, seidige, hübsche Kleider, die sich gut anfühlen und dir jetzt gut stehen. Ich weiß, du willst warten, bis du abgenommen hast und dann die Kleider kaufen, die du magst. Warum, fragst du, soll ich Geld für Kleider in dieser Größe ausgeben, wenn ich doch will, daß sie sich ändert?

Weil es deinen idealen Körper nur in der Zukunft gibt. Aber mit diesem Körper, so wie er jetzt ist, gehst du durch den Tag. Jedesmal wenn du Kleider trägst, die dir nicht gefallen, deren Stoff, Stil oder Muster du nicht magst, bestrafst du dich selbst.

Du wirst nicht abnehmen, wenn du dich in zu enge Kleider zwängst. Unbehagen wird dich nicht motivieren, zwingt dich nicht zum Dünnwerden. Es behindert höchstens die Blutzirkulation, erschwert das Atmen und die Konzentration. Es verursacht ein Gefühl, als würdest du aus den Kleidern quellen. In zu engen Kleidern fühlst du dich tatsächlich eingezwängt wie eine Wurst in die Pelle. Kleider tragen, die du nicht magst, ist auch eine Art, dir zu sagen, daß du böse warst und nun die Konsequenzen zu tragen hast.

Verwende deine Kleider wie Verkleidungen. Benutze sie als Gegenmittel zu deinen Stimmungen: Wenn du lethargisch bist, trage etwas Helles und Freches. Wenn du glücklich bist, riskiere etwas Tragisches. Gebrauche deine Kleider, um Gefühlen entgegenzuwirken, erkunde alle Möglichkeiten wechselnder Farben, feiner Muster, sanfter Stoffe, strukturierter Gewebe.

● Wenn du es dir leisten kannst, buche eine wöchentliche Massage bei einem Masseur. Wenn nicht, laß dich von einer Freundin massieren. Erlaube deinem ganzen Körper, von jemandem berührt zu werden, der kein besonderes Interesse an deinem Gewicht hat. Oft haben wir bestimmte Bereiche unseres Körpers noch gar nicht entdeckt: Wir schneiden uns am Hals ab, identifizieren uns mit unseren Gedanken, unseren Gefühlen, unserem Gesicht, während uns Arme und Beine fremd bleiben. Massagen helfen uns, uns wieder mit unserem Körper zu vereinen. Sie bereiten physisches Vergnügen, das nicht sexuell ist. Bei einer Massage will niemand etwas von dir; du sollst dich nur über die Berührung freuen.

Massagen helfen dir auch zu erkennen, daß dein Körper endlich ist. Wenn eine Masseuse erst deine Füße und deine Beine bearbeitet, dann beendet sie deine Beine, bevor sie sich dem Rumpf zuwendet. Das bedeutet, daß deine Beine nicht unendlich dick sind (hast du gehört: Deine Beine sind nicht unendlich dick). Sie haben Anfang und Ende. Massagen vermitteln einen Sinn für die körperlichen Ausmaße; für Leute, die ein hoffnungslos ausgedehntes Körperbild haben, ist das außerordentlich hilfreich.

• Sammle Fotos von dir, von der Kindheit bis heute. Schau deinen Körper an. Hast du dir immer eingebildet, dicker zu sein, als du es tatsächlich warst? Oder haben wohlmeinende Eltern, Tanten oder Lehrer dir gesagt, du wärst zu fett? Warst du es?

• Schneide aus Zeitschriften Fotos von Frauen aus, die deiner Vorstellung einer Idealfigur entsprechen. Schau dir ihre Körper an. Sind sie wirklich erfreulich? Haben sie Ähnlichkeiten mit deinem Körper? Wirst du je, in einer Million Jahren, so aussehen? Wann läßt du endlich solche Versuche?

• Verbringe jeden Tag fünf Minuten vor einem körperhohen Spiegel. Achte auf deine Kurven, die Vertiefungen, die Linie deiner Arme, die Form deiner Hände. Betrachte, aber urteile nicht. Jedesmal wenn ein Urteil auftaucht, ersetze es durch eine Beobachtung. Sage also statt: «Meine Arme sind wabbelig.» – «Meine Arme beginnen bei meinen Schultern, befinden sich zu beiden Seiten meines Rumpfes.»
Nachdem du diese Übung eine Woche lang durchgeführt hast, solltest du dich ganz bewußt anstrengen, dir selbst Komplimente zu machen. «Meine Haut ist zart.» – «Mein Haar lockt sich sanft um mein Gesicht.» – «Meine Beine sind stark und fest.» Entdecke jedesmal, wenn du in den Spiegel schaust, drei hübsche Eigenschaften deines Körpers. Anfangs kann das eine Weile dauern. Aber es wird leichter und leichter werden.
Schau dich an, als ob du dich magst.
Und du wirst dich mögen.

# Freunde dich mit dir selbst an

Wenn ich mit einer Pistole in der Hand zu einem Mann gehe und verlange, daß er eine Erektion hat, könnte er das?

Ähnlich verlangen wir von uns, daß wir uns ändern.

Wir beginnen mit der Person, die wir jetzt sind. Wir fangen an mit alldem, was wir an uns nicht mögen. Und dem, was wir mögen. Wir fangen an mit unserem Fett, unserem Egoismus, unserer Zärtlichkeit und unserer Schönheit. Wir fangen an, uns so zu behandeln, als ob wir uns mögen. Jetzt.

Ohne Gewalt, ohne Strafen, ohne Drohung.

Vorsichtige Anfänge, kleine Schritte. Jetzt.

• Fertige zwei Listen an:

Was ich mir selbst versage…

Wege, um mich anders zu nähren als mit Nahrung…

Und dann suche dir jeden Tag einen Punkt aus dieser Liste aus. So etwas Simples wie einen Gürtel tragen oder die Bluse in den Rock stecken kann manchmal ausreichen, um dein Selbstwertgefühl für diesen Tag aufzumöbeln. Manchmal sind die Veränderungen gravierender, fordern mehr Zeit, mehr Nachdenken, mehr Risikobereitschaft. Manchmal willst du dein Leben erst anfangen, wenn du schlank bist. Und, wie so viele fünfzig- und sechzigjährige Frauen, die ich in meinen Workshops sehe, kannst du dein ganzes Leben damit zubringen, auf das Anfangen zu warten. Du wirst alt darüber. Du kannst sterben, ohne je gelebt zu haben.

Wenn du jahrelang Essen sowohl als physische als auch als emotionale Nahrung gebraucht hast, scheint es zunächst so, als ob «nichts so gut ist wie Essen». Weil du so lange daran gewöhnt bist, ist es für dich die schnellste, wohlschmeckendste und am leichtesten zugängliche Quelle für Nahrung geworden. Du weißt, wie du damit umgehen kannst. Es ist dir vertraut und deshalb bequem. Andererseits ist es aber auch unbequem, denn wenn du ißt, ohne hungrig zu sein, bleibt dasjenige in dir, das eigentlich Nahrung brauchte, immer noch hungrig.

Ich werde oft gefragt, was ich tue, um meine Bedürfnisse ohne reales Essen zu befriedigen. Die Antwort ist, daß das, was ich tue, andere vielleicht nicht nährt. Sie müssen ihre eigenen Wege finden. Dann sagen sie: «Das wissen wir. Aber was machst du persönlich?»

Ich nehme Jasmin-Schaumbäder. Ich stelle Kerzen ins Badezimmer, auch nachmittags, und ich höre Harfenmusik. Nach einem stressreichen Tag nehme ich zwei- oder dreimal ein Bad. Nach drei Bädern gehe ich um acht Uhr abends schlafen und hoffe, daß es morgen besser wird.

Ich weine.

Ich gehe am Strand spazieren.

Ich kaufe neue Bleistifte.

Ich gehe in Tierhandlungen und schaue mir die jungen Hunde an.

Ich schmücke mein Haus jede Woche neu mit Blumen, besonders mit Iris.

Ich tanze.

Ich schreibe Tagebuch.

Was möchtest du tun?

Wenn du keine Angst hättest, dich zu verwöhnen, wie würdest du dich verwöhnen?

Für sich sorgen, sich umwerben braucht Übung. Es ist nicht einfach so, daß du dich entscheidest, dich zu verwöhnen, und dann tust du es auch. Du greifst auch nicht zum erstenmal zu einer Violine und spielst wie Isaak Stern. Dennoch erwartest du, sofort alles richtig zu machen, vor allem wenn es unmittelbar nährend ist. Aber so funktioniert das nicht. Gut leben, sich nähren, du selbst werden braucht Zeit. Aber was kannst du sonst noch tun?

• Wenn deine Gefühle vom eigenen Unwert dich überwältigen oder wenn du meinst, du brauchst konzentrierte Aufmerksamkeit, schlage ich dir eine Psychotherapie vor. Individuelle Therapie kann sehr hilfreich sein und Wachstum erleichtern. Ein Therapeut hat kein so unmittelbares Interesse daran, ob du dich änderst wie deine Freunde und deine Familie, weil deren Leben mit deinem unauflöslich verbunden ist und von ihm beeinflußt wird.

Ich fing eine Therapie an, als ich meine Vorbereitungen für das Medizinstudium aufgab. Ich war verwirrt, verunsichert (und übergewichtig). Meine Therapeutin akzeptierte mich bedingungslos. Diese Tatsache und ihr ruhiger, aber felsenfester Glaube an mich, ihre ständige Ermutigung, die Arbeit zu finden, die mir wirklich zusagt, und mich nicht festzulegen, nur um meiner Familie zu gefallen, erlaubten es mir, mich zu entfalten.

Häufig ermutige ich die Teilnehmerinnen meiner Workshops, sich gleichzeitig in eine Therapie zu begeben. Beides zusammen – Unterstützung durch die Gruppe und Einzeltherapie – erweist sich als besonders hilfreich.

Suche dir deinen Therapeuten sehr sorgfältig aus. Denke daran, daß du dir einen Partner suchst, der dein Wachstum fördern und dich ermutigen soll. Frage Freunde nach Empfehlungen. Verabrede ein Vorgespräch; wenn dir die ersten zwei oder drei Therapeuten nicht zusagen, laß dir weitere Hinweise geben. Ruf im örtlichen Frauenhaus an oder bei studentischen Beratungsgruppen. Lege dich nicht fest; versuche keinen anderen zufriedenzustellen als dich selbst. Die Entscheidung ist wichtig genug; suche dir sorgfältig die richtige Person aus. Vergiß nicht den Unterschied zwischen richtig und perfekt. Es gibt keinen perfekten Therapeuten, so wie es keinen perfekten Menschen gibt.

Wenn du an deinen Eßproblemen arbeiten willst, suche dir jemanden, der sich mit Eßstörungen auskennt. Falls das nicht der Fall ist, du aber die Therapeutin magst, empfehle ihr Susie Orbach: ‹Antidiätbuch›, Kim Chernin: ‹The Obsession› und mein Buch ‹Feading the Hungry Heart›. Eine gute Therapeutin wird in der Lage sein, mit dir an deinen Eßproblemen zu arbeiten, auch wenn sie nicht darauf spezialisiert ist. Essen und Nahrung sind Metaphern für Leben und Wachstum. Das Thema Hunger beschränkt sich nicht auf Eß- und Magersucht.

Wenn du dir keine private Einzeltherapie leisten kannst, suche dir eine Gruppe bei Ernährungsberatungsstellen, im Frauenzentrum oder bei der Familienberatung. (Es gibt auch angesehene Therapeuten, die mit dir einen Sozialtarif vereinbaren. Falls auch der noch zu hoch ist, verabrede nur alle zwei Wochen ein Treffen. Versuche es auf jeden Fall.)

• Lerne, nein zu sagen. Viele Frauen, die zu mir kommen, können keine Grenzen setzen. Sie haben das Gefühl, wenn sie nein sagen, werden sie nicht mehr geliebt. Sie geben und geben; sie tun Dinge, die sie nicht besonders mögen, und dann müssen sie essen, um sich wieder aufzufüllen, um etwas zurückzubekommen. Sie benutzen ihr Übergewicht, nicht ihre Stimme, um nein zu sagen.

Nein zu sagen, Grenzen zu setzen (und zu sehen, daß du trotzdem weiter geliebt und respektiert wirst) hilft dir, einen Sinn dafür zu entwickeln, daß du für das geliebt wirst, was du wirklich bist. Wenn du dich drehst und wendest, um geliebt zu werden, dann hast du das Gefühl, nicht wirklich gut oder nett oder freundlich genug zu sein. Du mußt dich selbst verstecken. Und dann ißt du eben.

Ich ermutige meine Klientinnen, einmal am Tag nein zu sagen zu etwas, was sie nicht tun wollen, dem sie aber gewöhnlich zustimmen. Aber ich ermutige sie auch, kritisch zu sein im Hinblick darauf, wem gegenüber sie nein sagen.

Wähle eine Person aus, die dich liebt, jemanden, der deine Gefühle respektiert. Übe mit ihr. Bricht die Welt zusammen, wenn du einen Anspruch nicht erfüllst? Wirst du allein gelassen, weil du nein gesagt hast? Lehne erst eine einfache Bitte ab: einkaufen gehen, ans Telefon gehen, jemanden einen Gefallen tun. Beachte, was in deinem Körper passiert, wenn du nein sagst. Schlägt dein Herz schneller? Hast du Angst? Was geschieht, nachdem du nein gesagt hast und die Person reagiert hat? Bedauerst du dein Nein?

Hast du das Gefühl, für dich zu sorgen? Bist du froh?

● Schreibe einen Brief an dich.

«Liebe…, ich liebe dich, weil…» und verzichte auf jede Bescheidenheit.

● Verzeih dir, verzeih anderen.

In meinen Workshops üben wir Verzeihen in Anlehnung an das Buch von Stephen Levine: ‹*Who Dies*›. Stell dir eine Person vor, der du böse bist, und dann sage: «Ich verzeihe dir.» Es dauert einige Zeit, diese Person vor deinem inneren Auge erscheinen zu lassen, sie in deinem Herzen zu spüren. Wenn du sagst: «Ich verzeihe dir», beobachte, was geschieht: Ob es schwierig ist, ob du immer noch oder nicht mehr wütend bist. Dann stelle dir jemanden vor, der dir verzeihen soll. Stelle dich im Geiste vor ihn und bitte ihn um Verzeihung für alle Handlungen oder Worte, wodurch du ihn verletzt hast: «Für alle meine Worte, die ich aus Gedankenlosigkeit oder Angst gesagt habe. In meiner Hartherzigkeit, meiner Verwirrung. Ich bitte dich um Verzeihung.» Zuletzt vergegenwärtige dir dich selbst. Sprich dich mit deinem Vornamen an, sag: «Ich verzeihe dir.»

Viele Menschen finden es schwer, anderen zu verzeihen, aber am schwersten, sich selbst zu verzeihen.

In diesem Zusammenhang stellt sich die Frage nach dem Zorn: Warum sollen wir auf den Zorn verzichten? Wenn er gerechtfertigt ist, wenn uns jemand ungerecht behandelt, warum sollen wir nicht zornig sein?

Und wenn wir uns selbst verzeihen, ist das nicht Verwöhnung? Wenn wir uns wirklich in Ordnung finden, was bewahrt uns dann davor, doch wieder genauso zu handeln?

Zorn hat seinen Ort und seine Zeit. Ich glaube, er ist äußerst wertvoll, falls er sich Bahn bricht, ohne den anderen absichtlich zu verletzen oder ihn derart anzugreifen, daß er nun seinerseits zornig wird. Sprich in der Ich-Form. Sage: «Ich bin zornig, weil ich spüre, daß du mir nicht zuhörst», statt: «Du hörst mir nie zu, du kümmerst dich nur um dich.» Dann kann der andere prüfen, was du sagst, und verstehen, daß er dich verletzt hat.

Zorn drückt aus: «Ich ertrage viel, aber mehr will ich nicht ertragen. Du hast die Grenze überschritten. Es reicht.» Zorn setzt Grenzen.

Viele Eßsüchtige essen, weil sie zornig sind und sich diesen Zorn nicht eingestehen. Aber niemand sonst weiß, warum sie essen. Die Person, auf die der Zorn gerichtet ist, hat keine Ahnung davon, daß Kekse unausgesprochene Worte sind. Eßsüchtige wenden ihren Zorn gegen sich selbst, verwandeln ihn in Fett und schließlich in Selbsthaß. Jahre später treffe ich sie in den Workshops; sie sind immer noch zornig auf ihre Mütter oder ihre Liebhaber. Und sie essen immer noch, um diesen Zorn auszudrücken. Auch nach fünfzehn Jahren. Auch wenn die Person, auf die sie zornig sind, längst tot ist.

Zorn muß erkannt und meistens auch ausgedrückt werden. Die betreffende Person muß nicht unbedingt vor dir stehen; sie muß gar nicht mehr leben. Mit Hilfe eines Therapeuten oder im Rahmen einer angeleiteten Gruppentherapie kannst du deinen Zorn loslassen, auch wenn du ein Kissen ansprichst statt der Person, die du meinst.

Du kannst auch einen Brief schreiben. «Ich bin zornig auf dich, weil…» und alles aufschreiben. Du brauchst ihn nicht abzuschicken. Es ist nur für dich.

Vor ein paar Jahren saß ich mit einem Freund zusammen im Auto; ich sagte ihm, daß ich zornig sei über etwas, was er gesagt und getan hatte. «Ein Augenblick des Zorns zerstört hundert Jahre gute Taten», sagte er. Wenn ich hätte ruhig bleiben können, hätte ich geantwortet: «Gut, dann zerstöre ich jetzt zehntausend Jahre guter Taten, denn in diesem Augenblick möchte ich dich am liebsten umbringen.»

Das Verbot, zornig zu werden, die Forderung, großmütig alles zu übersehen, was uns zornig macht, kann den Ernst einer ohnehin schwierigen Situation noch verschärfen.

Manchmal ist es angemessen, deinen Zorn unmittelbar zu äußern, manchmal nicht. (Es ist immer angemessen, den Zorn wenigstens sich selbst zuzugeben.) Frage dich, was du willst, warum du deinen Zorn ausdrücken willst. Wenn du mit Worten verletzen willst, dann hilft das weder dir noch anderen. In diesem Fall warte, bis du deutlich sagen kannst, was genau dir durch den Kopf geht: wie verletzt du bist, warum du dich verletzt fühlst, was du den anderen wissen lassen willst.

Für mich ist das Gespräch, der aufrichtige Austausch entscheidend. Ich möchte spüren, daß ich sagen kann, was ich denke, was mich innerlich bewegt, und daß der andere mir zuhört und ich ihm zuhören kann, daß wir nicht auf der Stelle treten. Wenn ich ein Gefühl ausdrücken will, dann ist es besser, es wirklich zu durchleben, statt in ihm steckenzubleiben, sich in der Hitze des Gefechts im Kreis zu drehen.

Manchmal kann ich den Zorn selber überwinden. Manchmal kann ich meine Befangenheit sehen, meine falschen Voraussetzungen. Ich kann mich aus der Situation und aus der Hitze meiner Gefühle lösen, kann die Lage objektiv betrachten. Oder wenigstens annähernd objektiv.

Manchmal kann ich das nicht. Dann erfordert es Mut zu sagen: «Ich bin zornig.» Mut, weil Zorn Eingestehen von Verletzlichkeit bedeutet. Als gäbe ich zu: «Was du gesagt hast, wer du bist, das berührt mich, geht mich etwas an.» Wenn du das jemanden wissen läßt, weißt du dann, wie er reagiert? Vielleicht kümmert es ihn gar nicht. Oder er verletzt dich wieder. Oder er verläßt dich.

Das Zeigen von Zorn ist auch ein Hinweis darauf, daß du nicht unfehlbar bist, daß deine Fähigkeit zu verzeihen noch nicht stark genug ist, um diesen besonderen Vorfall einfach zu übergehen.

Beide Gefühle – Verletzlichkeit und Unvollkommenheit – sind beunruhigend. Aber das bedeutet nicht, daß sie falsch sind und verdrängt werden müssen.

Wenn du deinen Zorn schon in Worten ausgedrückt hast und immer noch zornig bist, wenn es sich um eine alte Wunde handelt, frage dich, was dir wichtiger ist: recht zu bekommen oder die Beziehung zu vertiefen.

Zuweilen leben wir in Beziehungen, die wir beenden wollen. Aber weil wir nicht den Mut haben, sie zu beenden – denn Trennungen sind schmerzhaft und machen einsam –, bleiben wir. Und kämpfen. Bittere und haßerfüllte Kämpfe. Wenn du dir nicht erlaubst zu gehen, dann brauchst du diese Kämpfe, um dir und anderen zu beweisen, daß dein Partner gemein oder hoffnungslos gedankenlos ist. Wir wollen gar nicht verzeihen; wir wollen recht haben. Die Kämpfe werden zu einem Wettstreit der Willen. Wir kämpfen nicht mehr um die Sache; wir kämpfen um unser Leben. Und wir geben nicht auf.

Wenn du dich in einer solchen Situation befindest, wird Verzeihen zweitrangig gegenüber dem Schrecken der möglichen Trennung und der Einsamkeit. Es ist wichtig auseinanderzuhalten, ob es dir nur schwerfällt zu verzeihen – einem Kompromiß zuzustimmen, nachzugeben, nicht mehr recht haben zu wollen – oder ob du gar nicht verzeihen willst. Wenn du entdeckst, daß du gar nicht verzeihen willst, dann solltest du dich aufmerksam mit den Gründen für dieses Verhalten auseinandersetzen – mit deiner Angst vor dem Alleinsein, deinem Selbstwertgefühl, deinem Anspruch darauf, jemanden zu wählen, mit dem du wirklich zusammen leben willst. Du mußt fühlen, daß du dich selber beschenkst, wenn du deinen Zorn aufgibst, daß du dich erweiterst und nicht verkleinerst. Beziehungen, Freundschaften, Partnerschaften bedeuten schwere Arbeit. Du mußt wünschen, in ihnen zu leben, du mußt wünschen, in ihnen zu bleiben, du mußt wünschen, in ihnen Wurzeln zu treiben und zu wachsen.

Sich selbst verzeihen ist eine andere Sache.

Wenn sich nun herausstellt, daß du abgrundtief schlecht bist?

Wenn du immer die gleichen Fehler machst?

Wenn alle, die wir lieben, befremdet sind, weil wir so nachsichtig mit uns umgehen, sie aber unsere Wahrheit erkennen: unsere Gedankenlosigkeit, unsere Selbstsucht, unsere Gemeinheit?

Dir selbst zu verzeihen ist nicht nur ein Ausdruck für Verletzlichkeit und Unvollkommenheit, sondern kennzeichnet auch einen Entwicklungssprung im Hinblick auf das Vertrauen, das du deinen eigenen Vorsätzen entgegenbringst. Du bist nicht besser oder schlechter als andere. Der Unterschied zwischen dem, der mordet, und dem, der es nicht tut, liegt darin, daß der eine es tut und der andere nur daran denkt.

Wir sind alle der schändlichsten Greueltaten fähig. Im Unterschied zu denen, die sie begehen, sind die anderen bereit, ihre Impulse, ihre dunkle Seite zu erkennen; sie können sich verzeihen und zum Licht streben. Sie verarbeiten ihre Impulse anstatt sie auszuleben, lassen sie zu, ohne sie zu leugnen oder zu verdrängen.

Wenn du dir selbst verzeihst, dann drückst du damit aus, daß du die dunkle Seite an dir aufarbeiten willst. Du gestehst dir ein, daß du nicht vollkommen bist, daß du die Menschen, die du liebst, verletzen kannst, wieder verletzen wirst. Du willst aus deiner Zerbrechlichkeit und Fehlbarkeit lernen und nicht das Gegenteil vortäuschen.

# Verzeihen, wenn einem nicht verziehen wird

*Dir verzeihen*

• Schreibe alles auf, was du dir selbst nicht verzeihen kannst – was du
getan, gesagt oder gedacht hast. Sei genau, möglichst umfassend.
 Schau hin. Wie schlimm sind diese Dinge wirklich? Ich weiß, du
hältst sie für schlimm, aber wie schlimm sind sie tatsächlich?

• Sage: «Ich verzeihe dir», nach jedem Punkt, den du niederschreibst.
 Was passiert?
 Welche Vorteile hast du, wenn du dir nicht verzeihst?
 Was versuchst du zu beweisen?
 Fürchtest du, die Beherrschung zu verlieren?
 Möchtest du die Beherrschung verlieren?

• Stelle dich als eine Person dar, der man verzeihen kann. Was mußt du
tun, sagen, wie mußt du sein, wie dich kleiden, um dir zu verzeihen?
 Macht diese Person, der man verzeihen kann, Fehler?

• Stelle dir vor, daß dir verziehen worden ist.
 Was fängst du nun an?
 Wie denkst du darüber? Wie ändert sich dein Leben?

*Anderen verzeihen*

• Frage dich, ob du verzeihen willst.
 Ich vermute, du kennst schon die Antwort. Du mußt nicht entsprechend handeln, aber sei wenigstens ehrlich mit dir selbst.

• Wenn du nicht verzeihen willst, ist das in Ordnung.
 Vielleicht hast du dich nicht ausreichend verständlich gemacht.
 Vielleicht überzeugt dich das Argument nicht.
 Vielleicht willst du diese Beziehung nicht.
 Was immer du fühlst, auch wenn du willst, kannst du dich nicht
damit auseinandersetzen, wenn du nicht weißt, worum es geht.
 Du kannst dir nicht aussuchen, was du fühlst, sondern nur, wie du
damit umgehen willst.
 Also, wie fühlst du dich?

• Wenn du verzeihen willst, aber Schwierigkeiten damit hast, denke daran, daß es schwer ist, die Rechthaberei zu lassen. Verzeihe dir, daß du nicht verzeihen kannst.

Schau in dich hinein. Gibt es unterdrückten Zorn? Was verlierst du, was gibst du auf, wenn du verzeihst?

• Weinen hilft. Ins Kissen sprechen hilft, Kissen werfen hilft. Wenn dein Zorn tief und alt ist, stelle sicher, daß du nicht allein bist, wenn du ihn losläßt. Wenn du nicht in einer Therapie bist, bitte eine Freundin, jemanden, dem du vertraust, bei dir zu bleiben. Wenn du weißt, jemand ist bei dir, dann kannst du dich gehenlassen, ohne von deinen Gefühlen überwältigt zu werden.

• Wenn du deinen Zorn ausgedrückt hast und immer noch zornig bist, dann nimm dir Zeit, Verzeihen zu üben (wie auf Seite 181 beschrieben). Gehe deinen Tag durch und stelle dir vor, daß du der Person verzeihst, die deinen Zorn erregt hat. Was passiert? Was mußt du aufgeben, um ihr zu verzeihen? Vielleicht bist du zornig auf dich, weil du zu lange in dieser Beziehung gesteckt hast, vielleicht bist du aus einem anderen Grund zornig auf dich selbst und versuchst nur, diesen Zorn in eine andere Richtung umzuleiten. Wenn das wahr ist, wenn sich der Zorn gegen dich richtet, kannst du ihn auch aufarbeiten. (Du kannst dir verzeihen, erinnerst du dich?)

Viele von uns befürchten, daß unser Zorn nie enden wird, wenn wir uns erlauben, ihn zu fühlen. Gefühle, die verdrängt werden, werden stärker. Es ist kein Wunder, daß wir sie fürchten. Aber sie enden. Kein Gefühl, das einmal ausgedrückt wurde, hat ein Leben lang gedauert. Oder auch nur sechs Monate. Wenn du es beginnen läßt, wird es auch enden.

## Starke Frauen

Ein Teil der Stärke liegt darin, nein sagen zu lernen. Aber sie geht darüber hinaus.

Stärke erlaubt dir, dich gut zu fühlen. So kreativ, unverschämt, sinnlich und anspruchsvoll, wie du bist. Stärke bedeutet, daß du nichts vor niemandem verstecken mußt.

Die meisten Frauen, mit denen ich arbeite, fürchten, daß sie zu stark werden, wenn sie abnehmen. Eine Frau sagte: «Ich werde alle verschrecken. Ich mähe sie alle nieder.» Sie fürchten, vollkommen zu werden, wenn sie abnehmen, weil in ihren Augen ihr Übergewicht ihr einziger tragischer Makel ist. Und ihre Vollkommenheit wird alle erschrecken.

Stimmt. Auch ich würde vor einem perfekten menschlichen Wesen erschrecken. Aber ich mache mir keine Sorgen: Mir ist noch keines begegnet.

Viele von uns sind darauf fixiert, zu essen und ihren Körper abzulehnen, weil sie Angst davor haben, was passieren wird, wenn sie damit aufhören. Wir fürchten, die anderen finden uns verdorben, arrogant, aggressiv, anspruchsvoll. Wir fürchten, wir werden kämpferische Amazonen.

Das sind Ängste. Mythen. Wir müssen sie überwinden. Jetzt.

Obwohl es stimmt, und ich habe es von vielen Männern gehört, daß etwas Erschreckendes an einer erfolgreichen, selbstbestimmten und attraktiven Frau ist, ist doch auch nicht zu übersehen, daß seit der Frauenbewegung in den sechziger Jahren viel mehr erfolgreiche, selbstbestimmte Frauen in Erscheinung treten. Wir sind nicht länger unnormal. Frauen, die ihre Fähigkeiten nicht verkümmern lassen wollen, werden unterstützt; in Frauenorganisationen, Frauenzentren, Banken für Frauen, Berufsorganisationen für Frauen. Und es gibt Männer, die starke Frauen emotional unterstützen, auch wenn sie sich dabei ihre eigenen Ängste vergegenwärtigen müssen. Wir leben in einer Zeit großer Veränderungen. Wir sind Pionierinnen.

*Aber*

Erfolgreich, selbstbestimmt und stark sein bedeutet nicht, vollkommen zu sein.

Zu viele Frauen meinen, schlank zu sein bedeute, sich immer unter Kontrolle zu haben. Schlanksein bedeute, im Mittelpunkt der Aufmerksamkeit zu stehen, erfolgreich zu sein und immer alles richtig zu machen. Nichts ist für immer. Du wirst dir nie erlauben, stark zu sein, wenn das bedeutet, daß du nicht weinen darfst, wenn du weinen willst.

Unsere Vorstellungen von Frauen ohne Gewichtsprobleme halten uns gefangen, nicht die Realität. Wir haben Angst vor unserem Kräftepotential. Wir fürchten, die anderen bekommen Angst, und wir fürchten, daß es dann keinen Raum mehr gibt für unsere Zerbrechlichkeit. Die frühere Angst, begründet in der Realität, ändert sich heute, ein Resultat des kulturellen Einflusses sichtlich erfolgreicher Frauen. Die andere Angst ist eine innere Vorstellung, die benannt, ans Tageslicht gebracht und beurteilt werden muß.

Frage dich – jetzt –, was passiert, wenn du so stark werden würdest, wie du innerlich bist?

Wer würde sich fürchten?

Wie würde sich dein Leben ändern?

Wie würdest du essen?

Was würdest du anziehen?

Was würde dich aus dem Gleichgewicht bringen?

Wie würdest du gehen, reden?

Welchen Beruf ausüben?

Wie wären deine Freunde?

Fördert dein Leben, so wie es jetzt ist, deine Stärke?

Erledige einmal täglich etwas, das Stärke verlangt. Zieh dich morgen nach dem Aufwachen so an, als wolltest du deine Stärke zeigen. Dann gehe durch den Tag wie eine starke Frau.

Behandle dich so, als wärst du stark genug.

Sich selbst oder andere umwerben, verspricht eine Zeit der Freude und Entdeckungen.

Manchmal dauert sie sechs Monate, manchmal ein Jahr.

Umwerben ist wichtig. Als Grundlage für die Freude und das Lachen, aus denen wir später Kraft schöpfen werden, und wir werden das brauchen. Denn nach dem Werben kommt die Freundschaft. Und Freundschaft halten, mit uns selbst oder mit anderen, ist harte Arbeit.

Mit fünfzehn zog ich in eine andere Stadt und wurde die Neue in der Schule. Denise Marks kam zu mir und sagte: «Mache dir um Freunde keine Sorgen, du wirst viele haben. Du hast lange, glatte Haare, und das mögen sie hier.»

Diejenigen von uns, die sich selbst zerreißen, weil sie nicht schlank genug sind, sagen etwas Ähnliches. Wir behaupten, daß Freundschaft und sich selber mögen davon abhängen, wie wir aussehen. Und wenn wir übergewichtig sind, sind wir Versager und verdienen keinen Respekt, weder von uns noch gar von anderen.

Freundschaft, wirkliche Freundschaft hat nichts mit äußeren Eigenschaften wie langen, glatten Haaren zu tun. Oder mit dem Körpergewicht. Sie verlangt Verbindlichkeit und Beharrlichkeit, verlangt den Willen zu bleiben und umeinander zu kämpfen, gerade dann, wenn bleiben und umeinander kämpfen das letzte ist, was du willst.

«Ich bin die, die immer verläßt», sagte jemand letzte Woche im Workshop; «wenn eine Sache schwierig wird, dann breche ich aus.»

Sie mag die Beziehung verlassen; wesentlicher ist aber, daß sie damit auch sich selbst verläßt.

Freundschaft braucht Übung. Wir müssen lernen zu bleiben und durchzuhalten, das ist uns nicht angeboren.

Freundschaft verlangt Mitgefühl. Wir sind nicht vollkommen; wir werden Fehler machen; wir werden uns überessen. Aber wir tun unser Bestes, und das ist gut genug.

## 14. Schmerz:
## «Das Leben ist schwer, und dann stirbst du»

«Gute Menschen fühlen keinen Schmerz.»
*Teilnehmerinnen an einem Breaking Free-Workshop*

Jeden Menschen schmerzt irgend etwas.

Es gibt kein Entkommen.

Dagegen kann man nichts machen.

In einer Welt, in der der Tod der Menschen, die du liebst, ebenso wie dein eigener Tod, die einzige Gewißheit ist, gibt es kein Entkommen.

Ich bin nicht sicher, seit wann ich nicht länger darauf warte, daß alles glücklich enden würde wie im Märchen. Vielleicht seit dem Tag, als ich hörte, daß ‹*Feeding The Hungry Heart*› (ursprünglich: ‹*Is There a Life After Chocolate?*›) veröffentlicht werden sollte.

Es war ein wunderschöner Tag. Als ich in den Verlag kam, trugen die Empfangsdame, zwei Sekretärinnen und meine Verlegerin glänzend-blaue Buttons mit der Aufschrift: «Die Lage wird ernst – bitte schicke Schokolade.» Ich wurde zum Mittagessen ausgeführt; man sagte mir, daß aus meinem Manuskript ein Buch würde. Ich schrie auf, die Herausgeberin lachte; eine Wahrsagerin kam an unseren Tisch und verkündete mir, daß ich sehr erfolgreich sein würde. Später am Tag traf ich meinen Vater im Algonquin Hotel, und er sagte: «Vor dir haben sich hier schon viele berühmte Schriftsteller versammelt.» Nachts, als ich mit meiner Mutter auf ihrem Bett saß, öffneten wir eine Flasche Champagner und tranken auf den Erfolg des Buches. Nachdem meine Mutter und mein Stiefvater zu Bett gegangen waren, saß ich im Wohnzimmer und schrieb in mein Tagebuch. Ein Feuer knisterte im Kamin, die Wanduhr schlug zwei. Plötzlich fing ich an zu weinen.

Seit der fünften Klasse träumte ich davon, Schriftstellerin zu werden; seit ich eine Geschichte geschrieben hatte über ein Mädchen, das für eine Stewardess einspringt und das Flugzeug vor dem Absturz rettet, als alle, einschließlich des Piloten, sich eine Lebensmittelvergiftung zugezogen hatten. Ich schrieb ständig – Geschichten, Gedichte, Briefe. Ich schrieb, weil ich schreiben mußte, weil das Schreiben den Bruchstücken und Splittern meiner Erfahrungen einen Sinn gab. Und die ganze Zeit träumte ich heimlich davon, daß eines Tages jemand mein Werk entdeckte.

Und dann geschah es. Zwanzig Jahre in Erwartung dieses Augenblicks hier im Wohnzimmer mit der Wanduhr, dem Feuer und den Geräuschen der Nacht. Ich war außer mir vor Freude, aber ich war auch allein. Keinen zum Anstrahlen, keinen zum Reden. Ich fühlte mich wie ein Lahmer ohne Krücken. Keine anderen Träume, an denen ich mich festhalten konnte.

Da war immer noch der Schmerz. Unter meiner Haut, dieser Schmerz ohne besonderen Anlaß war immer noch da. Diese aufwühlende, unfaßbare Leere. Ich saß weinend im Wohnzimmer, und dann weinte ich mich in den Schlaf. Ich weinte, weil ich es nun wußte, vielleicht zum erstenmal: Wenn selbst die Verwirklichung eines Kindheitstraums den Schmerz nicht nimmt, dann nimmt ihn auch nichts anderes, und ich weinte, weil ich auch wußte, daß ich immer Schmerzen zu erleiden haben würde, immer, für den Rest meines Lebens.

Schmerz: Kindheit – Schmerz. Krankheit – Schmerz. Enttäuschung – Schmerz. Enttäuschung – Schmerz. Trennung – Schmerz. Sich nie gut genug fühlen – Schmerz. Zu jung sein – Schmerz. Harte Argumente – Schmerz. Zurückweisung – Schmerz. Risiko – Schmerz. Scheitern – Schmerz. Kopfschmerzen. Gebrochene Glieder – Schmerz. Vergessen und Erinnern – Schmerz. Alt werden – Schmerz. Die Ungewißheit, wann du oder jemand, den du liebst, sterben wird – Schmerz. Tod – Schmerz. Am Leben sein – Schmerz. Einsamkeit, Leid, Trauer, Angst – Schmerz. Wissen, daß die Welt in einer atomaren Katastrophe untergehen kann – heute, morgen, nächstes Jahr: Schmerz.

Wenn wir Augenblicke voneinander trennen könnten, dann hielten sich die Augenblicke, die wir nicht mögen, in denen wir uns unbehaglich fühlen, und diejenigen, die wir mögen, in denen wir glücklich sind, die Waage. Mindestens die Hälfte unseres Lebens verbringen wir in körperlichem oder emotionalem Unbehagen; dennoch beharren wir darauf, daß das Glück unser natürlicher, normaler Zustand sei. Und wenn wir nicht glücklich sind, sind wir nicht normal.

Auf Fragen an die Frauen in meinen Workshops erhalte ich unterschiedliche Antworten:

«Gute Menschen fühlen keine Schmerzen; wenn ich alles richtig mache, habe ich keine Schmerzen.» – «Wenn ich Schmerzen leide, werde ich für etwas bestraft.» – «Schmerzen habe ich, weil ich eine schlechte Mutter war.» – «Wenn ich mich auch nur den kleinsten Schmerz fühlen lasse, werden alle anderen Schmerzen, die ich verdrängt habe, zurückkehren. Das kann ich nicht. Das ist zuviel.» – «Ich fürchte, der Schmerz frißt mich; also fresse ich erst ihn.»

Wir denken, wir sind auf der Welt, um glücklich zu sein, und wenn wir es nicht sind, empfinden wir das als Strafe. Dann versuchen wir herauszufinden, wofür wir bestraft werden. Wir fragen uns, was denn so schrecklich falsch an uns ist. Wir fragen uns, ob wir schlecht sind. Dieser Gedanke an sich ist so schmerzhaft, daß wir ihn wegschieben, und wenn der Schmerz trotzdem andauert, denken wir, wir werden bestraft.

Wer immer uns gesagt hat, wir seien auf der Welt, um glücklich zu sein, der irrt.

Ich finde, dieses «Sie lebten glücklich bis an ihr Lebensende» sollte aus jeder Geschichte gestrichen oder mit einem Zusatz versehen werden: «Dies ist nur ein Märchen. Im wirklichen Leben sind Menschen nicht glücklich bis an ihr Lebensende.»

Im wirklichen Leben fühlen Menschen jeden Tag eine Art Unbehagen. Geboren werden tut weh. Leben tut weh. Sterben tut weh. Wenn wir das wissen und nicht erwarten, immerzu glücklich zu sein, dann müssen wir uns nicht fürchten oder verfluchen, wenn wir unweigerlich Schmerzen erleiden. Die Vorstellung, daß Schmerz schlecht, anormal oder vermeidbar sei, stiftet Angst und Verwirrung, sobald Schmerzen aufkommen. Sie errichtet ein vielschichtiges und komplexes System in uns, das Schmerz um jeden Preis ersticken soll.

Die meisten Menschen berühren nie den Grund ihres Schmerzes. Sie werden eher süchtig und tauschen den Schmerz, lebendig zu sein, gegen den Schmerz der Sucht ein.

Beide Wege sind nicht leicht. Sucht ist schmerzhaft, und Leben ohne Sucht ist schmerzhaft. Die Sucht hat ihre Freuden und das Leben ohne Sucht ebenso. Der größte Vorteil, den ich in einem Leben ohne Sucht entdecken kann, ist der, daß du nicht länger Angst vor Schmerzen hast.

In den Breaking Free-Workshops üben wir, uns hinzusetzen, wenn etwas schmerzt. Unser unmittelbarer Impuls ist, vor dem Schmerz wegzulaufen. Wenn du dich hinsetzt, wirst du dir des Augenblicks bewußt, bevor du wegläufst. Schmerz fühlen und vermeiden sind so miteinander verwoben, daß man beides oft nur schwer trennen kann; das erfordert Übung.

Wenn Menschen sich hinsetzen, statt zu essen, entdecken sie, daß der Schmerz zyklisch ist, nicht linear. Der Schmerz überschwemmt sie; dann zieht er sich zurück. Der Schmerz bewegt sich und verändert sich. Der Schmerz endet.

Der Schmerz endet.

Der Schmerz kommt und geht, und dann ist es vorbei. Sogar chronische Schmerzen verlaufen zyklisch. Sogar stechender, frischer Schmerz verändert sich von Augenblick zu Augenblick. Was wir Schmerz nennen, sind Empfindungen, Brennen, Zittern, Beißen, Schmerzen, Pulsjagen, Herzklopfen, Beklommenheit. Wenn du das Pochen der Kopfschmerzen oder Herzschmerzen untersuchst, wenn du den Schmerz besänftigst, statt ihn abzuwürgen, ändert er sich, während du ihn beobachtest.

Er ändert sich – das harte Klopfen wird gleichmäßige Spannung, das unruhige Nagen beruhigt sich. Der Schmerz wandelt sich von einem umfassenden grellen Rot zu einem warmen und tiefen Orange. Beschaffenheit, Ort, Schärfe und Eigenart des Schmerzes ändern sich. Der Schmerz gehört zur Lebensreise durch die Welt. Leid ist etwas anderes. Leid entsteht, wenn wir auf den Schmerz reagieren, indem wir ihn verdrängen.

Der größte Teil unserer sogenannten Schmerzen ist Leid. Die meisten Schmerzen entspringen unserer Angst davor, was geschehen wird, wenn wir uns den Schmerz fühlen lassen. Schmerz ist meist Widerstand gegen Schmerz. Widerstand gegen Schmerz macht uns wild, verzweifelt, verrückt – und steigert den Schmerz. Wir würden alles tun, um ihn niederzukämpfen. Den körperlichen Schmerz füttern wir mit Tabletten, den emotionalen mit Nahrung. Wir versuchen alles, wirklich alles, damit der Schmerz nachläßt.

Aber etwas geschieht in diesem Prozeß, das nicht auszuhalten ist, das wir fühlen, aber nicht ändern können: Wir ziehen uns zusammen, wir werden kleiner und kleiner, wir verlassen die Wohnstätte in unserem Herzen. Wir gehen keine Risiken mehr ein, wir verschließen uns, wir stehlen uns aus dem Leben. Wir winden uns um uns selbst wie Seeanemonen. Wir werden süchtig nach den Mitteln, mit denen wir Schmerz vermeiden wollen. Dann fühlen wir uns isoliert und verrückt, weil wir im Nebel der Betäubung leben und damit unser Leben verpassen.

Es geht nicht um die Veränderung deiner Eßgewohnheiten. Es geht um die Veränderung deines Lebens. Wenn du an die Wurzel der Sucht gehst, indem du dir zunächst einmal das Gefühl des Unbehagens erlaubst, dann mußt du nicht essen, um es zu verdrängen.

Ich weiß, das verlangt eine Menge. Niemand mag den Schmerz. Niemand wählt ihn. Aber er ist da, das können wir uns nicht aussuchen. Ich bitte dich nicht, daß du die Arme ausstreckst, den Schmerz suchst und einlädst wie einen Liebhaber. Ich bitte dich darum, daß du den Schmerz erkundest und erforschst und ihn als das akzeptieren lernst, was er ist: die natürliche Konsequenz des Lebens.

## Die Schärfe deines Schmerzes

• Nimm dir volle fünf Minuten für die folgenden Aufzählungen:

1. Beginne mit «Schmerz ist...» und vervollständige, ohne deine Antworten vorher zu überdenken. Wenn deine Antworten einfach, kindlich oder einsilbig sind, um so besser. «Schmerz ist schlecht» oder «Schmerz ist grauenvoll». Laß alle möglichen Antworten, Assoziationen und Gefühle über Schmerz zu.
2. Vervollständige den Satz: «Wenn ich Schmerz spüre...» Antworte wieder spontan und ohne lange zu überlegen. Hast du Angst vor Schmerz, weil er dich verwundbar macht? Oder weil du fürchtest, daß er nie enden wird? Oder weil du nicht weißt, wie du um Hilfe bitten kannst?

Wenn du die Listen vervollständigt hast, lies sie durch und achte auf den Tonfall. Reagierst du primär abwehrend oder akzeptierend? Was erfährst du über deine Einstellungen zum Schmerz? Wird deutlich, daß du denkst, du solltest doch überwiegend glücklich sein? Hast du das Gefühl, Schmerz sei eine Strafe?

Diese Listen, wie alle anderen im Buch, sind Schlüssel für die Selbstbeobachtung, für die Einsicht in unbewußte Voraussetzungen und Annahmen, auf denen viele unserer Handlungen beruhen. Sie zeigen dir deine Basis.

• Denke zurück an die Botschaften, die du in deiner Kindheit erhieltest, wenn du Schmerzen hattest.

Was passierte, wenn du geweint hast?

Wurdest du aus dem Zimmer geschickt?

Sagten sie dir, du sollst aufhören?

Wurdest du bestraft, getröstet oder bestochen?

Wieweit haben diese Botschaften deine Bereitschaft, Schmerz zu erfahren, beeinflußt?

Wenn ich weinte, fürchtete ich mich, weil ich die Menschen um mich herum in Furcht versetzte. Mein Vater hielt mich im Arm und flüsterte: «Nun hör auf. Es ist genug. Hör auf zu weinen.» Ich schluckte meine Tränen herunter, schluchzte noch ein paar Minuten auf und lief dann mit feuchten und verweinten Augen durch die Gegend.

Meine Freundin Ellen sagt: «Wenn ich weinte, sagte meine Mutter an einer bestimmten Stelle: ‹Gut, das reicht›, und ich mußte mein Zimmer verlassen und wieder zur Familie zurückkommen.»

«Nimm dich zusammen.» – «Beherrsche dich.» – «Weinen ist ein Zeichen der Schwäche.» – «Nur Babies weinen.»

Wer sagt das? Warum soll ich nicht weinen? Was stimmt nicht mit den Tränen?

Wenn ich spüre, daß mir die Tränen kommen, lasse ich sie fließen (vorausgesetzt, ich bin an einem Ort, wo ich weinen kann). Auch am hellichten Tag lege ich meinen Kopf auf den Schreibtisch und weine. Manchmal fühle ich wieder wie ein Kind, warte darauf, daß mich jemand findet, mich umarmt und sagt: «Sch, nun ist es genug.» Ich denke, meine Tränen zeigen, daß etwas nicht in Ordnung ist und daß ich mich besser nicht da hineinziehen lasse, weil niemand da ist, der mich wieder herausholt.

Irgend etwas ist wirklich falsch, und was es auch sei, ich weine darum. Ich brauchte eine lange Zeit und viele heruntergeschluckte Tränen, bis ich verstand, daß Weinen in Ordnung ist. Wenn ich weinen darf, überspült mich die Traurigkeit, und früher oder später fühle ich mich besser, erhebe mich und gehe zur Tagesordnung über.

Während meines letzten Aufenthalts in New York besuchte mich mein Vater an einem Tag, an dem ich mich sehr allein fühlte. Als er mich fragte, wie ich mich fühlte, brach ich in Tränen aus. Er legte seinen Arm um mich und sagte: «Gut, gut... sch. Du brauchst doch nicht zu weinen.»

Ich sagte: «Doch. Und ob. Weinen tut mir gut – täte dir auch gut, Dad, wenn du es je zulassen könntest. Und ich werde weiterweinen, solange die Tränen fließen.» Er lachte. Ich auch. Und das war es dann auch.

● Gestatte dir, eine halbe Stunde am Tag unglücklich zu sein.

Wähle eine Zeit, am frühen Morgen oder Abend, in der du ungestört bist. Oder wähle die Zeit, in der du dich gewöhnlich unglücklich fühlst. Setze täglich diese Zeit fest und nenne sie deine unglückliche Zeit; dann kannst du sie in deinen Tag einplanen als einen normalen und akzeptierten Teil dessen, was du tust.

Denke zu Beginn der halben Stunde über alle die Dinge nach, über die du unglücklich bist. Führe alles auf, bis dir nichts mehr einfällt. Dann, wie man so schön sagt, pack es an. Reagiere auf eine bestimmte Weise: Weine, lege dich auf den Boden, schleiche im Haus herum, schreibe ein bittersüßes Gedicht oder einen giftspritzenden Brief, zeichne einen Totenkopf mit gekreuzten Knochen.

Widme dich nach dieser halben Stunde wieder dem Alltag.

● Male deinen Schmerz. Besorge dir Stifte und Zeichenpapier. Erlaube dem Schmerz, sein Gesicht zu zeigen: entweder einem besonderen Schmerz in deinem Leben oder aber diesem allgemeinen Gefühl des Weltschmerzes. Siehst du ein Tier? Einen Mann? Eine mythische Figur? Ist es riesig? Dunkel? Male es. Gib ihm eine Gestalt. Und sieh, daß es Anfang und Ende hat.

● Wenn du das nächste Mal körperlichen Schmerz fühlst, setz dich hin, wenn es eben geht. Schließe deine Augen und nimm dir fünf Minuten Zeit, um die folgenden Fragen zu beantworten:

An welcher Stelle deines Körpers sitzt der Schmerz?

Welche Farbe hat er?

Welche Schärfe?

Bewegt er sich, oder hält er still?

Hat er eine Struktur?

Wenn wir Schmerz fühlen, beschwören wir oft Bilder davon herauf, was geschehen könnte, wenn der Schmerz nicht verschwindet. Vor ein paar Monaten erwachte ich mit einem steifen Nacken und Kopfschmerzen. Als es nach zwei Tagen schlimmer wurde, erinnerte ich mich an ein Buch über ein Kind, das zum Arzt gebracht wurde, weil es einen chronisch steifen Nacken hatte; die Diagnose lautete: Gehirntumor. Innerhalb einer Woche hatte ich mir eingeredet, daß ich auch einen Gehirntumor hätte und in sechs Monaten tot sei. Ich malte mir schon die Abschiedsszene am Krankenlager aus, mit meiner Mutter, meinem Vater, meinem Bruder und Sara. Ich versank in Selbstmitleid, weil ich nun sterben würde, ohne dem Mann meines Lebens begegnet zu sein und bevor mein zweites Buch veröffentlicht wurde. Jedesmal wenn ich meinen Kopf bewegte, erinnerte mich mein steifer Nacken daran, daß ich sterben würde. Diese Vorstellung, genau wie die augenblicklichen Empfindungen, ließen mich jedesmal zusammenzucken und verkrampfen, wenn ich den Schmerz spürte.

Erst als ich mich langsam wieder dazu brachte, nur auf die augenblicklichen Schmerzempfindungen zu achten und nicht mehr auf die Bilder zu reagieren, die ich mir in all meiner Pein vorgestellt hatte, konnte ich mich entspannen. Als ich den Widerstand gegen den Schmerz aufgab, veränderte er sich. Er war besänftigt.

Mit einiger Übung kann jeder lernen, zwischen einem steifen Nakken und einem Gehirntumor zu unterscheiden.

• Nimm auf einem bequemen Stuhl Platz und versetze dich in eine Situation zurück, in der du zwanghaft gegessen hast. Schließe deine Augen und vergegenwärtige dir alle Einzelheiten – das drängende Gefühl, das dich geradezu treibt zu essen... Sieh dich selbst essen, genauso, wie du damals gegessen hast... Erinnere dich, was du gegessen hast, ob du die Speisen geschmeckt hast, wie du dich anschließend gefühlt hast... Nun – als blättertest du die Seiten eines Buches durch – vergegenwärtige dir das auslösende Ereignis. Jetzt, in deiner Phantasie, schaffe dir einen Ort, an dem du dich niederlassen kannst, bevor du ißt. Wenn du sitzt, konzentriere dich auf die Gefühle in deinem Körper. Benenne sie. Bist du traurig? Zornig? Einsam? Verletzt? Ängstlich? Wo ist dieses besondere Gefühl? Hat es eine Farbe? Schärfe? Was geschieht, wenn du dasitzt und beobachtest...? Wechselt das Gefühl den Ort in deinem Körper? Ändert sich seine Intensität? Bleibe ein paar Minuten sitzen, beobachte das Gefühl, die entsprechenden Empfindungen, wenn sie sich verändern. Schließlich – in deiner Phantasie – stehe auf und gehe zur Tagesordnung über. Möchtest du immer noch essen? Fühlst du dich anders, wenn du nicht gegessen hast?

Wenn du diese Übung wiederholt machst, hilft sie dir, in den Schmerz einzudringen, den du sonst aufgegessen hast, um ihn zu vermeiden. Die Hauptursache des Essens liegt darin, daß wir fürchten, der Schmerz sei stärker als wir. «Er wird mich verschlingen, bevor ich ihn verschlingen kann.» Wenn du diese Übung zwei- oder dreimal wiederholt hast, dann siehst du – mag die Situation auch unglaublich schmerzhaft sein, dich tiefer verletzen, als du erwartet hast –, daß sie dich nicht zerstören wird. Du fühlst den Schmerz, du bist verwundet, aber dann stehst du auf und lebst dein Leben. Der Schmerz verschwindet nicht notwendigerweise, aber er verändert sich, er zieht sich eine Weile zurück. Wenn es ein heftiger Schmerz ist, kommt er wieder. Und dann spürst du ihn wieder. Aber er zieht sich auch wieder zurück.

Wenn du weißt, daß jeder Schmerz – ganz gleich, wie tief er dringt, sogar der Schmerz, wenn jemand stirbt, den du liebst – nie ewig dauern oder dich zerreißen wird, dann kannst du dir erlauben, ihn ganz zu erfahren. Wenn du dem Schmerz durch alle Tiefen seinen natürlichen Lauf läßt, dann kommt er zu einem natürlichen Ende. Wenn du ein Gefühl verdrängst, versteckt es sich in den Winkeln deines Herzens und wartet darauf auszubrechen, erschreckt dich, sucht dich heim mit seinen Gespenstern.

• Wenn wieder einmal jemand, den du liebst, Schmerz fühlt, versuche nicht, ihm das abzunehmen. Küsse es nicht weg, damit es besser wird. Bleibe da, aber versuche nicht, ihn wieder glücklich zu stimmen. Achte auf deine Neigung, ihn zu trösten, ihm zu versichern, daß alles gut wird. Achte darauf, wie schwer es ist, den Schmerz eines anderen anzusehen – es weckt deinen eigenen Schmerz –, und sieh ihn trotzdem an. Bleibe bei ihm, ruhig. Du mußt nichts sagen. Nur dazusein, ihm die Anwesenheit und Liebe eines Menschen zu gewähren, während er durchlebt, was in Wahrheit nur ihm gehört – seinen Schmerz –, das ist ein Geschenk, das nur wenige Menschen geben können.

Ich erlebte einen der zärtlichsten Augenblicke mit einem anderen Menschen an einem Morgen, als ich sehr traurig war und nicht über den Grund dafür reden wollte. Ein Freund war bei mir, und weil er spürte, daß Worte unklug waren, setzte er sich neben mich, schweigend, eine lange, lange Zeit.

Er war für mich wie ein klarer, stiller See in der Hitze des Sommers. Ich tauchte in ihn ein, stieß mich vom Ufer ab, schwamm eine Runde, plätscherte im Wassser, und dann tauchte ich wieder auf. Ich bewegte mich frei, aus dem Gefühl heraus, daß er auf mich wartete. Als ich alle meine Tränen geweint hatte, nahm er mich in die Arme, küßte meine Augen. Dann sprachen wir über etwas anderes.

Sei wie ein See, ein stiller, sommerlicher See, aus dem Lilien wachsen.

## 15. Sexualität: «Männer gehen mit Sex um wie Frauen mit Nahrung»

> «Ich habe manchmal das Gefühl, Männer sehen mich
> als Busen mit Frau dran.»
> *Teilnehmerin an einem Breaking Free-Workshop*

Ich war in der achten Klasse, als ich zum erstenmal geküßt wurde. Ich meine nicht diese spitzmäuligen Küßchen oder diese hastigen Drei-Sekunden-Küsse.

Larry Klein war in der zehnten Klasse und deshalb fast ein richtiger Mann. Er umarmte mich, preßte seine Lippen auf meine, streckte mir die Zunge in den Mund und hielt mich fest an sich gepreßt. Ich verdrehte die Augen. Das war Küssen? Die Zunge von jemandem in meinem Mund? Wenn es das war, was die Filmstars machten – ekelhaft. Ich stieß Larry weg. Er wollte weitermachen. «Teilweise magst du es deshalb nicht», sagte er, «weil du die Augen offen läßt. Du kannst nicht gucken, wenn du küßt; du mußt die Augen schließen, in die richtige Stimmung kommen.» Ich wollte es noch einmal versuchen, diesmal mit geschlossenen Augen.

In den nächsten anderthalb Jahren übernahm Larry die Rolle des sexuellen Lehrmeisters. Seine Hände waren die ersten, die ich unter meiner Bluse spürte. Seine Hände waren die ersten, die ich wegschob. Seine Finger waren die ersten, die unter meinen Rock wanderten. Und seine Finger waren die ersten, die ich wegschob. Bis ich sie eines Tages nicht mehr wegschob.

Bei Larry lernte ich, daß mein Körper, völlig unabhängig von meinem wirklichen Selbst, für Jungen eine faszinierende Angelegenheit war. Bei Larry lernte ich, daß ich meinen Körper als Köder verwenden konnte, um anzulocken, und als Waffe, um zu strafen. Bei Larry lernte ich, daß es leichter war, ja zu sagen und mich anfassen zu lassen, als nein zu sagen und mich zu wehren. Bei Larry lernte ich, mich zu betäuben.

Szenenwechsel. Ich bin sechzehn Jahre alt und treffe mich mit Sheldon Heller, einem Jungen mit pechschwarzen Augen und der Haut eines Indianers. Bei unserer vierten Verabredung küßt er mich zart. Nach ein paar Monaten hat er noch keinen Versuch unternommen, meine Brüste zu berühren oder meinen Körper. Ich frage ihn, ob etwas nicht stimmt. Er sagt: «Ich mache das nur bei Mädchen, die ich nicht mag. Mit dir ist es etwas Besonderes.» Als ich ihn im Sommer im Brown's Hotel in den Pocono Mountains besuchte, sah ich eine Punktetabelle, die er und seine Freunde führten: Wer mit den meisten Mädchen schlief hatte gewonnen. Nach acht Monaten hatte er mich immer noch nicht berührt.

Ich bin zweiundzwanzig und lebe mit Jason zusammen. Am Anfang ist unsere Beziehung feurig und leidenschaftlich. Wir lieben uns am Nachmittag, mitten in der Nacht, immer, überall. Nach zwei Jahren will ich nicht mehr so oft mit ihm schlafen wie er mit mir. Wenn ich morgens aufwache und seinen steifen Penis hinter mir spüre, wende ich mich ab, erfinde Entschuldigungen. Wenn wir uns schließlich doch lieben, denke ich an andere Dinge: an die Wäsche, an meine Arbeit. Ich will, daß es vorbei ist. Er fühlt sich zurückgewiesen; ich fühle mich schuldig. Wir einigen uns darauf, daß ich frigide bin.

Mit achtundzwanzig nehme ich 55 Pfund zu, und meine sexuellen Möglichkeiten sinken abrupt auf den Nullpunkt. Ich bin so dick wie noch nie, fühle mich häßlich und möchte mich zurückziehen. Aber ich fühle auch etwas Erstaunliches: ich fühle mich erleichtert. Ich bin der Bürde des weiblichen Körpers so müde. Müde der Blicke der Männer, die mein Gepäck am Flughafen verladen, müde der Zwickmühle, in der ich stecke: Einerseits weise ich Männer zurück, die mich sexuell wollen, andererseits benutze ich meine Sexualität, um sie anzuziehen. Ich bin müde, aber ich habe Angst, ich weiß nicht, was ich außer meinem Körper an Wert besitze.

Während der nächsten zwei Jahre arbeite ich intensiv daran, meine unausgesprochenen Vorstellungen über meinen Körper und meine Sexualität herauszufinden und zu entdecken, wie diese Vorstellungen mit meinen Gefühlen und Ängsten in bezug auf Arbeit und Intimität verbunden sind. In der Therapie sprechen Alexandra und ich viele Sitzungen lang über meine Angst, nein zu sagen, mein Bedürfnis nach Liebe, auch wenn diese auf Kosten meiner Unversehrtheit geht. Täglich führe ich Buch über meine Nahrungsaufnahme, über meine Gefühle vor und nach dem Essen.

Ich erkenne: Wenn ich schlank bin, fühle ich mich außer Kontrolle. Als müßte ich immer hinreißend, vital und verführerisch sein. Ich muß das, was ich habe – meinen Körper – gebrauchen, um das zu bekommen, was ich will: Aufmerksamkeit, Liebe, Nähe.

Das wirkliche Problem ist nicht, ob ich schlank bin oder nicht, sondern daß ich solch eine innere Angst fühle. Ich fürchte, daß ich hart und selbstsüchtig bin, und wenn ich mich nicht hinter einem schönen Körper verberge, wird man das eigentliche Ich entdecken.

Obwohl mich das Fettsein unter Schichten von Fleisch verbirgt, enttarnt es mich paradoxerweise. Wenn ich dick bin, brauche ich nicht so zu tun, als fürchtete ich mich nicht. Ich brauche nicht so zu tun, als sei ich interessiert, wenn ich mich langweile; ich muß nicht verführerisch sein, wenn ich allein sein will. Ich muß überhaupt nichts vortäuschen. Dicksein erlaubt mir, auf mich zu hören, weil ich unterstelle, daß sowieso sonst niemand interessiert ist. Indem ich die Krücke der kulturell bestimmten Attraktivität wegwerfe, zwingt mich das Dicksein zum erstenmal in meinem Leben, mich auf mich selbst zu stellen.

Wie jeder Anfänger mache ich kleine Schritte. Ich übe, nein zu sagen. Ich übe zu bitten, meine Verletzlichkeit auszudrücken. Ich besuche einen Kurs für angehende Schriftsteller, schicke eine Geschichte an eine Frau, die eine Anthologie herausgibt.

Bald schaue ich in den Spiegel und entdecke die Linien meines Körpers, die Mulden und Tiefen meiner Arme, Beine, Brüste. Ich lerne, mich an meinem Körper zu erfreuen, zu meinem eigenen Vergnügen. Ich lebe ein Jahr allein, ohne Liebhaber.

Jetzt, Jahre später, zweifle ich von Zeit zu Zeit an mir, bin kritisch gegenüber meinem Körper, frage mich, ob ich liebenswert bin. Aber ich täusche nichts mehr vor. Oft, wochenlang, fühle ich mich wie ein Schatz, den ich entdeckt habe, nachdem er dreihundert Jahre auf dem Grund des Ozeans gelegen hat.

Nahrung und Sexualität.

Die meisten Frauen, die Hilfe in Breaking Free-Workshops suchen, meinen, daß Schlanksein notwendigerweise bedeutet, ständig kokett, vital und sexuell zu sein. Schlanksein heißt, die Straße entlangzugehen, unter begehrlichen Pfiffen, Zurufen, durch Blicke entkleidet werden. Schlanksein heißt, von unangenehmen Typen angemacht zu werden –

auf Parties, im Bus, bei der Arbeit, überall. Nie weißt du, ob du wegen deines Körpers oder wegen deiner Intelligenz, inneren Schönheit oder Empfindsamkeit geschätzt wirst. Schlanksein erhöht die Gefahr, vergewaltigt zu werden.

Die Frauen, die in die Workshops kommen, quälen sich, weil sie nicht schlank sind, und zerstören sich schließlich durch ihre Eßsucht. Bewußt definieren sie Schlanksein als ihr größtes persönliches Ziel, unbewußt ist es ihr allergrößter sexueller Alptraum, dieses Ziel zu erreichen.

Einige Frauen wurden sexuell mißbraucht, andere wurden vergewaltigt oder waren abhängig von ihrem Vater oder ihrem Liebhaber. Manche haben Angst vor Intimität. Manche sind verwirrt; sie wissen nicht, was es bedeutet, mit dem Körper und der Sexualität einer erwachsenen Frau zu leben, und sie gebrauchen das, was immer im Scheinwerferlicht steht – ihren Körper –, um ihre Verwirrung auszudrücken. Sie machen ihren Körper zum Schlachtfeld; sie wissen, in unserer Kultur werden die Stimmen der Frauen nicht immer gehört, aber ihre Körper werden immer noch (und allezeit) Beachtung finden.

Nahrung und Sexualität.

Eine Frau in einem Breaking Free-Workshop sagt: «Männer gehen mit Sex um wie Frauen mit Nahrung.» Als Frauen greifen wir eher nach «Negerküssen» als nach Küssen auf den Mund. Als Frauen finden wir es akzeptabler, dick zu sein als sexuell.

Als ich sechzehn war, ging ein Gerücht um in der High-School: Lee van Allen «machte alles». Diejenigen unter uns, die noch Jungfrauen waren, flüsterten und tuschelten darüber wie ein Schwarm Bienen über einem Jasminstrauch. Lee war das «böse Mädchen»; sie ließ die Jungen an sich heran. Sie tat das, wovon wir alle träumten, es uns aber nie erlaubt hätten.

Meine Mutter sagte mir einmal, wenn ich Larrys Penis in die Nähe meiner Vagina ließe, würde ich schwanger.

Liddys Mutter erzählte ihr, wenn ein Junge sie einmal angefaßt hätte, hätte er keinen Grund mehr wiederzukommen: «Er wird dich wie einen schmutzigen Wischlappen gebrauchen», sagte sie zu ihr, «anschließend wird er dich wegwerfen.»

Staceys Mutter sagte: «Alle Jungen wollen nur Sex, und wenn du es ihnen gibst, dann heiraten sie eine andere, die das nicht tat, und sie kommen zu dir zur Entspannung.»

Wir wollten Liebe. Wir wollten unserem Traummann auf der Straße begegnen, ihn mit unserer Schönheit blenden und mit ihm für immer zusammen leben in einem Haus mit himmelblauen Fensterladen und roten Rosen vor einem weißen Zaun. Wir wollten Liebe, und uns wurde beigebracht zu wählen: Wenn du ein gutes Mädchen bist, schiebst du seine Hände von deinen Brüsten; dann wirst du eventuell mit Liebe und Heirat belohnt. Wenn du ein schlechtes Mädchen bist und dich anfassen und befingern läßt, dann wirst du mit Netzstrümpfen und Goldlamé-Miniröcken herumlaufen – aber allein. Wir wollten Liebe und waren nicht darauf versessen, unsere Chancen zu ruinieren, indem wir unseren größten Vorteil aufgaben, unseren Tauschwert – unseren Körper.

Die Botschaften über Sex lauteten: Sex ist schmutzig und eine Last. Sex war etwas, was Jungen wollten und was wir später, wenn wir älter waren, als Mädchen tolerierten. Von meinem zwölften bis zu meinem zweiundzwanzigsten Lebensjahr kam mir nie der Gedanke, daß Sex etwas sein könnte, das mir Vergnügen bereitete. Ich war mit Essen beschäftigt.

Während der gleichen Jahre der Pubertät, der wachsenden Brüste, als ich jeden Tag eine schwarze Nylontasche mit zwei Monatsbinden, einem Hüftgürtel und einer zusätzlichen Unterhose mit in die Schule nahm, war ich geradezu besessen von meinen Oberschenkeln. Meine Sexualität, die sich zunächst in Phantasien über Robert Alswarths nackten Oberkörper ausdrückte, war mir dann zugänglich, war warm und an der Oberfläche. Ich war elf, als ich meinen ersten BH trug und mit herausgestreckter Brust im Haus herumstolzierte. Fasziniert von Brüsten, versuchte ich, wann immer möglich, einen verstohlenen Blick auf die Brüste meiner Mutter zu werfen. Ich wartete ungeduldig auf Schamhaare und fragte mich, ob sie so rot würden wie bei Carole Lupell. Die freudige Erregung war nicht von Dauer. Unser Hausarzt, der beobachtet hatte, wie sich meine Brüste entwickelten, machte mir Vorwürfe, weil ich zunahm. Mein Vater hänselte mich damit, daß ich fett würde. Meine Mutter warnte mich vor unerwünschter Schwangerschaft. Niemand feierte meine Veränderungen. Im Gegenteil: Sie fürchteten sie, und ihre Ängste verkehrten sie in Sorgen um mein Gewicht. Ich hingegen lernte, meinem reifenden Körper und meinem Verlangen nach fraulichen Veränderungen zu mißtrauen. Innerhalb eines Jahres kreisten meine Phantasien nicht mehr um Roberts Mandelhaut, sondern in meinem Mund blieb ein Nachgeschmack von überreifen Feigen zurück.

Eine Frau in meinem Workshop erzählte: «Ich war zwölf Jahre alt, als mein Körper anfing, sich zu verändern, und genau zu dieser Zeit zog mein Vater sich zurück. Wir hatten sonntags immer gemeinsame Ausflüge im Auto unternommen; er hatte mich umarmt und geküßt und mich an die Hand genommen; jetzt verhielt er sich plötzlich feindselig. Er befahl mir, mich hochgeschlossen zu kleiden; er schrie mich an, weil meine Röcke zu kurz waren; er war gemein zu den Jungen, die ins Haus kamen. Ich fing an, Unmengen zu essen. Vermutlich stellte ich mir vor, daß, wenn ich genug zugenommen hätte, um meine Kurven und meine Brüste zu verstecken, mein Vater auch wieder Ausflüge mit mir machen würde.»

Eine andere Frau erzählt: «Ich entwickelte mich sehr früh; in der Schule machten sich die Jungen an mich heran; sie machten sich lustig über mich. Ich konnte mich nicht wehren. Ich wollte so sein wie die anderen Mädchen. Ich nahm 20 Pfund zu.»

Eine andere: «Ich bekam einen Busen, als ich dreizehn war. Jedes Jahr veranstaltete meine Familie am 4. Juli ein Picknick, zusammen mit der Nachbarsfamilie. Sie hatten einen Sohn, der fünf Jahre älter war als ich. Er bedrängte mich, wenn wir allein waren. Er schob seine Hände in meine Hose und zwang mich, seinen Penis zu küssen. Ich haßte das.»

Noch ehe wir in das Wunder der Weiblichkeit voll eingeweiht werden können, sind wir schon enttäuscht; zu schnell lernen wir, daß uns unsere Brüste und Hüften in Schwierigkeiten bringen: Sie werden beschimpft, belacht, weggestoßen, mißbraucht. Dann lieber essen und zunehmen, als ertragen zu müssen, wie die Menschen, die du liebst, dich zurückstoßen. Oder noch schlimmer: ertragen zu müssen, wie dein Onkel, dein Stiefvater, dein älterer Bruder oder dein Vater dich so merkwürdig anfassen.

Dann ist es schon besser, alle Spuren der Weiblichkeit zu verwischen, besser dick zu sein als sexuell.

Mit dem Körper einer Frau zu leben ist nicht leicht.

Vor allem, wenn du wie eine Frau aussiehst und nicht wie ein halbwüchsiger Knabe.

Jahrelang haben wir vergeblich versucht, das wegzuschneiden, was unseren Körper weiblich macht; seine Rundheit, seine Üppigkeit, und haben statt dessen unseren Geist beschnitten. Wir haben so lange darauf gehört, was die anderen – Eltern, Ärzte, Liebhaber, Modemacher,

Filmproduzenten – attraktiv nannten, daß wir unsere eigene Stimme verloren haben. Wir wissen nicht mehr, wer wir sind.

Und wir können nicht länger darauf warten, daß die anderen uns das sagen. Wir können nicht warten, bis sie entschieden haben, es sei akzeptabel, daß eine Frau aussieht wie eine Frau. Wir können nicht warten, bis sie uns die Erlaubnis geben, Gefallen an unserem Körper zu finden; warten, bis sie es für möglich halten, daß einige Frauen von ihrer Anlage her üppiger sind als andere. Vielleicht werden sie immer Angst haben vor Frauen, deren Körper bluten, Leben gebären und nähren. Vielleicht werden sie immer Angst haben vor Frauen, die keine Angst haben. Wir können nicht warten, bis alle Leute, die leidenschaftliche, starke Frauen fürchten, sich mit ihren Ängsten auseinandersetzen, statt sie länger nach außen zu projizieren und die Frauen zu Sexualobjekten zu machen. Ihre Aufgabe ist es, sich zu ihren Ängsten zu bekennen; unsere Aufgabe ist es, uns zu unserer Stärke zu bekennen.

Kraft schöpfen wir, wenn wir uns nicht länger unserem Körper entziehen wollen; wenn wir nicht länger so viel abnehmen wollen, daß wir wie Jungen aussehen oder so viel zunehmen, daß wir unsichtbar werden. Kraft schöpfen wir, wenn wir gesehen werden wollen.

Frauen mißtrauen ihrer Sexualität, weil sie ihrem Körper mißtrauen. Bevor wir nicht gelernt haben, uns an unserem Körper zu erfreuen, können wir auch keine körperlichen Empfindungen genießen. Bevor wir unseren Körper nicht genug lieben, um uns des Vergnügens für wert zu halten, werden wir es gar nicht wahrnehmen können, wenn es da ist.

Eßsüchtige sind Gebende. Wir wissen, wie wir andere nähren können. Wir sind Expertinnen für Füttern, Zuhören und Helfen. Davon überzeugt, daß unsere Genußfähigkeit, unser Appetit auf Berühren, Schmecken und Fühlen, unsere wilde Ausgelassenheit und unser Ungebärdigsein nicht beherrschbar und kontrollierbar sein würden, verbergen wir unsere Bedürfnisse, indem wir sie ignorieren und unsere Zeit damit verbringen, für andere da zu sein. Damit Sex befriedigend wird, müssen wir fähig sein, körperliche Lust anzunehmen, nicht nur zu geben. Und um Lust anzunehmen, müssen wir uns unser Verlangen eingestehen, wir müssen verletzbar genug sein, um zu bitten, zu brauchen, zu wünschen.

Als Mädchen lernten wir, Sex sei schmutzig und eine Last. Wir lernten, wenn wir uns erlaubten, sexuell zu sein, würden Männer uns gebrauchen und dann wegwerfen. So lernten wir, unserem Körper zu mißtrauen und ihn unter zuviel oder zuwenig Fleisch zu verbergen. Wir lernten, unseren Hunger nicht zur Kenntnis zu nehmen und eher andere zu erfreuen als uns selbst.

Wenn wir das gelernt haben, können wir es auch wieder verlernen.

Als Frauen haben wir Entscheidungsmöglichkeiten, die wir als Mädchen nicht hatten. Wir müssen unser Nein nicht am Körper tragen. Wir können nein sagen; wir können uns wehren. Wir können unterscheiden zwischen Männern, die uns als «Busen mit Frau dran» betrachten und Männern, die respektvoll und verletzlich mit ihrer eigenen Weiblichkeit umgehen und deshalb auch mit uns. Wir können uns unsere Liebhaber und Freunde sorgfältig aussuchen.

Als Frauen können wir lernen, sinnlich, herausfordernd und ausgelassen mit jemandem zu sein, dem wir als Mädchen wenig Aufmerksamkeit geschenkt haben – mit uns selbst.

Die meisten Frauen in meinen Workshops glauben, sie dürfen sich – gerade jetzt – keinerlei Freuden erlauben. Das grundlegende Gefühl der eigenen Wertlosigkeit schließt jede erfreuliche Erfahrung aus ihrem Leben aus. Sogar der großartigste Sonnenuntergang wird durch das Gefühl der eigenen Häßlichkeit entwertet. «Wenn ich schlank wäre, dann könnte ich diese Farbenpracht genießen, denn dann müßte ich mich um nichts mehr sorgen.» Sie bauen ihr Gewicht wie eine Barriere vor der Freude auf, zwingen diese Freude dann zu einem Hürdenlauf voller Selbstanklagen, bis sie abstirbt, bevor sie überhaupt zum Herzen gelangen kann.

## Finde Gefallen an deinem Körper

Da du nicht daran gewöhnt bist, dir selber Vergnügen zu erlauben, ist es vielleicht weniger beängstigend, wenn du zu Anfang langsam vorgehst. Die Botschaft, die du dir vermitteln willst, lautet: «Ich darf mich gut fühlen. Ich darf Erfahrungen machen, die mich freuen.»

• Massiere deine Haut nach einem Bad oder nach dem Duschen mit einem Öl oder einer Lotion. Berühre die Teile deines Körpers, die du dir wegwünschst; sie brauchen deine liebvolle Aufmerksamkeit besonders. Massiere dich kräftig, aber zärtlich.

• Schmökere in den Zeichenbüchern alter Maler. Schau dir die Frauen genau an, die sie gezeichnet haben. Waren sie mager und ausgezehrt? Oder rund und üppig? Schau dir Bilder von Rubens oder Renoir an, Skulpturen von Matisse. Haben ihre Frauen flache Bäuche und keine Hüften? Findest du solche Frauen anziehend? Findest du sie sinnlich, lieblich, reif?

• Was genau findest du attraktiv? Suche in einer Illustrierten das Foto eines extrem schlanken Fotomodells, am besten ein Foto, das sie so nackt wie möglich zeigt. Betrachte ihre Knochen. Möchtest du dich an sie anschmiegen? Betrachte die Linien ihres Gesichts. Gefallen sie dir? Betrachte ihre Hüften. Ist da etwas, das den Eindruck erweckt, es handle sich um eine Frau? Kannst du dir vorstellen, daß du gern mit ihr zusammen bist, oder findest du sie einschüchternd?

Warum willst du schlank sein? Für wen?

• Sei sinnlich mit dir selbst. Verbringe nächste Woche einen Abend allein und schaffe eine Atmosphäre, die dich sinnlich anregt. Umgib dich mit Farben, Stoffen und Tönen, mit denen du dich wohlfühlst. Laß dir viel Zeit, um von einer Empfindung zur nächsten zu wandern; vom warmen Bad zum weichen Nachthemd in frischen Laken. Langsam, absichtsvoll. Welche Stoffe gefallen dir? Welche Farben? Achte darauf, ob du dich schuldig fühlst, weil du dir so viel Zeit für dich nimmst. Achte darauf, wessen Stimme du sagen hörst, daß das, was du tust, albern oder verschwenderisch oder falsch ist.

• Besuche einen Tanzkurs, einen Kurs, in dem du dich nicht eingeschüchtert oder kritisiert fühlst wegen deiner Körperform. Probiere Aerobic oder Jazz-Tanz.

Tanzen bietet die Möglichkeit, dich selbst an deiner Sexualität zu erfreuen. Besonders Aerobic kann wild und ausgelassen sein. Du fühlst, wie du dich bewegst, schwitzt, schwer atmest, über deine physischen Grenzen hinausgehst, atmend, schwitzend, dich verausgabend, bis nichts anderes mehr existiert als du und dein Körper.

• Masturbation entspannt dich und hilft dir, deine sexuelle Energie zu genießen, ohne einem anderen Menschen gefallen zu müssen. Schaffe dir in deiner Phantasie das Bild deines idealen Liebhabers. Wie sieht er oder sie aus? Geht er auf dich zu oder du auf ihn? Wie geht er, spricht er, ißt er?* Sprechen seine Augen und seine Hände ebenso wie seine Lippen? Wie berührt er dich? Wo berührt er dich? Spricht er mit dir, wenn er dich berührt?

Benutze einige Elemente deiner Phantasie als Vorstellungen, mit denen du experimentieren kannst; nimm sie als Hinweise für neue Möglichkeiten (aber vergiß nicht, daß sie aus der Phantasie geboren sind).

● Gehe zusammen mit anderen Frauen in die Sauna. Schau dir die Frauen an: Keine von ihnen, die mit ihrem Körper lebt, ihren Körper benutzt, sieht aus wie ein Fotomodell. Jede kann einen Hängebusen, breite Hüften, Cellulitis oder Dehnungsstreifen bekommen. Aber sie haben auch alle ihre besonderen Schönheiten.

## Lerne, nein zu sagen

● Besuche einen Selbstverteidigungskurs für Frauen. Lerne, wie du die physische Kraft deines Körpers einsetzen kannst.

● Du hast das Recht, dich zu wehren, wenn dich jemand mit Worten oder Handgreiflichkeiten belästigt. Wenn Widerspruch nicht reicht, dann entscheide, wie du angemessen handeln kannst: schreie, schlage zurück, rufe um Hilfe, laufe weg.

● Ja/Nein. Mache diese Übung mit einem Freund oder einer Freundin. Schaut euch an und entscheidet, wer nein und wer ja sagen soll. Schaut euch direkt in die Augen; einer sagt «ja»; der andere sagt «nein». Achte auf deine Reaktionen. Wenn du nein sagst, was geht in deinem Körper vor? Bekommst du Angst? Glaubst du dir selbst? Möchtest du lieber sagen: «Ich meine das nicht wirklich.»

Wenn du ja sagst, zögerst du dann, oder sagst du es mit Nachdruck? Findest du es leichter, angenehmer, vertrauter, als nein zu sagen?

---

* Die Entscheidung, welches Pronomen ich verwende, war ständig ein delikates Thema. Es ist lästig, «er/sie» zu schreiben und dann ein grammatikalisch ungenaues Plural-«sie». In manchen Kapiteln habe ich das Pronomen verwendet, das am besten in den inhaltlichen Zusammenhang paßte; in diesem Kapitel gebrauche ich «er» im konventionellen Sinne, und ich bitte um Entschuldigung, wenn dadurch in dieser oder in anderen Übungen lesbische Frauen ausgeschlossen werden.

Erinnere dich: Gerade dadurch, daß du dir erlaubst zu essen, kannst du dir auch erlauben, nicht zu essen; nein sagen befähigt dich dazu, auch ja zu sagen.

## Sexualität mit einem Partner

● Liebe machen kann mit einem Augenleuchten beginnen; es kann stundenlang dauern, bevor beide sich ausziehen.

Ein schneller intensiver Kontakt kann in manchen Augenblicken sehr befriedigend sein. Aber manchmal erfüllt dich die beständige, ruhige Konzentration auf die Äußerungen und Bewegungen deines Partners, seine oder ihre Arme, den Nacken, den Rücken, genauso wie ein vollzogener Geschlechtsverkehr. Manchmal reicht es, sich eine halbe Stunde zu küssen.

Der sexuelle Rhythmus der Frau unterscheidet sich, wie wir alle wissen, grundlegend von dem der Männer. In einer heterosexuellen Partnerschaft ist es entscheidend, daß du deinen eigenen Rhythmus respektierst; lasse dich nicht von deinem Partner als Samenbank mißbrauchen. Wenn er zu schnell ist, sage ihm das. Laß ihn nicht in dich eindringen, bevor du nicht dazu bereit bist. Wenn ihr beide Lust erfahren und geben wollt, dann werden eure Rhythmen sich harmonisch verbinden. Ob dein Partner nun ein Mann oder eine Frau ist, es ist wichtig, daß du deine sexuellen Wünsche äußerst, damit du nicht unbefriedigt zurückbleibst.

● Sei dir sicher, daß du wirklich lieben willst.

Sage, wenn du nicht angefaßt werden willst.

Sage, wenn du angefaßt werden willst, ohne selbst jemanden anzufassen.

Du darfst fühlen, was du fühlst. Und du darfst sagen, was du fühlst. Du wirst nicht immer bekommen, was du willst. Aber du hast die Freiheit, deine Gefühle und Sehnsüchte zu äußern.

Laß dich nicht zur körperlichen Liebe überreden, wenn du nicht willst, auch wenn es jemand ist, den du liebst. Du wirst zornig werden, das Gefühl entwickeln, mißbraucht zu werden; du bleibst unbefriedigt zurück und fragst dich, was falsch ist oder ob du unersättlich bist.

Wenn dein Partner zornig wird, weil du nein gesagt hast, denke daran, daß es ihre oder seine Unfähigkeit ist, mit einem «Nein» umzugehen, daß dort das Problem liegt und nicht in deiner eigenen Sexualität. Es kann sein, daß sie (oder er) sich durch dein Nein abgewiesen oder nicht geliebt fühlt. Manchmal ist das ein Verständigungsproblem – gleichzeitig standhaft zu bleiben, Grenzen zu setzen und sich um den anderen zu kümmern. Und zuweilen ist das Problem, daß du gar nicht dort sein willst, wo du gerade bist.

Larry Klein hatte fettige Haare und kleine Augen. Er war großspurig und gemein, aber er liebte mich. Er fand mich hübsch, und das reichte mir.

Damals wußte ich noch nicht, daß ich niemanden küssen mußte, nur weil er mich küssen wollte. Oder jemanden lieben, weil er mich liebte. Ich hatte zu große Angst, niemals geküßt oder geliebt zu werden, als daß ich zu jemandem, der mich wollte, hätte nein sagen können, auch wenn derjenige kleine Augen und einen gemeinen Charakter hatte.

Ich habe keine Angst mehr. Ich habe gelernt, daß Küsse schal schmecken, wenn du sie nicht willst.

Ich küsse nicht, wenn ich nicht küssen will, so wie ich nicht esse, wenn ich nicht essen will. Ich respektiere meinen Appetit auf Nahrung und Sexualität. Wenn ich heute nein sage, dann vertraue ich darauf, daß es auch morgen noch Küsse oder Kekse geben wird.

Stille deinen Hunger nach Berührung so, wie du deinen Hunger nach Nahrung stillst: nur durch Dinge und mit Menschen, die dich nähren.

# 16. Sucht

> «Meine tagtägliche Eßsucht, egal, ob ich Diät halte oder mich übresse, ist zerstörerisch. Ich kann mir keine anderen Gefühle mehr für andere erlauben, weil ich so besessen von mir bin.»
>
> «Es gibt so viel zu schauen im Leben. Ich bin es satt, immer nur darauf zu starren, wie fett meine Oberschenkel sind.»
>
> *Teilnehmerinnen an einem Breaking Free-Workshop*

An einem Donnerstag kam ich von meinem Tanzkurs nach Hause und fand die Nachricht vor, daß Toni, meine Verlegerin, angerufen hatte. Als ich zurückrief, sagte sie: «Die Merv Griffin-Show ist an einem Interview mit dir für die Montags-Show interessiert. Morgen um zehn sollst du den Produzenten wegen eines Vorgesprächs anrufen.» Kindheitsbilder von Merv Griffin schossen mir durch den Kopf: Merv mit dem dunklen welligen Haar und der wohltönenden Stimme.

Ich stehe in der Küche. Draußen ist es dunkel. Ich bin hungrig. Oder: Die Merv Griffin-Show! Im Schrank sind noch Chips. Nein, da ist der Rest der Geburtstagstorte. Eingefroren, aber was soll's. Was trägt man in der Merv Griffin-Show? Jetzt schmilzt der erste Bissen Torte in meinem Mund. Was ist, wenn er mich über Eßsucht befragt, und ich verheddere mich so, daß ich ihm auf einmal von der Zeit erzähle, als Jason und ich ein paar Tramper mitnahmen und dann ein Jahr mit ihnen zusammen lebten. Das dritte Stück Torte wandert in meinen Mund.

«Eine nationale Show, mehr braucht das Buch nicht», hatte mir mein Herausgeber vor ein paar Monaten gesagt. Eine Fernsehshow, und was dann? Sehen und hören mich die Leute und entscheiden dann, daß sie das Buch sofort wollen?

Ich schaue auf die Überbleibsel der Torte: ein rosa Blumenblatt, Reste vom gelben Tortenrand, ein paar Eistropfen. «So muß ein goldener Schuß wirken», sagte mein Freund Tim zu diesem Kuchen, «ein paar Minuten, und du kannst nur noch daran denken, wie schnell dein Körper dahinjagt.»

«Das ist der Punkt, Tim. Deine Gefühle ausschalten. Essen und deine Gefühle ausschalten, weil dein Körper losschreit.» Eine nationale Show. Alles liegt bei Merv.

Der Übergang von der Angst zur Nahrung ist fließend und schnell.

Letzte Woche teilte Ariels Ex-Liebhaber mit, daß er heiraten werde. Ariel kam von der Arbeit nach Hause, setzte sich in einen Stuhl, dachte über die Neuigkeit nach, und eine Stunde später hatte sie eine Flasche Wein getrunken.

Der Übergang von Trauer zu Alkohol kann fließend sein und schnell gehen.

Als ich Zack kennenlernte, rauchte er jeden Tag einen Joint. Als unsere Beziehung sechs Wochen alt war, hörte er damit auf. Sechs Monate später fing er wieder an. Wir saßen in einem Lokal in Mendocino, schauten auf die Flammen im Kamin. Ende der blinden Leidenschaft. Der Alltag hatte uns eingeholt. Zwei Menschen versuchten nun, zwei riesige Puzzles passend ineinanderzufügen. Zack steckte sich einen Joint an. «Warum rauchst du wieder?» fragte ich.

«Als ich dich kennenlernte, war das wie ein Wirbelwind. Nun fängt es an, schwierig zu werden...»

Der Übergang von Unzufriedenheit zu Drogen kann fließend sein und schnell gehen.

Das Lexikon definiert Zwanghaftigkeit (Sucht) als den «unwiderstehlichen Impuls, eine irrationale Handlung zu vollziehen». Im ganzen Buch habe ich dieser Definition widersprochen oder sie erweitert. Ich habe gesagt, es gibt nichts Irrationales in der Zwanghaftigkeit; wenn man sie im Zusammenhang mit dem ganzen Leben der Person sieht, hat zwanghaftes Verhalten absolut einen Sinn. Die zwanghafte Handlung ist ein verläßlicher Bote; sie erzählt eine Geschichte, sie ist eine Äußerung, stellt eine Frage und eröffnet dadurch die Möglichkeit, noch einmal zu überprüfen, was uns verlorengegangen ist, was wir verdrängt oder ignoriert haben. Die zwanghafte Handlung untersucht die Qualität deines Lebens; sie weist darauf hin, daß du um dein Leben kämpfst. Ich denke, zwanghaftes Verhalten schließt neben den offensichtlichen Süchten wie Alkoholismus, Drogenkonsum, Rauchen und Überessen auch Partnerwechsel, Konsumzwang, Bewegungssucht, Arbeitssucht und religiösen Fanatismus mit ein.

Das Wesentliche in der Behandlung einer Sucht liegt in der Entdeckung ihrer Bedeutung, darin, ihren Code zu entschlüsseln und ihre körperlichen Symptome zu behandeln.

Als erstes fragte mich Merv Griffin: «Wie schlimm kann eine Sucht werden?» Als ich antworten wollte, unterbrach mich Carol Shaw, die Herausgeberin der Zeitschrift *Big Beautiful Woman*, die zusammen mit mir interviewt wurde: «Ich möchte klarstellen, daß nur ein geringer Prozentsatz aller übergewichtigen Menschen auch zwanghaft ißt. Diät macht die Leute zwanghaft.» Sie meinte damit: Wenn du aufhörst, Diät zu halten, hörst du auf, zwanghaft zu essen. Ich stimmte zu, daß Diäten Überessen herbeiführen können, aber nicht, daß sie die Menschen zwanghaft machen.

Leid und der Versuch, Leid zu vermeiden, machen die Menschen süchtig. Das Schreckgespenst des Ungewissen macht die Leute süchtig. Nichts anderes als die Furcht davor, mich selbst zu offenbaren und ich selbst zu sein, macht mich süchtig.

Wenn ich mich überesse, ist das gewöhnlich ein Hinweis darauf, daß ich ein Gefühl nicht fühle, ausdrücken oder ihm entsprechend handeln will. Die Stimme des Eßanfalls ist meine eigene Stimme, gegen mich gerichtet, meine Stimme, die immer, immer wieder auf sich aufmerksam machen will, mich erreichen will über meine Intuition, in meinem Tagebuch, über Trauer und Zorn, ein Gefühl in mir. Wenn ich auf diese Stimme nicht höre, wenn sie merkt, daß ich sie ignoriere, dann unterbricht das den Kontakt zu ihr. Es schneidet mich ab von meinem tiefsten Inneren, so daß ich mich beklemmt, betäubt und leer fühle – und dann geht alles schief.

Diese Stimme verbindet mich direkt mit dem Teil von mir, der ehrlich ist: Sie durchdringt meine Ängste, die Zurückhaltung, meinem Herzen folgen zu wollen, meine Angst, diese oder jene Freundschaft zu verlieren, meine Abhängigkeit von Äußerlichkeiten und von der Meinung der Leute. Sie ist der Teil von mir, der Lächeln, Küsse, lockere Gespräche, Fügsamkeit oder Ergebenheit verweigert, wenn er spürt, daß sie in diesem Augenblick Lügen sind. Sie sagt, was sie sieht. Manchmal erschreckt mich das. Ich will es nicht wissen, ich will nicht hinhören. Und weil sie sieht, daß ich sie wieder einmal ignoriert habe, bedient sich diese Stimme der einzigen Sprache, die meine Aufmerksamkeit erregt: Nahrung.

Überessen teilt mir mit, daß es um etwas Wichtiges geht, daß ich ruhig und aufmerksam werden und vielleicht diesmal etwas lernen soll. Als ich mich von gefrorener Torte umgeben wiederfand, erkannte ich, daß ich unter einem unheimlichen Erfolgszwang stand und daß es wieder einmal an der Zeit war, mich zu fragen, warum mir die Veröffentlichung meines Buches so wichtig war: weil es das Leben anderer Menschen berühren und ihnen in ihrer Verzweiflung neue Hoffnung geben sollte. Ja, ich wollte, daß sich das Buch verkaufte. Aber wenn es nicht klappte, wenn der Fernsehproduzent mich nicht mochte, wenn ich Merv nur unzusammenhängendes Zeug erzählte, dann konnte ich dennoch morgen aufwachen und mich mögen. Denn für mich war das Buch schon ein Erfolg: Ich erhielt liebevolle und erfreuliche Briefe und Telefonanrufe. Wenn ich mich krankgegessen hätte und das als Beweis für meine unendliche Besessenheit angesehen hätte, statt als Signal, mich auf meine Prioritäten zu besinnen, dann hätte ich die Botschaft hinter meinem Essen überhört, wie ich es siebzehn Jahre lang getan hatte zwischen Diäten und Eßanfällen.

Ich sage nicht, daß wir erst richtig süchtig werden müssen, um unser Selbst zu finden, aber wenn wir uns bei Handlungen ertappen, die betäuben sollen, dann ist diese Stimme da und kämpft um Gehör.

Diese Stimme ist wertvoll, denn sie führt uns zum wirklichen Kern unseres Lebens. Es ist schwierig, ihr zu folgen, weil das Zeit braucht und die Bereitschaft hinzuhören. Sie setzt voraus, daß das innere Leben einen Wert hat. Oft sagt uns die Stimme nicht das, was wir hören wollen. Ihre Botschaft ist nicht immer so einfach wie die, das eigene Verhältnis zum Erfolg neu zu bestimmen. Manchmal – oft – hören wir Leidvolles, und wir wissen nicht, wohin mit diesem Leid, wir verstehen es nicht, haben seinen Wert nicht schätzengelernt.

In ‹Der Arzt in uns selbst›* schreibt Norman Cousins: «Die Amerikaner sind zweifellos das leid-bewußteste Volk auf der ganzen Welt. Presse, Radio, Fernsehen, Alltagsgespräche haben es uns jahrelang eingehämmert – jeder Hinweis auf Leiden muß verbannt werden – als wäre es das größte Übel.»

Schon bei den ersten Anzeichen des Leidens greifen wir zu Drogen, futtern Kekse, trinken Martinis oder arbeiten bis Mitternacht. Wir machen uns empfindungslos, betäuben uns, schlagen uns selbst bewußtlos. Alles, um Leiden zu vermeiden. Wenn eine Beziehung schwierig wird, wechseln wir den Partner, haben eine Affäre, rauchen einen Joint. Wenn wir Abend für Abend erschöpft und ausgelaugt von der Arbeit kommen, trinken wir lieber etwas, sehen fern oder treiben Sport, anstatt zu versuchen, den Ursprung des Problems aufzudecken – der darin liegen kann, daß wir unsere Prioritäten überprüfen müssen, un-

---

* Reinbek bei Hamburg 1984 (rororo sachbuch 7828)

sere Überzeugungen, unsere vergessenen Träume. Wir erwarten kein Leid, und wenn es kommt, möchten wir etwas damit tun. Wir möchten, daß es jemand wegküßt, alles wiedergutmacht. Wir möchten, daß es weggeht. In unseren Herzen sind wir immer noch Kinder, die auf das Ende der Märchen warten und hoffen, daß sie jetzt an die Reihe kommen.

Eine Frau hatte mit einer Diät 100 Pfund abgenommen und kam zu mir, als sie wieder 50 zugenommen hatte. Sie sagte: «Schlanksein war nur ein Scherz. Wenn ich nicht gerade sexy Kleider kaufen ging und sie auf einem Fest trug, hatte ich mit mir zu tun. Irgend etwas, irgend jemand hatte gelogen. In den Zeitschriften sieht es so großartig aus. Das Leben sollte sich ändern, wenn ich schlanker war. In gewisser Weise änderte es sich auch – mein Körper wurde schmaler, meine Kleidergröße kleiner, und Männer wurden auf mich aufmerksam. Aber andererseits änderte sich mein Leben nicht. Ich hatte immer noch mit mir zu tun. Ich wußte immer noch nicht, wie ich mich mögen konnte, wie ich ‹Ich› sein konnte, ob ich nun schlank oder dick war. Ich wollte mich zurück an den Hersteller schicken, mich rückerstatten, aufgeben.»

Chubby, weder als Kind noch als Erwachsene ein *Vogue*-Typ, wuchs heran mit der Überzeugung, daß der Grund all ihrer Schwierigkeiten in ihrem extremen Übergewicht lag und daß sie, sobald sie abgenommen hätte, glücklich wäre. Als sie entdeckte, daß sie sich trotz ihrer Idealfigur immer noch allein fühlte, zornig wurde, leicht verletzbar war, traf sie eine Entscheidung – obgleich unbewußt –: Wenn es sowieso Leid in ihrem Leben gab, dann lieber das ihres Übergewichts. Das zumindest hatte sie allein unter Kontrolle. Besser als das Leiden an Verhältnissen, Beziehungen oder Gefühlen, in die andere Menschen verwickelt waren und das deshalb unkontrollierbar war. Auf diese Weise konnte sie alle Probleme auf ihr Gewicht schieben: Sie fühlte sich innerlich leer, weil sie dick war; sie wurde von einem Freund oder Liebhaber abgewiesen, weil der ihren Körper nicht mochte. Sie erwachte am Sonntagmorgen mit Tränen in den Augen, weil sie nicht schlank bleiben konnte und so viel verpaßte. Nicht etwa, weil ihrem Leben etwas fehlte, etwas, was sie sich selbst vor langer Zeit vorgenommen hatte: eine Geschichte schreiben, ein Instrument spielen, ein Gespräch mit der Großmutter über deren Jugend in Rußland führen. Das Leid war nicht der Schmerz über den Tod ihrer Mutter, der ihr wie ein Mühlstein auf der Brust lag und darauf wartete, erkannt und herausgelassen zu werden. Nein, sie litt, weil sie nicht schlank war. Auch wenn sie wieder 50 Pfund von den 100 zugenommen hatte, sie würde sie wieder abnehmen, und diesmal, diesmal wäre es anders; sie würde es halten. Sie konnte Tagträume damit füllen, was sie tun, tragen und sagen würde, wenn sie wieder schlank wäre, und den Rest des Tages konnte sie überlegen, welche Schlankheitsmahlzeiten sie zubereiten wollte.

Auf diese Weise konnte sie die nächsten fünfzig Jahre ihres Lebens verbringen: zunehmen, weil sie sich fürchtete, dann wieder abnehmen, weil sie das glücklich machen würde, dann wieder zunehmen, weil es das nicht gebracht hatte. Sie kann so weiterleben bis zu ihrem Tode. Kein ungewöhnlicher Fall.

Süchte sind zweischneidig: Sie lenken unsere Wahrnehmung weg von dem komplexen Bündel unserer Träume, Weisheiten und Triumphe, dem Leiden, das unser Leben ist, hin zu einem Schmerz, der greifbar und letztlich kontrollierbar ist. Wir alle tragen Verletzungen davon.

Ich dachte immer, ich sei außergewöhnlich. Ich wurde in der Schule verspottet, meine Eltern waren verunsichert, Menschen, die ich liebte, starben. In einem Sinne war ich ungewöhnlich: Kein anderer konnte mein Leben leben, meine Freuden und Schmerzen erfahren. Aber wenn ich außergewöhnlich bin, dann ist es auch meine Nachbarin oder ihre Tochter. «Jeder wird verlassen», sagte mein Freund Lew einmal zu mir, «Jeder. Vom Vater, von der Mutter, von einem Liebhaber. Wir alle müssen das Gefühl durchleben, daß nichts bleibt, wenn die Menschen, die wir lieben, aus der Tür gehen, weggehen oder sterben.»

Wir alle tragen Verletzungen davon. Geboren von unvollkommenen Eltern, eingeschlossen in Körpern, die krank und alt werden, sind wir immer auch Objekt der Aggressionen und Quälereien von anderen. Wir alle haben unsere Geschichte.

Reichtum und Qualität unseres Lebens hängen nicht vom Schmerz oder der Abwesenheit von Schmerz ab, sondern davon, wie wir mit ihm umgehen. Erlauben wir seine Anwesenheit, dringen wir in sein Zentrum, schauen wir uns an, was nach Aufmerksamkeit schreit – oder versuchen wir uns schneller zu bewegen als die Geschwindigkeit des Schmerzes, betäuben wir ihn mit Nahrung, Alkohol oder Drogen?

Wie die dunkle Seite des Mondes ist der Schmerz unser privates Gesicht, und im Wissen darin liegt unsere Ganzheit und Kraft. Die meisten von uns wissen, wie sie sich der Welt darbieten. Unsere Persönlichkeit ist strahlend und wohldefiniert. Wir haben unser Lächeln perfektioniert, unseren Stil erprobt. Aber unsere dunkle Seite enthält das Versprechen der Erneuerung und der Veränderung. Wenn wir sie ignorieren, offenbart sie ihre ungeheure Kraft. Die anderen Menschen werden unsere Feinde, wenn wir uns uns selbst entfremden. Was wir nicht als unser Eigenes wahrnehmen, projizieren wir in Freunde, in die Familie. Das Leben bekommt einen bitteren Beigeschmack, wenn wir das gemieden haben, was uns tiefer führen, unserem Leben Sinn und Richtung geben könnte. Unsere dunkle Seite, wenn sie nicht erkannt wird, treibt uns zu Haß, Bombenbau und Zerstörung. Wenn wir uns weigern, unsere eigenen Schatten anzusehen, dann wissen wir nicht um die Kräfte, die uns bewegen; wir bleiben abgeschnitten von unserer Menschlichkeit: unserer Fähigkeit zu fragen, was richtig ist, uns bewußt zu werden, uns zum Licht zu bewegen. Helen Caldicott schreibt in einem Artikel im Yoga-Journal: «Die Herrscher dieser Welt... wissen gefühlsmäßig nicht... was sie tun. Diese Männer müssen in Kontakt mit sich selbst treten und herausfinden, wer sie sind und warum sie tatsächlich hassen. Sie müssen sagen: Das ist mein Haß; ich hasse, weil meine Mutter boshaft war oder mein Vater grausam. Ich will nicht die Russen hassen noch die Juden oder die Schwarzen. Ich will meinen eigenen Zorn annehmen. Und ich werde lieben.*

Bomben und atomare Waffen sind die groteske und grauenvolle Manifestation dessen, was passiert, wenn wir unseren persönlichen Zorn verdrängen, unsere Enttäuschung, unseren Haß. Wir projizieren die Schatten nach außen; wir schicken den inneren Feind in andere Länder und Kontinente. Wir versuchen, Leid zu vermeiden, indem wir ein Verhalten entwickeln, das betäubt und uns von der Quelle des Leidens entfernt. Wir betäuben uns selbst mit sinnlosen Phrasen, Ideologien und Selbstgerechtigkeit. Wir vergessen, daß der Feind ein Mensch ist – nicht nur ein Punkt auf der Landkarte –, der lacht und weint und liebt. Konsequenterweise stellen wir uns niemals dem schrecklichen Leid, Kinder, Vögel und Bäume zu töten – ihre oder unsere.

Unser Verhalten, wie jede Zwanghaftigkeit, schafft ein handgreifliches Problem, das für sich behandelt werden muß. Und diesesmal, in dieser Zwanghaftigkeit, ist das Überleben unseres Planeten bedroht.

Der Anfang liegt hier, in uns selbst und unseren Süchten.

Verletzlichkeit – nicht Klugheit, Intelligenz oder Stärke – verbindet die Menschen. Wir alle haben Hunger, Angst, Verletzungen, sind sterblich. Wenn wir zu Essen, Alkohol oder Drogen greifen, verneinen wir unsere Zerbrechlichkeit, unsere Verwirrung und Fehlbarkeit.

* Yoga Journal, Juni 1982, No. 44, p. 21.

Aber es ist nicht hoffnungslos.

Die Menschen ändern sich.

Sie besuchen Workshops, nachdem sie dreißig Jahre gegessen haben, und zwar sowohl, wenn sie litten, als auch, um sich vom Leid des Essens zu befreien. So niedergeschlagen und verstört sie auch sind, ich sehe einen Funken, eine Kraft in ihnen, die stärker ist als ihre Süchte, eine Kraft, die ihre Arme dem Leben entgegenstreckt, die sich um die Hoffnung schlingt, wie Efeu sich um einen Baum rankt. Wenn ich ihnen zeigen kann, was ich sehe, und wenn sie dieses Nachdenken verwenden, um ihren Zynismus zu besänftigen, und sich selbst gegenüber zugeben können, daß sie sich immer noch, nach so vielen Jahren, nach Sinn und Liebe in ihrem Leben sehnen, wird aus dem Funken die Flamme für ein beständiges Feuer.

Die Menschen ändern sich, oft, dauerhaft. Nicht nur in Workshops, auch in Banken und Krankenhäusern, in Versammlungen und im Wohnzimmer; immer da, wo die Bereitschaft besteht, sich verletzlich zu zeigen.

Als Kind sah ich jedes Jahr Peter Pan im Fernsehen. Wenn Tinkerbell, die Fee des Lichts, starb, wurden die Kinder gebeten, für sie in die Hände zu klatschen. Klatscht, Kinder, klatscht für Tinkerbell. Wenn ihr wollt, daß sie lebt, wenn ihr an sie glaubt, dann klatscht für sie, und euer Klatschen wird sie stark machen.

Jedes Jahr weinte und klatschte ich mit und beobachtete, wie der Funke ihres Lichts stärker und heller wurde, bis sie wieder gesund war und leuchtete. Ich wußte, sie wurde stark, weil wir alle daran glaubten: Wenn wir so feste klatschten, wie wir konnten, dann würde sie leuchten.

Klatscht feste in die Hände. Kräftig. Wohin du auch blickst, da ist ein Funke, und immer, wenn du in die Hände klatschst, wird er stärker.

# 17. Ergebnis:
# Durch dick und dünn

«Mein Leben ist soviel lebenswerter geworden. Ich habe im letzten Jahr mehr geweint als in den vergangenen zehn Jahren zusammen. Ich bin bereit, mich hinzusetzen und in mich hineinzuschauen, um herauszufinden, was mit mir los ist. Ich bin bereit, Schmerz zu fühlen (meistens), wenn er mich trifft. Ich bin bereit zu fühlen, was ich fühle. Ich kann besser um das bitten, was ich möchte, und anderen gegenüber ausdrücken, was ich fühle. Ich esse, was ich will und wann ich will, und das ist wunderbar. Ich freue mich am Essen, und das Essen bereitet mir Genuß. Ich erlaube mir auch andere Freuden in meinem Leben. Ich kann jemanden zum Essen begleiten und sagen, daß ich nicht hungrig bin. Ich kann ein spezielles Häppchen – extra für mich – zurückweisen, wenn mir nicht nach Essen zumute ist.

Ich fühle mich, als strömten alte, jahrelang unterdrückte Gefühle aus mir heraus. Als reinigte ich mich selbst und wagte einen neuen Anfang. Ein ständiger Prozeß, der nie endet.»

*Teilnehmerin an einem Breaking Free-Workshop*

Agatha, meine Sekretärin, erzählte mir von ihrem Sohn, der von «Unendlichkeit» gehört hatte. «Sage mir, Mammi, sage mir bitte, daß es ein Ende gibt.»

Es gibt ein Ende.

Und auch kein Ende.

Enden werden Selbstgeißelung, Selbstbestrafung, Zweifel und die Qual des zwanghaften Essens. Enden wird die peinigende Art, wie du deine Eßgewohnheiten deutest. Enden wird, daß du die Nahrung gegen dich verwendest. Enden wird die Unterscheidung von Handlungen in gut und böse, richtig oder falsch oder der Nahrung in «erlaubt» und «verboten». Enden wird, daß du Überessen als Versagen definierst.

Enden wird das halbverrückt machende Gefühl von unendlichem Hunger. Enden wird der Wunsch, es möge enden.

Nicht enden wird, daß du täglich essen wirst und daß du Fehler machen wirst. Nicht enden wird, daß dein Gewicht von Zeit zu Zeit schwankt. Nicht enden wird, daß du dich veränderst. Es gibt kein Ankommen in dem Sinne, daß du nie wieder an dir arbeiten mußt.

Nicht enden wird die immer tiefere und mitfühlende Verbundenheit zwischen dir und den Menschen in deinem Umkreis.

Nicht enden wird die Freude an unendlichem Wachstum.

Ein Gesamtverzeichnis aller lieferbaren Bücher und Taschenbücher zum Thema finden Sie in der *Rowohlt Revue*. Vierteljährlich neu. Kostenlos in Ihrer Buchhandlung.